广西文物保护与考古研究所学术丛书

桂林摩崖造像

广西文物保护与考古研究所 编

刘勇 编著

上海古籍出版社

图书在版编目(CIP)数据

桂林摩崖造像/广西文物保护与考古研究所编；刘
勇编著. —上海：上海古籍出版社,2022.10
（广西文物保护与考古研究所学术丛书）
ISBN 978－7－5732－0412－7

Ⅰ.①桂… Ⅱ.①广… ②刘… Ⅲ.①摩崖造像－文
物保护－研究－桂林 Ⅳ.①K877.499

中国版本图书馆CIP数据核字（2022）第148710号

广西文物保护与考古研究所学术丛书
桂林摩崖造像
广西文物保护与考古研究所 编
刘 勇 编著
上海古籍出版社出版发行
（上海市闵行区号景路159弄1-5号A座5F 邮政编码201101）
（1）网址：www.guji.com.cn
（2）E-mail：guji1 @ guji.com.cn
（3）易文网网址：www.ewen.co
上海雅昌艺术印刷有限公司印刷
开本 889×1194 1/16 印张 16.5 插页 119 字数 445,000
2022 年 10 月第 1 版 2022 年 10 月第 1 次印刷
ISBN 978-7-5732-0412-7
K·3244 定价：368.00 元
如有质量问题，请与承印公司联系

目　　录

插 图 目 录

图 版 目 录

第一章

前 言

第一节　概　述

一、桂林概况

　　桂林市位于广西壮族自治区东北部,地理位置处于北纬24°15′23″至26°23′30″、东经109°36′50″至111°29′30″之间。境域南北长236千米,东西宽189千米,总面积27 809平方千米[①]。桂林市北与湖南省的永州市、邵阳市辖区接壤,东邻贺州、梧州,南连来宾,西南与柳州为邻。下辖6个城区和10个县,另有荔浦市由广西壮族自治区直辖,桂林市代管。

　　桂林地处南岭山脉的西南,周围被诸多平均海拔1 000米左右的山系所环绕。西部是八十里大南山和天平山。西北方向是五岭西端的越城岭。该岭呈东北—西南走向,其最高峰猫儿山海拔2 141米,为“华南第一峰”,位置在桂林市北约80公里的兴安、资源两县交界处。东北方向是海洋山,其东侧则是五岭中自西向东的第二岭——都庞岭。海洋山与越城岭之间最狭窄之处地势险要,“两山蹲踞,中容一马,谓之严关”[②],途经古严关的南北向通道即是著名的“湘桂走廊”,为五岭西部沟通南北最重要的陆路通道,而严关正是其咽喉所在。沿线发现多处秦汉时期的城防遗迹。桂林南部为西北—东南走向的架桥岭,其西北、东南两端分布着桂林南下岭南腹地的交通线。这一系列的山系之间为典型的喀斯特地貌,峰丛洼地和低矮的峰林发育,形成丘陵、石山、盆地、河谷平原等多样的地貌形态(图1)。

　　在远古时代,桂林与西部的交通、交流受八十里大南山和天平山的阻隔而极不通畅。与北方的交通则由于越城岭、海洋山、都庞岭的横亘,仅能通过山间河谷以及水路来进行。灵渠的开凿使桂林与岭北地区的物资交流便利起来。而往东部、南部,受到地势的限制相对较少。

　　古人对于岭南气候总体的认识是“瘴乡”。《隋书·地理志》载:“自岭已南二十余郡,大率土地下湿,皆多瘴厉,人尤夭折。”[③]唐代刘恂在《岭表录异》中也有类似记载:“岭表山川,盘郁结聚,不易疏泄,故多岚雾作瘴,人感之多病,腹胀成蛊。”[④]因此,古人将去往岭南视为畏途。但是,对于扼五岭南北咽喉要道的桂林而言,到过此处的北方官员却认为这是岭南“瘴乡”的一个例外,“瘴,二广惟桂林无之。自是而南,皆瘴乡矣。瘴者,山岚水毒,与草莽沴气郁勃蒸薰之所为也,其中人如疟状”[⑤]。

　　由于周围众多的山系和湿润多雨的亚热带季风气候,桂林的河流水系非常发达。全市共有大小河流上百条。整个水系分属两大系统:向东流的珠江水系和向北流的长江水系。属长江水

---

①　桂林市民政局、桂林市测绘研究院:《桂林市行政区划图集》,长沙:湖南地图出版社,2017年,第5页。
②　[宋]范成大撰,严沛校注:《桂海虞衡志》,南宁:广西人民出版社,1986年,第111页。
③　[唐]魏徵、令狐德棻:《隋书》,北京:中华书局,1973年,第887页。
④　[唐]刘恂:《岭表录异》,扬州:广陵书社,2003年,第67页。
⑤　[宋]范成大撰,严沛校注:《桂海虞衡志》,南宁:广西人民出版社,1986年,第111页。

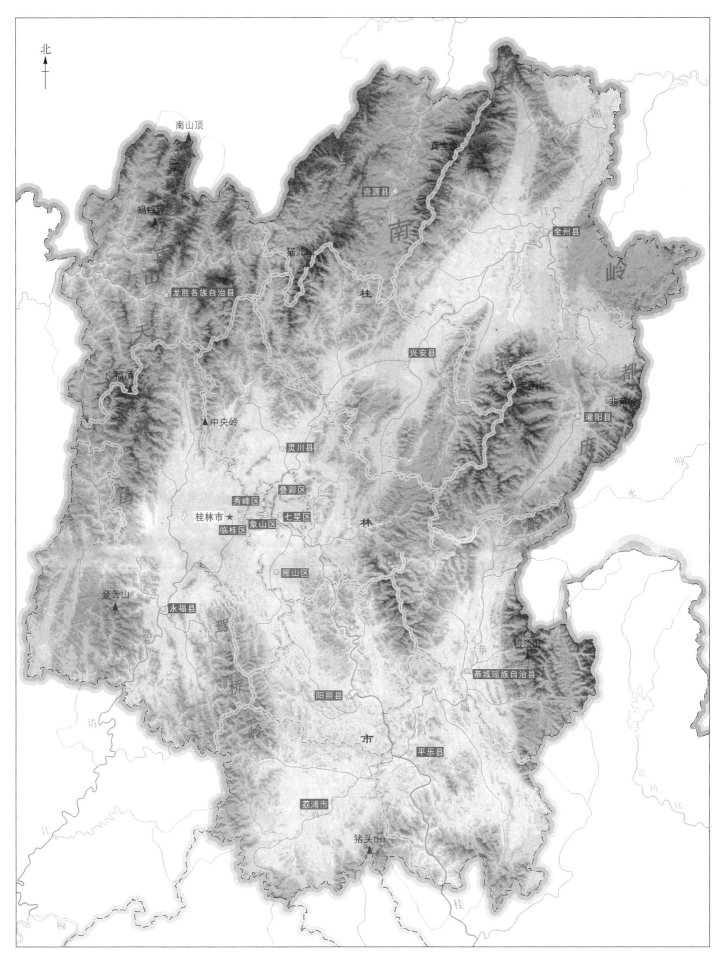

北

南山顶

蝴蝶坪▲

龙胜各族自治县◎

广福顶

中央岭▲

登云山▲

永福县◎

猫儿山

资源县◎

桂

南

岭

真宝顶

全州县◎

兴安县◎

宝界山

都

灵川县◎

叠彩区

秀峰区

桂林市★
临桂区 象山区 七星区

雁山区◎

林

市

驾

桥

岭

阳朔县◎

荔浦市◎

猪头山

灌阳县◎

韭菜岭

庞

银顶山

恭城瑶族自治县◎

平乐县◎

图1 桂林区位地形图

（采自桂林市民政局、桂林市测绘研究院：《桂林市行政区划图集》，长沙：湖南地图出版社，2017年，第14、15页）

系的河流有资江、湘江、灌江等。二者的分水岭是越城岭、海洋山和都庞岭。属珠江水系的河流有漓江—桂江、洛清江等，与浔江交汇后称西江。秦史禄在漓江上游开凿了灵渠，沟通了珠江水系和长江水系，桂林在沟通东向、北向交通的重要性开始凸显起来。

在复杂的地壳运动中，桂林形成了最典型的喀斯特地貌。石灰岩作为一种可溶性的岩石，在漫长温暖潮湿的气候条件下，不断受到水流的溶蚀和侵蚀，发育成峰丛、峰林、天坑等多样的岩溶地形。如果从规模和发育完美的程度来说，即使是欧洲最出名的喀斯特石灰岩地形，也不能和桂林的相比[1]。在自然伟力长时间的作用下，桂林最终形成了"千峰环野立，一水抱城流"的秀丽风光。奇峰、怪石、岩洞不仅为人们提供了绝好的旅游资源，也为古人刻写摩崖石刻和开凿摩崖造像提供了得天独厚的有利地质条件。

二、桂林历史沿革

桂林不仅有着秀甲天下的自然风光，也拥有悠久而深厚的历史文化积淀。1982年，桂林成为国务院公布的"历史文化名城"首批入选城市。这里优越的自然条件非常适合人类居住和生活，距今三万年前，就有人类活动于此[2]。桂林喀斯特峰丛地形的一大特点就是石峰上有发达的洞穴，在人类征服和改造自然的能力尚处于较低程度的时候，"无山不有洞"的地理环境为古人提供了遮风避雨的良好住所。

商周时期桂林属古"百越"之地。战国时则因地处"越头楚尾"，成为楚越文化交流最为频繁之地。《史记·吴起列传》记载楚悼王启用吴起为相，曾一度"南平百越"[3]。《战国策》中苏秦说楚国"南有洞庭、苍梧"[4]，那么此时楚国势力可能已越过五岭，桂林成为楚之南境。

岭南与更远的中原文化很早就发生了接触和交流。《墨子·节用》就记载："古者尧治天下，南抚交趾，北降幽都，东西至日所出入，莫不宾服。"[5]《诗经·大雅》中有"王命召虎，式辟四方，彻我疆土。匪疚匪棘，王国来极。于疆于理，至于南海"[6]的记载。北来的楚文化、中原文化对岭南地区的文化产生了相当程度的影响。桂林作为北来文化进入岭南的首个接受地，其接收北来的实物之多、受北来文化的影响之大，在广西范围内来看，无疑是首屈一指的。

秦统一六国后，于前217年派屠睢率五十万大军分五路远征岭南。其中一路就是从越城岭与海洋山、都庞岭之间南下，即行经湘桂走廊。战争初期由于粮草等物资的运输不利，"伏尸流血数十万""三年不解甲弛弩"[7]，一度陷入困境。这种局面在灵渠的开凿后得以改善，"使监禄凿（灵）渠运粮，深入越，越人遁逃"[8]。灵渠沟通了长江水系和珠江水系，极大便利了桂林与岭北的

---

① 曾昭璇：《论石灰岩地形》，上海：新知识出版社，1957年，第1页。
② 王令红、彭书琳、陈远璋：《桂林宝积岩发现的古人类化石和石器》，《人类学学报》1982年第1期。
③ ［汉］司马迁：《史记》，北京：中华书局，1959年，第2168页。
④ 缪文远、缪伟、罗永莲：《战国策译注》，北京：中华书局，2012年，第405页。
⑤ 方勇：《墨子译注》，北京：中华书局，2011年，第188页。
⑥ 刘毓庆、李蹊：《诗经译注》，北京：中华书局，2011年，第791页。
⑦ 陈广忠：《淮南子译注》，北京：中华书局，2012年，第1090页。
⑧ ［汉］司马迁：《史记》，北京：中华书局，1959年，第2958页。

交通往来与物资运输，从此成为沟通五岭南北的一个重要交通节点。地理位置重要性的提升又更加促进了不同地域间的文化交流。北方的移民也开始大量南下。秦始皇"三十三年（前214年），发诸尝逋亡人、赘婿、贾人略取陆梁地，为桂林、象郡、南海，以适遣戍"[1]。现桂林市辖区大部分属桂林郡，郡治在现广西贵港市，北方少部分属长沙郡。

秦帝国"二世而亡"后，南海尉赵佗乘机"并击桂林、象郡，自立为南越武王。……汉十一年，遣陆贾因立佗为南越王，与剖符通使，和集百越，毋为南边患害，与长沙接境"[2]。桂林辖区大部分属南越国，西北、北部的小部分区域属西汉长沙国。马王堆三号汉墓出土了两幅帛绘地图，称为《地形图》和《驻军图》，涉及长沙国南部的地形和驻军等内容[3]。谭其骧先生认为长沙国南界的西段西起秦汉零陵县西南，东南行穿灵渠，越海洋山、都庞岭。据其复原的《汉初长沙国南界示意图》可以看出，今桂林的资源县、全州县、灌阳县以及兴安县北部属长沙国，桂林其余地界属南越国。另外图中的观阳，即今灌阳县，汉初始设此县[4]。

汉武帝即位后，收复岭南的时机逐渐成熟。元鼎五年（前112年）灭南越国[5]，次年，在岭南设立南海、苍梧、郁林、合浦、交趾、九真、日南、珠崖、儋耳等九郡[6]。根据《中国历史地图集》，今桂林分属荆州刺史部的零陵郡、武陵郡，交趾刺史部的郁林郡、苍梧郡。其中大部分辖区属零陵郡，该郡也是元鼎六年所置，辖十个县，其中零陵、始安、洮阳三县在今桂林地界，郡治零陵县即位于今桂林兴安、全州两县之间。始安县包括今桂林市区及周边灵川县、阳朔县、兴安县等范围，这是桂林得名之始。现龙胜县的部分区域属武陵郡，现永福县的部分区域属郁林郡，现平乐、荔浦、恭城三县大部分、灌阳县东部属苍梧郡[7]。

东汉基本沿袭西汉时期的行政区划，但将始安县改称始安侯国，仍属零陵郡[8]。东汉末年，桂林先属吴境，建安十九年（214年），吴、蜀联合抗曹时，部分地盘由吴改属蜀。黄初二年（221年），魏文帝策命孙权，"今封君为吴王，……以大将军使持节督交州，领荆州牧事"[9]，岭南复属吴。孙皓于甘露元年（265年）十一月，"以零陵南部为始安郡"[10]。桂林的地位得到提升，由县升格成为郡，郡治在今桂林市区。

晋武帝平孙吴后，以原属荆州的始兴、始安、临贺三郡改属广州。始安郡统始安、始阳、平乐、荔浦、常安、熙平、永丰等七县。怀帝时又分长沙、衡阳、湘东、零陵、邵陵、桂阳及广州之始安、始

① ［汉］司马迁：《史记》，北京：中华书局，1959年，第253页。
② ［汉］司马迁：《史记》，北京：中华书局，1959年，第2967—2968页。
③ 湖南省博物馆、湖南省文物考古研究所：《长沙马王堆二、三号墓·第一卷：田野考古发掘报告》，北京：文物出版社，2004年，第92—103页。
④ 谭其骧：《马王堆汉墓出土地图所说明的几个历史地理问题》，《文物》1975年第6期。
⑤ ［汉］司马迁：《史记》，北京：中华书局，1959年，第2975—2977页。
⑥ ［汉］班固：《汉书》，北京：中华书局，1964年，第3859页。
⑦ 谭其骧：《中国历史地图集·第二册：秦、西汉、东汉时期》，北京：中国地图出版社，1996年，第22—23、35—36页。
⑧ ［南朝］范晔：《后汉书》，北京：中华书局，1965年，第3483页。
⑨ ［晋］陈寿：《三国志》，北京：中华书局，1971年，第1119—1122页。
⑩ ［晋］陈寿：《三国志》，北京：中华书局，1971年，第1164页。

兴、临贺等九郡置湘州。晋室南渡后，成帝时，以始兴、始安、临贺三郡还属荆州。穆帝时，以义阳流人在南郡者立为义阳郡，又以广州（《晋书》原文作广州，当为荆州，或成、穆之间三郡或有转属广州之举，未见记载）之临贺、始兴、始安三郡及桂阳、巴东，合五郡来属[①]。

南朝刘宋时期，宋文帝元嘉十六年（439年）置湘州，始安郡属之；二十九年（452年），始安郡属广州；三十年（453年），复属湘州。明帝改为始建郡，治始安，领始安、熙平、永丰、荔浦、平乐、建陵、乐化等七县[②]。萧齐复为始安郡，治始安，属湘州，辖始安、荔浦、建陵左县、熙平、永丰、平乐等六县[③]。梁天监六年（507年）七月，分广州置桂州，大同六年（540年），分广州置桂州于始安郡，受湘州督，省南桂林等二十四郡，悉改属始安郡[④]。此为桂州得名之始，其辖区范围迅速扩大。自此以后，桂林逐渐成为粤西的政治、经济、文化中心[⑤]。陈朝因之。

自三国孙吴以来，在岭南西部也一直置有桂林郡，在始安郡之南。始设于吴，晋、宋、齐皆因之[⑥]。刘宋末领中留、龙定、武熙、安远等七县。萧齐时辖武熙、腾溪、潭平、龙岗等十三县，郡治在今广西象州县附近[⑦]。隋平陈后，置象州。此后文献中所称的桂林，基本上指的都是今桂林。

隋文帝结束了自三国以来长达300多年的分裂状态，重归一统。平陈后先置桂州总管府，大业初废，复置始安郡，郡治在始安县（今桂林市区），统县十五：始安、平乐、荔浦、建陵、阳朔、象、隋化、义熙、龙城、马平、桂林（大业初并西宁县入）、阳寿、富川、龙平、豪静[⑧]。

武德四年（621年），平萧铣，置桂州总管府，管桂、象、静、融、贺、乐、荔、南昆、龙等九州，并定州一总管，桂州领始安、福禄、纯化、兴安、临源、永福、阳朔、归义、宣风、象十县。唐贞观元年（627年），将全国划分为十道，桂州属岭南道。永徽后（650—655年），以广、桂、容、邕、安南府，皆隶广州都督府统摄，谓之五府节度使，即所谓岭南五管，桂管经略府治桂州。后辖区扩展到督桂、昭、贺、富、梧、藤、容、潘、白、廉、绣、钦、横、邕、融、柳、贵十七州，州治所在临桂（即今桂林市区）。天宝元年（742年），改为始安郡，依旧都督府。至德二年九月（757年），因"安史之乱"后地名避"安、史"二字，改"始安"郡为建陵郡。乾元元年（758年），复为桂州[⑨]。咸通三年（862年），蔡京奏请分岭南为两道节度，五月，敕以广州为东道，邕州为西道，又割桂管龚、象二州、容管藤、岩二州隶邕管[⑩]。

五代十国时期，桂林成为马楚与南汉政权争夺的重要区域。唐末马殷据有桂州之地，其弟马賨任静江军节度使。乾和初年（943年），南汉刘晟派遣军队攻打桂州管内诸郡及郴、连、梧、贺等州，皆克之，自此全有南越之地[⑪]。

---

①［唐］房玄龄等：《晋书》，北京：中华书局，1974年，第454、458、467—468页。

②［梁］沈约：《宋书》，北京：中华书局，1974年，第86、1135页。

③［梁］萧子显：《南齐书》，北京：中华书局，1974年，第288页。

④［唐］姚思廉：《梁书》，北京：中华书局，1973年，第45、85页。

⑤钟文典：《桂林通史》，桂林：广西师范大学出版社，2008年，第42页。

⑥［唐］杜佑撰，王文锦、王永兴、刘俊文等校点：《通典》，北京：中华书局，1988年，第4933页。

⑦［梁］萧子显：《南齐书》，北京：中华书局，1974年，第287—288、265页。

⑧［唐］魏徵、令狐德棻：《隋书》，北京：中华书局，1973年，第807、883页。

⑨［后晋］刘昫等：《旧唐书》，北京：中华书局，1975年，第1712、1725—1727页。

⑩［宋］司马光：《资治通鉴》，北京：中华书局，1974年，第8098页。

⑪［宋］薛居正等：《旧五代史》，北京：中华书局，1976年，第1809页。

宋初,潘美平定昭、桂、贺等州。至道三年(997年)置广南西路,治所在今桂林。北宋时领州二十五、军三、县六十五。宋室南渡后,领静江、庆远二府,州二十,军三。其中静江府,本桂州、始安郡、静江节度使。依旧领广南西路兵马钤辖,兼本路经略、安抚使。辖县十一①。

元至元十三年(1276年)立广西两江道宣抚司,十四年,改宣慰司。十五年,为静江路总管府。属湖广行中书省,治静江路,领县十②。

明洪武二年(1369年)三月,因袭元末置广西行中书省;六年(1373年)四月置广西都尉;八年(1375年)十月改都尉为都指挥使司;九年(1376年)六月改行中书省为承宣布政使司。领府十一,州四十八,县五十,长官司四。治所在桂林府,领州二,县七③。

清代全国分为十八行省,广西为其中之一,省下设道、府、县,共四级地方行政机构。广西省设苍梧、左江、右江三道。苍梧道下设桂林府、平乐府、梧州府。桂林府所辖州县一如明制,府治设在现桂林市区④。

第二节 桂林摩崖造像调查、研究的回顾

2001年,桂林摩崖造像与摩崖石刻以"桂林石刻"之名被列入第五批全国重点文物保护单位。桂林摩崖石刻早在清代已名闻金石界,叶昌炽在《语石》中认为"唐宋题名之渊薮,以桂林为甲"⑤。然而,相比唐宋石刻的广为人知,学界对摩崖造像却知者甚少。宿白先生将我国西藏以外的石窟寺分为三大区,即新疆地区、北方地区和南方地区⑥。阎文儒先生归纳石窟寺的分布为:西北——古代的西域、河西四郡、黄河流域以及长江流域的上游,而长江中下游地区寥寥无几⑦。马世长、丁明夷根据洞窟形制和主要造像的差异,分为新疆地区、中原北方地区、南方地区和西藏地区⑧。然而,这些分区研究均未提到在中国南隅的广西桂林,也有相当数量的古代摩崖造像。

近代以来,本土金石篆刻家林半觉先生较早注意到桂林的古代摩崖造像。他终日徜徉于群山间的摩崖石刻中,对于与石刻相邻的摩崖造像也甚是稔熟。得益于他的介绍和指引,当时在中央银行任职的陈志良和中山大学罗香林教授分别来到桂林做调查,并留下开创性的研究文章。

陈志良于1939冬自上海来到桂林,在西山发现佛像数十龛,并著述记录了桂林佛教艺术遗迹。他认为部分西山佛教造像的年代最早可推至六朝,最晚为初唐⑨。林半觉先生也在1940年初

---

① [元]脱脱:《宋史》,北京:中华书局,1977年,第2239—2240页。

② [明]宋濂等:《元史》,北京:中华书局,1976年,第1532页。

③ [清]张廷玉等:《明史》,北京:中华书局,1974年,第1148—1149页。

④ 曾度洪、覃树冠、魏华龄:《桂林简史》,南宁:广西人民出版社,1984年,第101页。

⑤ [清]叶昌炽撰,韩说校注:《语石校注》,北京:今日中国出版社,1992年,第513页。

⑥ 宿白:《中国佛教石窟寺遗迹——3至8世纪中国佛教考古学》,北京:文物出版社,2010年,第10页。

⑦ 阎文儒:《中国石窟艺术总论》,桂林:广西师范大学出版社,2003年,第15页。

⑧ 马世长、丁明夷:《中国佛教石窟考古概要》,北京:文物出版社,2009年,第14页。

⑨ 陈志良:《广西古代文化遗址之一采考——桂林丽泽门外的石佛古寺及西湖遗迹考》,《建设研究》1940年第三卷第一期。

创刊的《狮子吼月刊》上撰文《桂林之佛教碑刻》《桂林之佛教碑刻（续）》，辑录了桂林龙隐岩、开元寺等地的几方重要佛教题记[①]。

抗战期间，罗香林先生组织部分中山大学学生成立滇湘黔桂考察团，于1940年9月抵达桂林。他们根据陈志良的文章寻访了西山佛教造像，后又与当地友人调查了伏波山、叠彩山的造像。他认为西山"李寔"造像与印度菩提伽耶和爪哇婆罗浮屠的佛像类似，判断桂林佛教造像源于印度，经越南或广州传入桂林，为直接泛海传播而来。这些佛像是中印文化交流一重要路径所遗痕迹[②]。

新中国建立以后，自治区级和市级文物行政管理部门多次对桂林摩崖造像进行调查，基础性研究也逐渐开展起来。

1965年，广西壮族自治区文管会在进行桂林市文物普查时，对摩崖造像进行了专项调查，登记唐宋时期摩崖造像105龛，大小造像300余尊，并测绘了其中的40龛100多尊。可惜这些资料"文革"中已经散失[③]。

1973年12月，王子云先生到桂林游览了西山、伏波山、叠彩山等地。他认为西山的摩崖造像多数是唐代作品，忠实保留了中原地区的造像样式，桂林在佛教和佛教雕像的造型方面，是接受了多方面的传播后形成的，体现了我国佛教雕像的地区特点。伏波山造像多数为唐代以后雕塑。而叠彩山造像属宋代制作的可能是少数，多数是晚于宋代，甚至间有明清两代仿唐仿宋的制作也有可能[④]。

1988年，桂林市文物工作队再次进行调查，记录了西山保存下来的摩崖造像98龛242尊，另有浮雕石塔3处、灯龛29处、造像和灯龛题记7方[⑤]，这也成为之后相关研究的数据来源。

1992年蒋廷瑜先生发表《桂林唐代摩崖造像》一文，"冀以引起学人对桂林佛教艺术的关注"[⑥]。

1998—1999年，刘长久先生《中国西南石窟艺术》《中国石窟雕塑全集·第九卷：云南、贵州、广西、西藏》两部著作先后介绍了广西的摩崖造像情况，认为佛教传入广西，时在隋代。广西摩崖造像的重点在于桂林，书中统计桂林摩崖造像近200龛，大小造像约600躯，并归纳了桂林造像的六个艺术特征，辑录了9则桂林摩崖造像的纪年题记。作者认为桂林造像开创于初唐，兴盛于北宋，宋以后渐自衰微，清代只有零星造像[⑦]。

2009年，桂林市文物工作队对伏波山摩崖造像进行了重新调查，对造像的年代、内容、男女身观音共存、地方特点等方面做了相应的探讨[⑧]。

---

① 林半觉：《桂林之佛教碑刻》，《狮子吼月刊》1940年2月第一卷第二期；林半觉：《桂林之佛教碑刻（续）》，《狮子吼月刊》1940年3月第一卷第三、四期合刊。

② 罗香林：《唐代桂林之摩崖佛像》，《唐代文化史研究》，上海：上海文艺出版社，1992年据商务印书馆1946年版影印。

③ 蒋廷瑜：《桂林唐代摩崖造像》，《东南文化》1992年第5期。

④ 王子云：《从长安到雅典——中外美术考古游记》，长沙：岳麓书社，2005年，第324—325页。

⑤ 蒋廷瑜：《桂林唐代摩崖造像》，《东南文化》1992年第5期。

⑥ 蒋廷瑜：《桂林唐代摩崖造像》，《东南文化》1992年第5期。

⑦ 刘长久：《中国西南石窟艺术》，成都：四川人民出版社，1998年，第152—153页；刘长久：《中国石窟雕塑全集·第九卷：云南、贵州、广西、西藏》，重庆：重庆出版社，1999年，第109—141页。

⑧ 桂林市文物工作队：《广西桂林伏波山摩崖石刻》，《广西考古文集》第四辑，北京：科学出版社，2010年，第288—299页。

2021年初,广西壮族自治区文化与旅游厅为贯彻习近平总书记关于石窟寺保护利用工作的重要指示批示精神,落实国务院办公厅《关于加强石窟寺保护利用工作的指导意见》,组织各辖地文博人员对石窟寺进行了调查。其中在桂林的调查中,共发现16处摩崖造像200余龛600余尊[①]。

桂林摩崖造像历经千余年沧桑,自然侵蚀和人为破坏是造像残损的主要原因。1972年至1973年,桂林市文物管理委员会曾组织专业人员对造像进行修缮。参与修缮工作的主要人员有桂林市文物管理委员会的刘寿保、桂林市工艺美术厂设计员黄君度、美术家蒋鸣皋、园林局刘血花、石匠信师傅等同志[②]。

第三节　本次调查情况

为进一步摸清桂林摩崖造像的分布、数量、保存情况,广西文物保护与考古研究所启动了对桂林摩崖造像的全面调查测绘工作。项目得到了桂林市文化新闻广电局(现已改称"桂林市文化广电和旅游局")的大力支持。桂林市文物保护与考古研究所(现已改为"桂林市文物保护与考古研究中心")全程参与了调查工作。调查测绘工作于2017年3月开始,10月份结束。

这次调查测绘对所有桂林摩崖造像进行了重新编号。每处相对集中的区域分别编号,共分为14个区域,如西山区域的编号为西山第1龛至西山第112龛,伏波山区域的编号为伏波山第1龛至伏波山第50龛。本次调查采用了三维模型制作、绘图、拍照、测量、拓片等综合性手段,力求完整地提取造像的所有资料。对所有造像龛均制作三维模型,绘制正射影像线图,摄影;对所有瘗龛绘制正射影像线图,摄影;对现存与佛教相关墨书进行抄录、摄影;对相关石刻题记进行抄录、摄影,对适合进行传拓的题记尽量完全拓取拓片,部分漫漶不清的题记借助前人对桂林石刻的研究成果进行抄录。文字记录遵循客观和尽量详细的原则。

2017—2019年,在桂林摩崖造像调查及资料整理期间,邀请了国内多位专家到现场进行实地考察。专家们对此次调查和资料整理工作提出了宝贵意见和建议。2017年3月和2018年4月,陕西省考古研究院的张建林研究员,不辞辛苦,两度到桂林指导调查、复核工作。2018年10月,与桂林摩崖造像密切相关的西山公园古代寺院遗址考古勘探、发掘期间,中国社会科学院考古研究所朱岩石研究员、北京大学考古文博学院李崇峰教授在指导发掘工地之余,观摩了西山摩崖造像并对整理工作提出指导意见。2019年11月,河北省文物研究所张春长研究员、西北大学文化遗产学院于春副教授到桂林西山、叠彩山、伏波山观摩造像并对资料整理工作提出了建议。

① 张天韵:《桂林基本完成石窟寺(摩崖造像)专项调查》,《广西日报》2021年3月24号第2版。
② 据林半觉先生后人林汉涛先生、黄君度先生后人黄熙先生等人的回忆。

第二章
桂林摩崖造像总录

第一节　桂林摩崖造像的分布

经全面调查统计,桂林摩崖造像共217龛,大小造像727尊,瘗龛57座,与造像相关的题记50处①。除两铺造像位于全州县外,其余均分布于桂林市区范围内(图2)。具体分布情况如下:

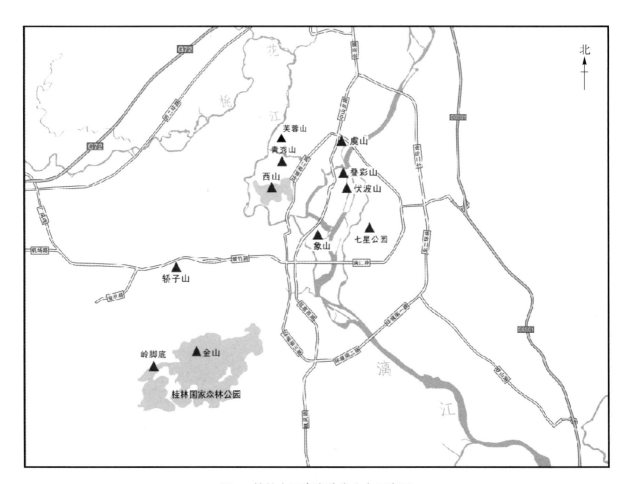

图2　桂林市区摩崖造像分布示意图

---

① 关于造像龛数量的统计,在岩壁上开凿出龛型的均记为1龛,即使现在龛内已无造像的也记其龛数,如全州第2龛;另外有少量凿刻于崖壁或石板上但并未开龛的浮雕造像,也记为1龛,如骝马山第7龛、临桂青岩崴第1龛。造像尊数的统计,则根据现存的造像计数,部分残损严重的像龛,只要残存有造像的部分肢体或座,均记为1尊,而现已无存,但是可以通过龛内其他现存痕迹推测空白部分原来应有造像,这种情况不计入总数,只是在讨论造像题材时加入,如西山第4龛现存2尊菩萨、1尊力士、3尊供养人共6尊造像的痕迹,则尊数统计上计入6尊。该龛造像的题材推测应为一佛二菩萨二力士三供养人,完全缺失的部分不计入尊数。

一、西山

西山是一群山峰的总称。因其位于唐代桂州城的正西面,故自唐时起至今一直被称为"西山",或西峰。距离现桂林市中心约1.8千米。造像、瘗龛等佛教遗迹大多数分布在现西山公园的范围之内,只有千山的部分像龛、瘗龛位于西山公园围墙之外,原桂林—熊本友好纪念馆后的崖壁上。西山区域共有摩崖造像112龛279尊,瘗龛50座,相关石刻题记9方。

二、叠彩山

位于桂林城北漓江西岸,距桂林市中心约1千米。《图经》中记载了山名的由来:"山以石纹横布,彩翠相间,若叠彩然,故以为名。"[①]近半山处有一南北贯通的岩洞,因一年四季山风穿洞而过,故名"风洞"。叠彩山造像全部分布在风洞南侧洞口和洞内两壁,共有造像27龛102尊,相关石刻题记10方。

三、骝马山

位于桂林市西螺丝山路中段,骝马山的北麓。大部分造像曾长期被泥土掩埋,因而保存情况较好。共有造像7龛24尊,瘗龛4座,相关石刻题记1方。

四、伏波山

伏波山为矗立于漓江西岸的一座孤峰,北距叠彩山约0.5千米,古往今来一直是桂林著名景点之一。山脚下有一东北—西南走向的贯通山洞,即还珠洞,古人到此游览需乘船方能抵达。该洞东北临江的部分是自然岩洞,西南口为20世纪40年代抗战时期人工开凿,当时的目的是作为百姓防空袭之用,现在则便利了游客至还珠洞旅游。崖间石壁留下了自唐代以来的大量摩崖石刻和造像。其东侧有一更高的山洞,离地面近30米,新中国建立后依地势修建了一层平台,形成了现在的两层结构。上层可以近距离观察造像,因洞内造像较多,又有千佛题材,故名"千佛洞"。伏波山共有造像50龛279尊,相关石刻题记9方。

五、国家森林公园

位于桂林市南郊,距市中心距离约12千米。有一条东北—西南走向的古代道路贯穿其间,道旁有两座古代寺院遗迹,造像均在寺院遗址附近。森林公园区域共有造像5龛18尊,瘗龛2座,相关石刻题记3方。其中有4龛造像位于金山及其附近,环绕于唐代龙泉寺遗址周围;1龛位于岭脚底,近唐代幽泉寺遗址。二者相距约2千米。

六、象山

位于桂林城南,距市中心1.5千米,是桂林地标性的风景区。这里共有造像4龛10尊,其中3

[①]《图经》已佚,唐代元晦在叠彩山风洞留下《叠彩山记》石刻,内有《图经》所记山名由来。

龛位于山南云峰寺内,1龛在水月洞东侧附近。另有相关石刻题记5方。

七、虞山

位于城北漓江西岸,南距叠彩山1千米,距市中心2千米。该处仅有造像1龛,为单尊观音立像,镌刻于山之东麓,面朝漓江。

八、轿子山释迦岩

位于桂林城西机场路南侧轿子山西麓一岩洞内,距市中心直线距离约6.4千米。共有造像1龛,单尊弥勒倚坐像,位置靠近洞顶,离地面十米有余,龛顶外另有线刻佛像一尊。相关题记1方。

九、临桂青岩崴

位于桂林南郊临桂区一处偏远的山崖边,距市中心25千米。发现造像1尊,相关石刻题记1方。

一〇、七星公园

位于桂林城东漓江东岸,距市中心约2千米。共有浅浮雕造像4龛7尊,相关石刻题记5方。其中龙隐洞和辅星山各有造像2龛。另有1座瘗龛位于天权峰三圣上岩。

一一、青秀山

位于市区西北桃花江畔肖家村后。半山朝北的岩洞内有造像1尊。

一二、雉山

位于城南漓江支流宁远河畔,山西麓有造像1尊。

一三、芙蓉山

位于桂林市西北桃花江畔芦笛路南侧,距芦笛岩约500米。山南麓有造像1龛2尊[①]。

一四、全州

全州造像距桂林市90千米,位于全州县城南部20千米的石塘镇。共有造像2龛1尊(其中1龛造像已无存)。相关题记6方。

---

① 在2021年广西壮族自治区文物局组织开展的广西石窟寺(摩崖造像)调查中,桂林市文物保护与考古研究中心调查团队新发现该处摩崖造像。受此线索指引,2022年1月,刘勇、苏勇对该处造像进行了测量、记录、拍照、绘图,最终完善在此报告中。

第二节　摩崖造像总录

本报告在表述造像"前、后、左、右"等表示方位的概念时,皆以造像自身的视角来进行描述,而不是以观察者的角度。

一、西山

西山是桂林城西一系列山峰的总称,面积较大(图版1)。开凿造像的山峰有千山、观音峰、龙头峰、立鱼峰等,另外与西山群峰隔西湖相对的隐山,是一座独立的小山,仅有1龛造像,也并入到西山摩崖造像中。因造像较为分散,为便于记录,将相对集中的造像归为一个区,共分为四个区。

(一)千山区

千山的区域相对范围较大,造像分布较为分散,故将千山造像分为A、B两个相对集中的区域。

1.千山A区

A区在西山公园内,原桂林博物馆主体建筑东北方向,沿上山步道两侧分布,部分造像因早年山岩崩塌,残块错位或被部分埋于地下。该区共有17龛34尊造像,瘗龛4座。

第1龛:

位置:

位于千山南麓上山步道南侧一块独立的岩石上,距步道约15米。

形制:

纵长方形单层龛。尖拱形龛楣。龛高47、宽36.5、进深6厘米。龛顶、侧壁较陡直,与正壁转角界限分明。各壁表面较为粗糙。浮雕一佛二菩萨三尊像(图3,图版2)。

造像:

主尊残高22厘米。结跏趺坐。表面残损严重。五官、衣饰、印相不明。座为仰莲座,座下莲茎末端向两侧伸出莲茎和莲台,作为胁侍菩萨台座。

左胁侍菩萨残高18厘米,右胁侍菩萨残高16厘米。姿态不明,座为主尊莲台伸

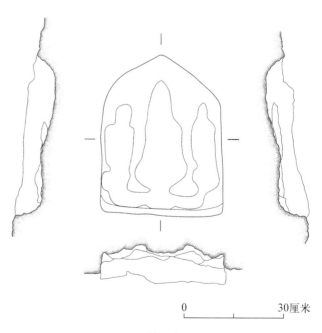

0　　　　　　　　30厘米

图3　西山第1龛平、剖面图

出的同茎莲台,莲茎较粗。

第2龛:

位置:

位于第1龛西面,二者相距10米左右。

形制:

横长方形单层龛。尖拱形龛楣。龛高120、宽160、进深29厘米。正壁较平整,侧壁与正壁弧形过渡,无明显分界。佛座的厚度与龛深一致。龛内浮雕三尊像,两侧胁侍开凿于侧壁与正壁的转角上,应为一佛二菩萨组合(图4,图版3)。

造像:

主尊残高40厘米。似结跏趺坐。残损严重,造像、座表面基本无存。服饰、印相不明。束腰须弥座通高32、宽55、厚29厘米,由台基、束腰和座台三部分组成。台基叠涩两层;束腰方形;座台叠涩两层。座台左侧上方有浅浮雕背障或背光残痕。

左胁侍菩萨残高60厘米。立姿。表面残损严重。腿部两侧可见下垂天衣残痕,略有外侈。台座为仰莲座。莲座素面,圆柱形莲茎较长,接龛底。

右胁侍菩萨残高65厘米。立姿。残损严重。腿部左侧有天衣及下裙的雕凿痕迹。仰莲座,素面,莲茎较长。

龛顶上方略偏左浅浮雕一碑形的题记,由碑额、碑身、碑座三部分组成,通高30、通宽20厘米。碑额宽20、碑身宽11、碑座宽13厘米。表面字已无存。

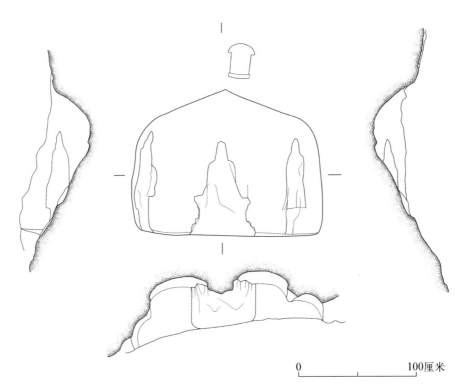

0　　　　　　　　　　　　100厘米

图4　西山第2龛平、剖面图

第3龛：

位置：

位于第2龛的左侧，二者相距约3米。

形制：

近正方形单层龛。龛顶残损，龛楣不明。残高78、宽80、进深8.5厘米。龛底内高外低，略向下倾斜。正壁弧形，表面较为粗糙。浮雕单尊坐像（图5，图版4）。

造像：

似未最终完成。像残高42、宽31.5厘米。结跏趺坐。肉髻小而高，面部较圆。双手合拢置于腹前。方形台座，底部外侈略宽。座高16、宽41、厚7厘米。

第4龛：

位置：

位于第3龛的左侧，二者相距约5米。

形制：

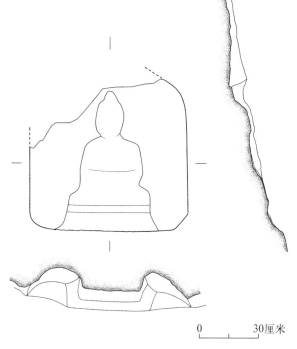

图5　西山第3龛平、剖面图

横长方形单层龛。尖拱形龛楣。龛高180、宽192、进深37厘米。龛形因岩壁崩裂，左右不太对称，龛顶右侧及右壁残损较大。龛正中被凿成一圆拱形题记框，框高124、宽107、深20厘米。龛内残存三尊造像。题材似为一佛二菩萨二力士组合。龛外下方有三尊供养人像（图6，图版5）。

造像：

主尊被题记框打破，现已无存。题记框两侧各有一立像，表面残损严重，仅余轮廓，似为胁侍菩萨。左像残高76厘米，右像残高75厘米，似立于半圆形座上。

右胁侍菩萨的外侧为一力士像，残高50厘米。下着短裙，下缘外侈。上身向后微屈，双臂上举，双手握举一长杆型物体，残长43厘米。

龛底右下角有雕凿残痕，根据其所处位置，判断可能是三尊供养人像，高15—16厘米。盘坐或跪姿。

题记框内文字为打破造像后所刻。高119、宽99厘米。字共五列，楷书，字径7厘米。内容为：假守张庄祷雨兹山日□/□□酹酒于此□□□□/□□□□□□□□祠□/□兴焉大观乙丑六月十/一日题/[①]。

第5龛：

位置：

位于登山步道的北侧，距第4龛20余米。

---

① 录文出自桂海碑林博物馆：《桂林石刻碑文集》，桂林：漓江出版社，2019年，第196页，有修改。

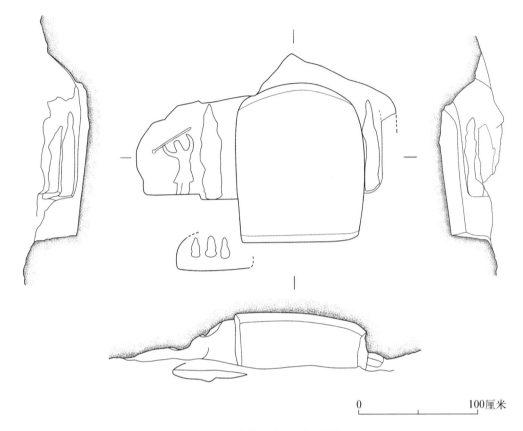

0　　　　　　　　100厘米

图6　西山第4龛平、剖面图

0　　　　　　30厘米

图7　西山第5龛平、剖面图

形制：

纵长方形单层龛。尖拱形龛楣。龛高53、龛宽23.5、进深2厘米。正壁弧形，较为平整，无明显顶、侧壁与正壁的界限，龛底平。浮雕单尊坐佛（图7，图版6）。

造像：

像高24厘米。结跏趺坐。无头光、身光。头部表面残损，肉髻、发、五官不明。颈部粗短，刻一道蚕纹。肩宽平，胸略鼓。右肩披覆肩衣，外着袒右大衣，右侧衣边自身后覆遮部分右肩、右臂，从腰右侧绕腹前上搭左肩。露部分胸部。腹部大衣刻三道斜向衣纹，截面略呈阶梯状。大衣裹紧双腿，不显足形。大衣下摆悬垂于座台立面，呈圆弧形三褶。双手合拢于腹前腿上，手掌不显，似施禅定印。

座通高12、宽22、厚2厘米。素面，以束腰为界分座基和座台两部分。座基为下大上小的喇叭状，台座则呈上大下小状。

第6龛：

位置：

位于第5龛的左下方。

形制：

纵长方形单层龛。尖拱形龛楣。龛高128、宽84、进深21厘米。侧壁较陡直，与各壁面分界处圆弧，正壁也呈缓弧形，龛底微斜，内高外低。龛的进深与座基厚度一致。近圆雕单尊坐像（图8，图版7）。

造像：

像高60厘米。结跏趺坐。椭圆形头光，外围一圈为凸起的宽带纹，截面呈圆凸棱状，圈内浮雕莲瓣纹。头光外围为两重连弧纹身光。外重阳刻六道连弧纹边框，下端与须弥座上的背障两角相连。内层为因外框减地而形成六道连弧组成的五个拱尖。束腰须弥座后浮雕方形背障，高45、宽54厘米。背障两角内侧浮雕两个凸起的圆形，直径均为6.5厘米。

头高21、宽14厘米。肉髻矮而宽，光素无纹。脸方圆。发际线弧平，额间窄。眉弓起棱较高。双目、鼻与嘴残损，面颊丰满。嘴角两侧嘴窝较深。双耳较长，耳垂大，贴衣领。耳轮边宽

图8　西山第6龛平、剖面图

平。下颌圆润微凸起,其下阴刻下颌线。

颈部阴刻三道蚕纹。肩宽30厘米,较宽平。内着袒右僧祇支。右肩披覆肩衣,覆遮右臂。外着袒右大衣,右侧衣角自身后覆遮部分右肩,从腰右侧绕腹前上搭左肩,部分覆肩衣于胸前掖入大衣内。左肩、臂衣褶呈平行状自肩、上臂斜向胸腹间,胸前衣纹呈"U"字形,衣纹断面呈尖凸棱状。大衣紧裹双腿,不显足形,衣纹从两膝斜上相交于双腿间。大衣下摆覆佛座正面,略呈四褶,自左向右渐窄,衣纹大致呈平行的"U"字形。左臂下垂置于膝上,掌心向上;右臂手掌残断,似施无畏印。

佛座为束腰须弥座,通高40、宽60、厚21厘米。分座基、束腰、座台三部分。座基叠涩两层,高14、通宽60厘米;束腰的宽度、进深有收分,高4、宽38厘米;座台高22、宽46厘米。

第7龛:

位置:

位于第6龛的左侧。

形制:

近正方形单层龛。圆拱形龛楣。龛高122、宽124、进深14.5厘米。正壁弧形,表面光滑,无明显顶、侧壁与正壁的分界,龛底斜平,右侧略低。佛座的厚度与龛的进深相当。高浮雕一佛二菩萨三尊像(图9,图版8-1)。

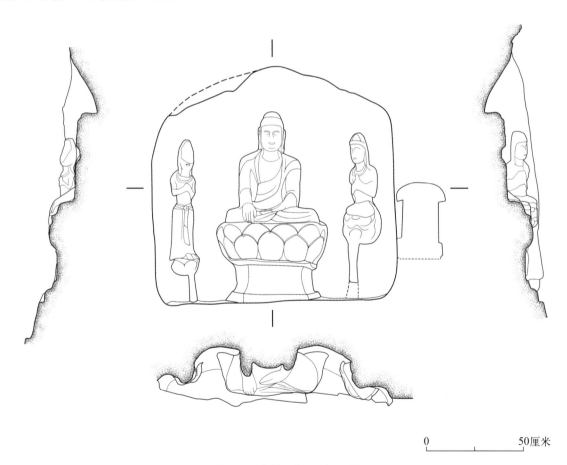

0　　　　　　　　　　　50厘米

图9　西山第7龛平、剖面图

造像：

主尊通高60厘米。结跏趺坐。无头光、背光。头高20、宽14厘米，肉髻馒头状，较矮而宽，光素无纹。面部方圆，发际线平，额间较窄。眉弓凸棱，眼部残。鼻根与眉弓相接。鼻尖残。上唇较薄，下唇较厚，嘴角微陷。下颌饱满微凸，刻浅弧下颌线。双耳较大，耳郭清晰，耳垂及肩。脖粗短。肩宽33厘米，较宽平。胸微鼓。内着袒右僧祇支。右肩披覆肩衣，下部掖入僧祇支。外披袒右大衣，右侧衣边自身后覆遮右肩，至腰右侧绕腹前上搭于左肩，肩部衣边外翻。线刻衣纹较稀疏。大衣紧裹脚部，不显足形。腿部衣纹横向平行排列，断面呈阶梯状，厚重而舒朗。双臂自肘部以下为后代新补，左手屈于腹前，掌心向上，施禅定印；右手下垂抚右膝，指尖朝下，施触地印。

佛座为束腰莲座，通高40、宽52、厚22厘米。共分为座基、束腰和莲台三个部分。座基单层，略呈圆形，右高左低。束腰部分平面呈内大外小的梯形，立面中间略细，两侧线条略呈"X"字形。台面为仰莲台，浮雕双层莲瓣，莲瓣肥厚，瓣尖突出，略外翻。

左胁侍菩萨像高40厘米。结跏趺坐。身体侧向主尊。高圆发髻，头戴宝冠，宝缯或长发垂于肩后。脸型方圆，额间窄。眉弓高，眼窝较深。鼻根与眉弓相接，鼻根较窄。眼部、鼻尖残损。嘴小，下唇较厚。下颌方。颈部戴圆形项圈。圆肩。细腰，小腹平坦。上身袒裸，下身着裙，腰部系带。裙裾覆于座台立面，裙褶呈水波形。双臂残损，似合十于胸前。莲座由莲台和莲茎两部分组成。莲茎下部残，原当与龛底相接（图版8-2）。

右胁侍菩萨通高61厘米。立姿。身体斜向龛外。头部表面残损，仅见下嘴唇及颌部。梳高发髻。长颈，圆肩。佩戴圆形项圈。细腰，小腹平坦。上身袒裸，下着紧身长裙。腰间系带，腰带较宽，于身前打结后下垂于双腿间，不显衣纹。双掌相交，合拱于胸前。跣足，立于莲台之上，右足略残。座可分为莲台和莲茎两部分。莲台单层，浮雕三片莲瓣，莲茎呈圆柱形，下接龛底（图版8-3）。

左侧龛外有一碑形题刻，通高37、通宽26厘米，分为碑额、碑身和碑座三部分，碑身字已不存。

第8龛：

位置：

位于千山登山步道东侧一崩裂的大石的上方，距第5龛近30米。

形制：

单层龛，岩石崩塌导致石块错位，龛形不全。顶残，龛楣不存。残高57、残宽80、进深18厘米。弧形正壁，右壁、正壁间无明显分界。龛底平。似为一佛二菩萨组合（图10，图版9）。

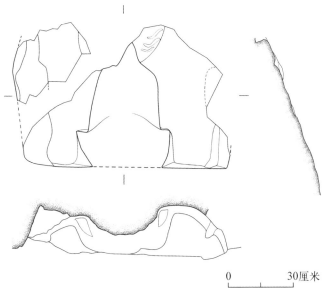

0　　　　30厘米

图10　西山第8龛平、剖面图

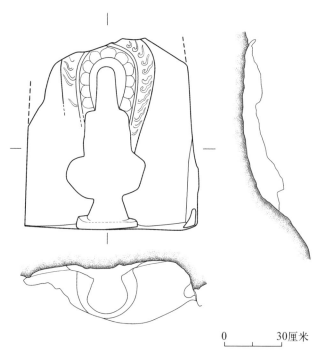

图11　西山第9龛平、剖面图

造像：

主尊残高39厘米。头部无存，身体表面残损。残留部分浅浮雕头光，头光内阴刻短火焰纹。姿势、衣饰、印相不明。座为须弥座，高18、宽40、厚18厘米。

左胁侍菩萨仅余少许轮廓。

右胁侍菩萨似为立姿。

第9龛：

位置：

位于第8龛正下方。

形制：

纵长方形单层龛。岩面残损，顶残，龛楣无存。残高96、宽86、进深23厘米。正壁较平，顶、侧面、正壁之间分界明显。右壁残损较多。龛底平。龛的进深与座基厚度一致。左侧略有胁侍的痕迹，可能是三尊像组合（图11，图版10）。

造像：

损毁严重，头、身体表面均已无存。残高40厘米。浮雕舟形背光，顶部残损无存，通宽50厘米，浮雕短火焰纹。头光以阳起的弦纹作为与背光的分隔，分为内外两重。内重为素面竖椭圆形，外重刻莲瓣纹，瓣尖突出。束腰莲座表面残损，通高34、通宽42、厚28厘米。莲座分座基、束腰、座台三部分。座基单层呈圆形；束腰上小下大，略呈截尖圆锥体状；座台似为圆形莲台。

左胁侍似雕凿于侧壁外侧，略有残余。右胁侍无存。

第10龛：

位置：

位于第9龛的右侧。

形制：

纵长方形单层龛。岩面崩塌，龛壁裂为数块，龛楣残，龛底被一现代墓葬埋于土下。残高149、宽141、右侧龛角进深12厘米。右壁与正壁分界明显（图12，图版11）。

造像：

中部纵长条形凸起部分崩裂严重，像已不存。龛正壁左上方凸起处有雕凿痕迹，似屈一小腿及飘带，原来可能雕凿有天人。其下方似为胁侍立像的残余，残高30厘米。

第11龛：

位置：

位于第10龛前方2米地面的一块不规则形石块上。

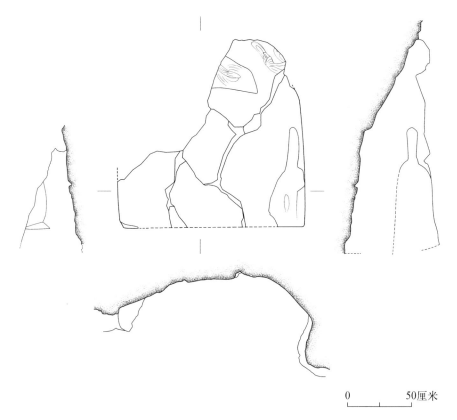

0   50厘米

图12　西山第10龛平、剖面图

形制：

岩石崩毁，部分埋于地下，形制不明。残长83、残宽74、高出地面45厘米。(图13，图版12)。

造像：

造像已无存。似为佛座的座基，叠涩三层。残高28、残宽24、进深16厘米。

第12龛：

位置：

位于第8至11龛所在大石的背面。

形制：

岩壁崩塌，龛形不明。仅余龛正壁左半部分，残高110、残宽78、进深12厘米。壁面较平整，龛底埋于土下。左侧有雕凿胁侍的痕迹，当为一佛二胁侍三尊像(图14，图版13)。

造像：

残损严重。主尊已无存。左侧胁侍残高55厘米。立姿。

龛正壁有题记一方，自左向右共四列，真书，字径7厘米。

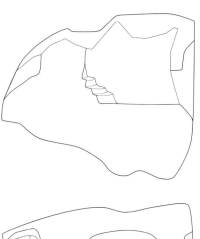

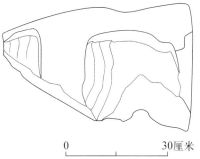

0   30厘米

图13　西山第11龛平面图

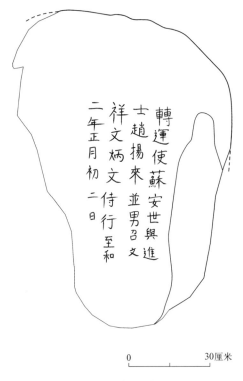

图14 西山第12龛平面图

内容为：转运使苏安世与进/士赵扬来并男召文/祥文炳文侍行至和/二年正月初二日/。

第13龛：

位置：

紧邻第12龛左侧。

形制：

岩面崩塌，岩块形状不规则。龛形、龛楣不明。残高42、残宽58、进深31厘米。题材不明（图15，图版13）。

造像：

由于崩塌和错位，像已基本无存，仅余束腰须弥座，座基叠涩三层。其右有胁侍座台的痕迹，略呈短圆柱状。

第14龛：

位置：

位于第13龛的右侧。

形制：

岩面崩毁，龛形不明。龛楣、龛壁已不存，龛底近地面。残高80、残宽46、进深54厘米。高浮雕立像或倚坐像一躯（图16，图版13）。

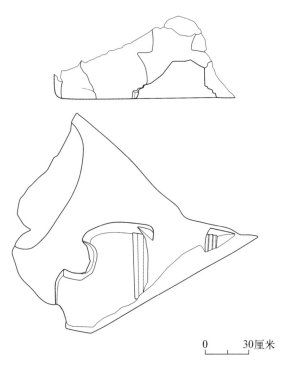

图15 西山第13龛平面图

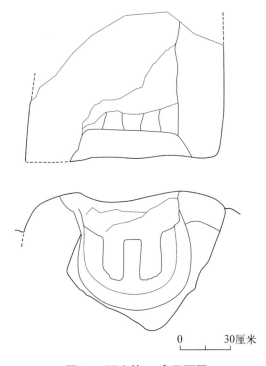

图16 西山第14龛平面图

造像：

损毁严重。仅余双足和莲座，足长18、宽9、厚3—10厘米，立于上小下大呈覆盆状座台之上，跣足，略见五趾。座台表面直径48、高15厘米。

第15龛：

位置：

位于第14龛右侧。

形制：

岩面崩塌，仅余一近三角形岩块。形制不明。残高30、残宽50、进深4厘米。表面粗糙。题材不明（图17，图版14）。

造像：

崩毁严重，仅余一莲座。座高21、宽30、厚4厘米。莲茎较短。

第16龛：

位置：

位于第15龛右侧。

形制：

近正方形单层龛。圆拱形龛楣。残高79、残宽79、进深26厘米。左壁残失较多，正壁圆弧较平整，龛底埋于土下。龛顶、侧壁与正壁之间分界不明显。浮雕单尊造像（图18，图版15）。

造像：

像残高60厘米。身体表面残损严重。浮雕内外两重椭圆形头光。浅浮雕方形背障，高37、宽48厘米。姿态、衣饰、印相、佛座等不明。

第17龛：

位置：

位于登山步道西侧的一块大岩石上。距第8—16龛所在岩石约120米，距登山步道30米左右。

形制：

纵长方形单层龛。龛楣平。通高145、通宽110、进深31厘米。顶与正壁分界明显。正壁弧平，下半部分凿痕密集。龛的进深与主尊座台厚度一致。一佛二菩萨组合，近于圆雕。主尊雕凿于龛内，胁侍菩萨开凿于龛外紧靠龛边缘（图19，图版16-1）。

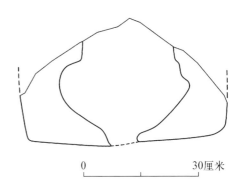

0　　　　　　　30厘米

图17　西山第15龛平面图

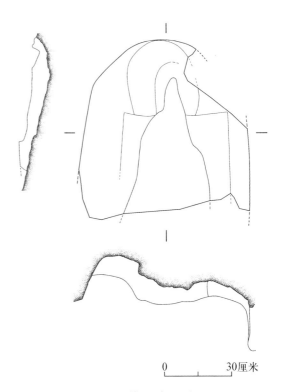

0　　　　　　　30厘米

图18　西山第16龛平、剖面图

图19 西山第17龛平、剖面图

造像：

主尊通高65厘米。结跏趺坐。阴线刻圆形头光两重。身光也两重，以双线刻的弦纹分隔。头高28、宽13厘米。肉髻高圆，呈馒头状，光素无纹。发顶中央阳刻圆形髻珠一颗。微低头，面部长圆。发际线弧平。额间白毫相。眉弓圆弧，左眼刻瞳仁，右眼略残，眼角微抬。鼻根与眉弓相接。鼻翼高而窄，鼻尖残损。嘴部小巧，嘴窝深。嘴下刻有一道下颌线。双耳较大，耳垂较短，长不及肩。颈粗而短，刻蚕纹一道。肩宽29厘米，宽圆浑厚，胸部正中有胸廓线。外着袒右大衣，右侧衣边绕身后至腰右侧上搭左肩，衣边在颈部外翻。衣纹从左肩向右肋下斜，在腹前形成平行的缓弧形曲线，略呈"U"字形，衣褶横断面呈圆凸棱状。腰下正中一片垂弧状衣摆覆遮双足，不显足形，两膝间衣纹略成横向。左手下垂抚左膝；右手屈于体前，手掌略残，似施无畏印。

座为莲座，较为粗糙，粗凿痕密集，当未完工。座台为圆形莲座，宽52、高8.5、厚33厘米。莲茎粗，中部向两侧伸出两支莲台作为胁侍菩萨的座台，莲茎较主尊莲茎略细。

左胁侍菩萨通高75厘米。立姿。高发髻，束带，发带及长发披于肩后。带饰不明。圆脸，五官漫漶不清。颈较长，刻一道蚕纹。戴项圈，项圈上有三个珠型垂饰。上身袒裸，左肩帔帛斜向右髋。下着长裙，腰间系带，裙腰似外翻少许，带梢垂下。左手垂于腹侧，前臂微屈。右手置于胸前，似持莲蕾。立于主尊座台莲茎伸出的莲台之上。座台呈圆形，其下莲茎粗大（图版16-2）。

右胁侍菩萨通高75厘米。立姿。无头光。束高发髻，长发披于身后。脸长圆，额间宽。眉弓起棱。左眼较圆，右眼残。嘴窝较深。双耳大，耳垂不及肩。颈部较长，刻一道蚕纹。戴圆形项圈。上身袒裸，帛巾自左肩斜至右髋。下着长裙，系腰带，长裙上缘外翻裹腰带，带梢下垂于双腿间。左手屈肘于胸前，握一莲蕾；右手下垂于体侧，手臂外侧残损，提一净瓶。跣足立于主尊座台莲茎伸出的莲台之上。莲台形制基本与左侧相同（图版16-3）。

莲茎之下立面是一个横长方形的题记框，长120、宽66厘米，表面平整光滑，无字。

2. 千山B区

B区位于西山公园外南侧，原桂林—熊本友好纪念馆后山麓的东、北两面的崖壁上。与A区直线距离约2—300米。造像龛开凿低者几乎贴地，高者在距地面近10米的陡崖上（图20）。密度较A区集中。共有23龛62尊造像，瘗龛4座。

图20　西山千山B区造像分布图（不完全）

第18龛：

位置：

纪念馆建筑后院东崖壁的南侧。

形制：

纵长方形单层龛。尖拱形龛楣。龛残高100、宽73、进深25厘米。龛顶、侧壁与正壁的角度陡直，交界处圆弧，正壁光滑规整。龛底崩裂不存。题材为单尊坐像（图21，图版17）。

造像：

造像表面损毁严重，残高50厘米。坐式不明。无头光、身光。座式从残痕判断为仰莲座，高20、宽14厘米。

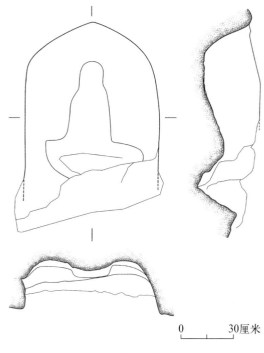

图21　西山第18龛平、剖面图

第19龛：

位置：

位于第18龛的左侧。

形制：

横长方形单层龛。尖拱形龛楣。龛高46、宽62、进深16厘米。龛壁弧平，顶、侧壁、底与正壁之间交界较弧圆。龛底平。根据残痕推测应为一佛二弟子二菩萨组合（图22，图版18）。

造像：

造像表面损毁严重，仅能辨出五尊造像的痕迹。正中间主尊像残高21厘米。坐姿。座为上大下小的半圆形，高7、宽28厘米。主尊两侧各有2尊造像，均为立像，外侧的2尊稍高。其余不详。

第20龛：

位置：

位于第18龛正上方。

形制：

横方形单层龛。尖拱形龛楣。龛高88、残宽88、进深34厘米。正壁弧平，龛底呈弧形，两侧龛角位置略高于中部，外缘略有残损。据残痕可知为3尊造像（图23，图版19）。

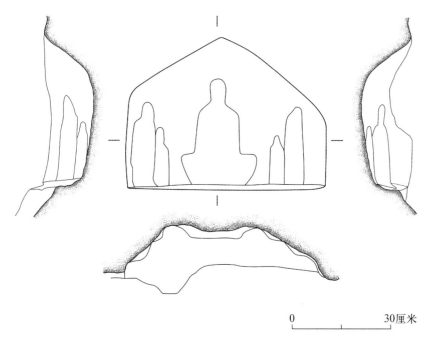

图22　西山第19龛平、剖面图

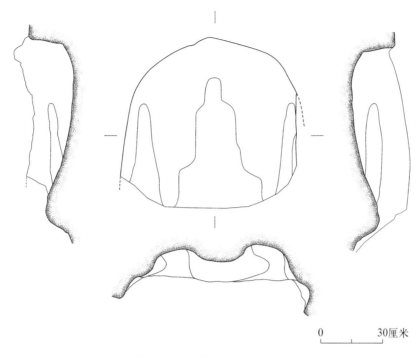

0　　　　　30厘米

图23　西山第20龛平、剖面图

造像：

表面均损毁严重。主尊残高40厘米。服饰、印相、坐式不明，佛座略呈长方形。两侧胁侍均为立姿，其余不详。

第21龛：

位置：

位于第19龛的左侧。

形制：

纵长方形单层龛。尖拱形龛楣。龛残高61、宽49、进深26厘米。龛顶和右壁上方略有残损。龛底平。造像损毁严重。根据残痕可知为一佛二胁侍三尊像（图24，图版20）。

造像：

主尊残高24厘米，似结跏趺坐于莲座之上，莲座向两侧伸出莲茎和莲座，莲茎贴龛底。两侧胁侍雕凿于侧壁之上，均为立姿。其余不详。

第22龛：

位置：

位于第21龛的左侧。

形制：

横长方形单层龛。尖拱形龛楣。龛高170、宽188、进深70厘米。左壁部分残失，不太完整。正壁弧平，与侧壁转角不明显，龛底平。损毁严重，据残痕推测为一佛二弟子二菩萨组合（图25，图版21-1）。

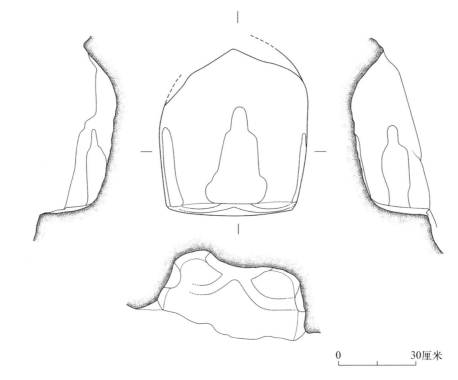

0 _____ 30厘米

图24　西山第21龛平、剖面图

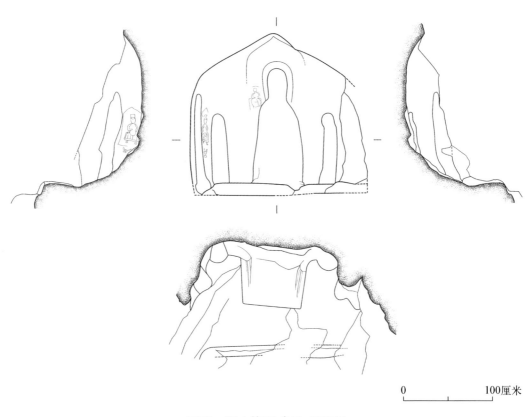

0 _____ 100厘米

图25　西山第22龛平、剖面图

造像：

主尊像残高80厘米。坐姿不明。浮雕长圆形头光和舟形背光。从残痕来看，应为束腰须弥座，总体平面呈内宽外窄的梯形，残高33、内宽80、外宽66、厚68厘米。

弟子、胁侍菩萨像均为立姿。表面残损，仅余长条形的凸起。主尊两侧造像雕凿于正壁上，外侧的两尊像略高，雕凿于侧壁上。

另有2尊线刻的造像。主尊右侧正壁上的一尊造像高25厘米。头戴方形冠，内刻花饰。圆脸，无耳，五官不清。圆肩。衣饰不明。双手握拳，置于腹前，拳面相对。座为不规则的方形座。似乎为左脚垂、右脚屈的游戏坐（图版20-2）。另一尊位于右侧龛壁上，右侧的弟子与菩萨之间。像高32厘米。人像外线刻硬山顶的房屋，通高43、屋檐宽32、房体宽20厘米。人像头戴方形冠，面部圆，仅刻右耳，五官刻划随意。溜肩，上身衣饰不明，下身着方形宽裙，线刻纵向衣纹。左手叉腰，右臂肘微屈，手掌置于腹前。裙下露双足，双足分立，脚尖外撇，脚跟相对。足下有一供案形物，素面，自上而下可分三层，上层两端上翘，呈半圆形；中层柱状；下层为方台（图版20-3）。

舟形身光左侧另有一纵向题记，真书，内容为：大□□□□一十□。右壁有一纵向题记，真书，内容为：石匠□□。

第23龛：

位置：

位于第22龛的左侧。

形制：

横长方形单层龛。尖拱形龛楣，形制不甚规整。龛高29、宽40、进深7厘米。龛正壁平，顶、侧壁与正壁的分界明显。浮雕两尊造像，似为二佛并坐题材（图26，图版22）。

造像：

残毁严重。左像上半部分不存，仅余半圆形的佛座。右像残高12厘米，似结跏趺坐，服饰、印相等细节不明。座与左像同。

第24龛：

位置：

位于第23龛的左侧，两者相距约4米。

形制：

横长方形单层龛。顶残，龛楣不明。龛残高223、宽235、进深105厘米。龛顶上方开凿一长槽，应为原有檐类设施的遗迹。龛顶及两侧龛壁均有不同程度的残损，左壁较甚。正壁较平整而光滑，龛底平整。造像损毁严重，依据主尊两侧残存的遗迹，推测为

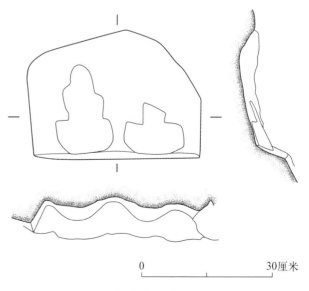

0　　　　　　　　　30厘米

图26　西山第23龛平、剖面图

一佛二菩萨二弟子题材（图27，图版23）。

造像：

主尊残高120厘米，坐姿不明。阴线刻圆形头光及舟形身光。身光仅余右半部分，下接佛座面。佛座为束腰须弥座，通高59、通宽84、厚65厘米。座可分为座基、束腰和座台三部分。座基上小下大，平面呈梯形；束腰下部小部分较厚，其上及座台不存，正壁尚残留少许座台遗迹。

主尊左右两侧各有两块凸起长条形石块，当为弟子和菩萨的残痕。左内侧像残高50厘米，外侧像残高76厘米。右内侧像残高65厘米，外侧像残高50厘米。

龛外主尊左上方岩上开有一洞，直径13、深7.5厘米。龛底地面也有2个方形小穴，左穴长19、宽16、深3.5厘米，右穴长11、宽12、深4厘米。可能为原来有龛檐类建筑的梁架和立柱的柱洞。

左像上部被一方题记打破，题记名为《新开西湖之记》，高75、宽64厘米。记载了后至元三年（1337年）秋郭思诚倡议疏浚西湖的事迹，为元代作品。真书，字径2.5厘米。录文如下：

新开西湖之记／

湖之为言潴水之泽也虽广大之不同其名则一也天下郡有西湖／因东坡显名者三杭颍惠也余备员海北宪幕雷阳近城有西湖一区／坡翁昔谪寓于此亦尝咏歌之雷守番禺陈大震因题诗云天下比来几西子水中曾见百东坡西湖所在皆胜概也桂林郡城相去数里许亦有西／湖水源自夹山鲇鱼

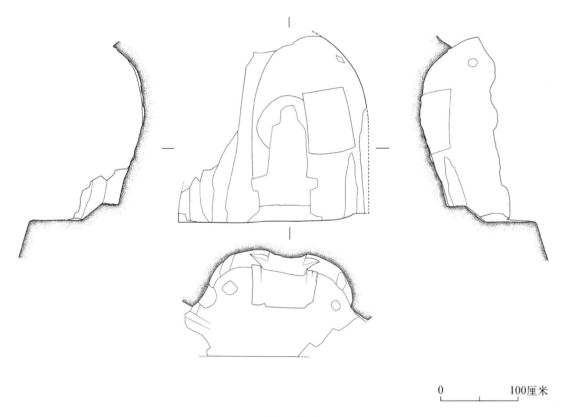

0　　　　　100厘米

图27　西山第24龛平、剖面图

洞而出环绕隐山潜洞南隔阳江唐宋明贤帅此邦者建立亭阁洲屿于湖山皆有着迹于郡志惟南轩先生张公改置放生池于/此非特游赏之所也桂林为郡山有余而水不足此湖绵亘数顷天造地设非人力穿/凿所就宽可维舟深可为渊宣泄风土郁蒸之气润泽城廓地接资庆/兰若号为五峰龙脉所聚为一郡山川形胜岂偶然哉归附后曩岁宪宣二司/养鱼利甚博以助公用继有猾徒周其姓者蒙蔽上下

夤缘邑吏请佃湖面为由/垒石塞源于流杯池开渠泄水于阳桥江芟荷莲而长葑菲筑堰坝而围田塍掩为/己产立券售于市户曾唐李王杨五姓岁收禾利肥家湖之湮塞使郡之地脉枯/燥官府失于检察后至元乙亥余明长宪幕次年因编集桂林郡志历览近城/山川岩洞询及此湖为田非旧志也亟命帅掾摄县事庐陵刘宗信踏勘核实/塞其渠而疏其源撤其垒而锄其堰追索私立契据没抹入卷申府闻达帅阃/札付下给榜禁治以绝后弊湖面干涸积有年矣不数月水痕如故是夏/芙蕖蘅藻复生远迈人皆欢喜亦系乎数也丁丑季秋淇川郭思诚谨志/。

第25龛：

位置：

位于第24龛左侧岩壁转角的上方，崖壁距地表较高，面朝西。

形制：

纵方形单层龛。尖拱形龛楣。龛残高75、宽75、进深3厘米。各壁表面粗糙，龛底崩损。浅浮雕单尊坐像（图28，图版24）。

造像：

造像似未完成。残高49厘米（连座）。座形不明，宽60厘米。

第26龛：

位置：

位于第25龛的正下方，距地面较高，难以接近。

形制：

纵长方形单层龛。尖拱形龛楣。龛高98、残宽40、进深18厘米。右壁残损较甚。浮雕单尊像（图29，图版25）。

造像：

损毁严重，残高66厘米。似为立像，圆形台座。

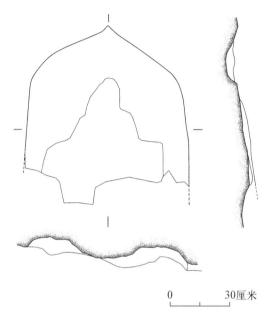

图28　西山第25龛平、剖面图

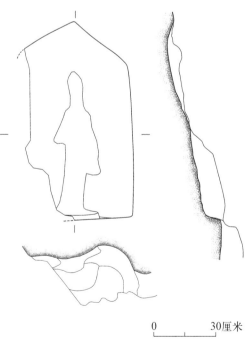

图29　西山第26龛平、剖面图

第27龛：

位置：

位于第26龛的左侧，距地面较高。

形制：

纵长方形单层龛。圆拱形龛楣。龛高62、残宽44、进深4厘米。开龛较浅，正壁圆弧，龛底较平。浮雕单尊坐像（图30，图版26）。

造像：

造像损毁严重，残高32厘米。结跏趺坐。五官、衣饰、手印不明。莲座通高23、通宽22厘米。可分为莲台和莲茎两部分，莲茎较粗。

第28龛：

位置：

位于第27龛的左下方。

形制：

纵长方形单层龛。尖拱形龛楣。龛高102、残宽50、进深17厘米。距现地面较高，侧壁、龛底残损较多。浮雕单尊坐像（图31，图版27）。

造像：

造像残高42厘米。结跏趺坐。五官、服饰、手印不明。佛座分为莲台和莲茎两部分。

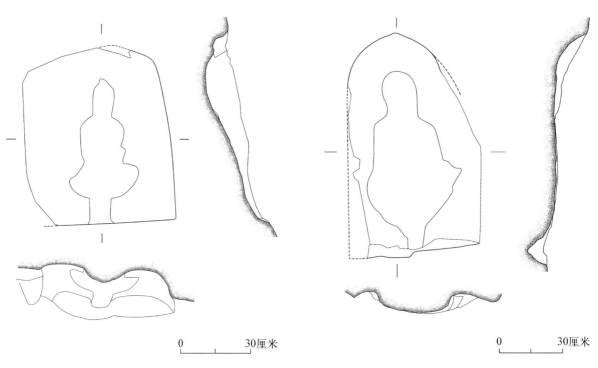

图30　西山第27龛平、剖面图　　　　　　图31　西山第28龛平、剖面图

第29龛:

位置:

位于第28龛的下方。

形制:

纵方形单层龛。圆拱形龛楣。龛残高49、宽42、进深3厘米。右侧龛壁、龛底崩裂不存。龛形不规整,凿痕粗犷。单尊题材(图32,图版28)。

造像:

似未完成,制作粗率。造像姿态、服饰、座形等不明。

第30龛:

位置:

位于第29龛的左侧,两者相距2米左右。

形制:

单层龛。顶残,龛楣不明。残高60、残宽40、进深13厘米。右侧龛顶、龛壁及龛底均有崩裂,形制不全。主尊左侧有两尊造像,推测整体可能是一佛二弟子二菩萨组合(图33,图版29)。

造像:

主尊残高34厘米,结跏趺坐。五官、服饰、手印不明。莲座的莲茎与左胁侍菩萨的莲台相连。向右侧伸出的莲茎残毁。

其左侧可能是弟子像,残高44厘米。左胁侍菩萨残高54厘米,立于莲台之上。

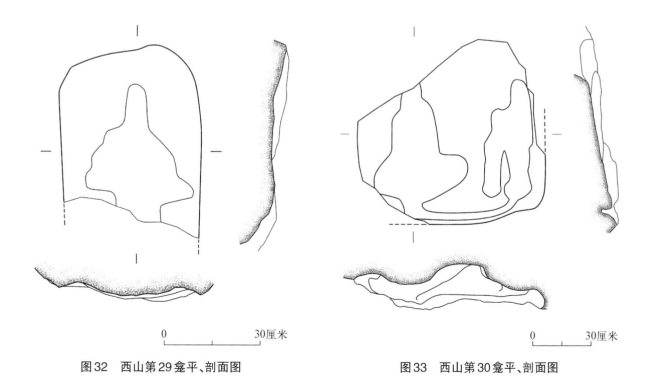

图32　西山第29龛平、剖面图　　　　　　　　图33　西山第30龛平、剖面图

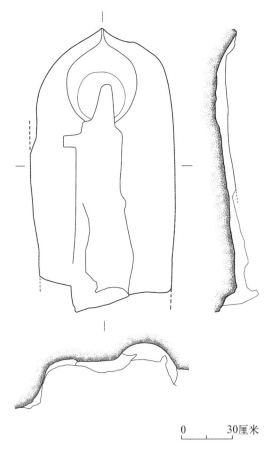

0 ────── 30厘米

图34　西山第31龛平、剖面图

第31龛：

位置：

位于第30龛左侧岩壁转角处，面朝西方。

形制：

纵长方形单层龛。尖拱形龛楣。残高155、宽77、进深17厘米。右侧壁略有残损，龛底崩毁不存。龛侧壁和正壁弧平，无明显分界。浮雕单尊立像（图34，图版30）。

造像：

头、身体表面残损无存，仅余轮廓。立像残高122厘米。浅浮雕两重背光，内重为圆形，外重为桃形。

第32龛：

位置：

位于第31龛的左侧，二者相距近8米。

形制：

纵长方形双重龛。外龛高172、宽120、进深30厘米。圆拱形龛楣。内龛高90、宽70、进深20厘米，圆拱形龛楣。正壁圆弧。高浮雕一佛二菩萨三尊像，主尊在内龛，二胁侍菩萨开凿于内外龛交界的边缘。左壁外有一座瘗龛（图35，图版31）。

造像：

主尊像高70厘米。结跏趺坐。无头、背光。头部高20、宽11厘米，肉髻、脸部表面残损。耳郭清晰，耳垂较小，不及肩。颈部较长，刻两道蚕纹。圆溜肩，宽29厘米。内着僧祇支，衣边较平。右肩披覆肩衣，外着袒右大衣，右侧衣角自身后绕腹前上挂左肩的钩钮上。覆肩衣部分衣角掖入胸前大衣内。腹前衣纹略向右下斜。大衣包裹腿部，现出足形，右脚在上。左手置于腹前，掌心朝上施禅定印；右手抚右膝，指尖朝地施触地印。佛座为须弥座，通高64、宽62、厚22厘米。可以分成三部分：座基为叠涩四层阶梯；自下而上逐层收分，中间束腰呈方形；座台部分共三层，其中最上一层厚度最大，呈圆角方形，正面浮雕三瓣仰莲瓣，呈圆拱型。

左胁侍菩萨高54厘米。立姿，躯体较直。头部表面残损，发型、饰物不明。双耳不及肩。颈细长。溜肩。小腹微鼓。上身袒裸，肩披天衣，长垂座面。腰系倒三角形霞裙，下身着紧身长裙，衣纹不显。双手合十于胸前。跣足，立于圆形的台座之上。台座高14、宽25厘米，立面浮雕莲瓣纹。

右侧胁侍菩萨高55厘米。立姿。头、肩部表面残损。上身袒裸，肩披天衣，长垂于体后。腰系倒三角形霞裙，下着紧身长裙，不显衣纹。左臂屈肘，手掌置于胸前；右臂下垂于体侧。跣足，立于圆形的台座之上。台座高13、宽25厘米，立面刻莲瓣纹。

0 _____ 50厘米

图35　西山第32龛平、剖面图

第33龛:

位置:

位于第32龛左侧。

龛形:

横长方形单层龛。圆拱形龛楣。雕凿一佛二菩萨,下部雕凿二供养人像。残高93、宽90、进深15厘米。龛顶部分残损。正壁圆弧,龛底平。龛的进深略大于佛座的厚度。高浮雕一佛二菩萨三尊像(图36,图版32)。

造像:

主尊像高35厘米。结跏趺坐。头部表面残损。颈部较长,无颈纹。肩宽平。胸部紧实鼓凸,略显胸廓线。腰部较细,腹部平坦。内着袒右僧祇支,右肩披覆肩衣,外着袒右大衣,通体衣纹极少。左手垂于腹前腿上,施禅定印;右手抚右膝,指尖朝下施触地印。座通高12、通宽33厘米,呈半圆形。

左胁侍菩萨高33厘米。立姿。头部表面残损。发髻较高。五官不明。颈部较长。宽平肩。

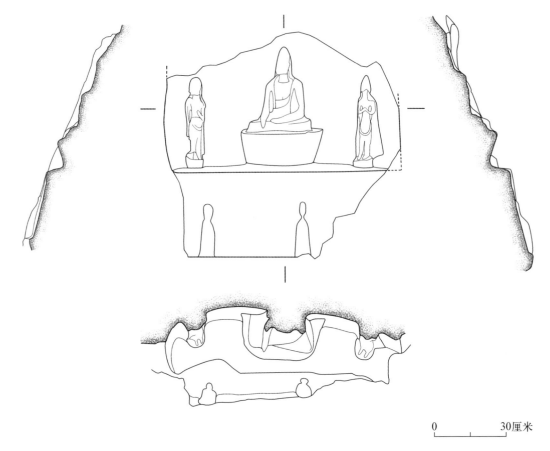

图36　西山第33龛平、剖面图

小腹微鼓。上身袒裸,肩披天衣,长垂及座,下端外侈。下着紧身长裙。膝前垂下帔帛一道,呈"U"字形。双手合拱于胸前。跣足,立于圆形台座之上。

右胁侍菩萨高33厘米。立姿。头部损毁,发髻、面部无存。圆肩。上身袒裸。肩披天衣,长垂及座。下着紧身长裙。膝前垂下帔帛一道,呈"U"字形。左臂屈肘,手掌置于腹间。右手下垂于体侧,持物不明。立于圆形台座之上。

龛底下方浮雕两尊供养人立像,左像高28、右像高26厘米。头部表面残损,脖子较细,溜肩。身着长袍,其余情形不明。

第34龛:

位置:

位于第33龛的左侧。

形制:

横长方形单层龛。整体略呈"山"字形,似经过二次开凿,先凿出一佛二菩萨的尖拱形龛,其后在两侧开凿出供养人龛,二者的正壁略有高差,龛底亦不在同一平面。尖拱形龛楣。龛高95、宽163、进深30厘米。正壁较平,各面分界不明显。高浮雕一佛二菩萨二供养人像(图37,图版33)。

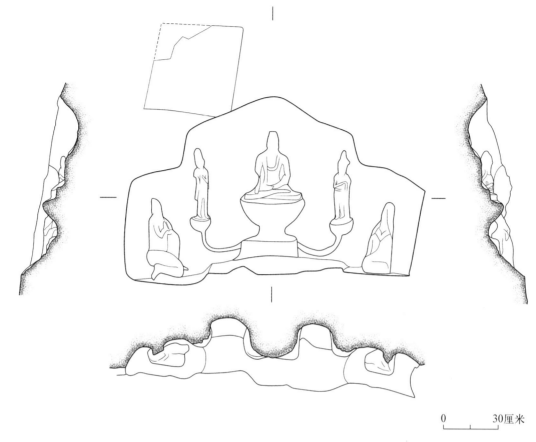

0　　　　　30厘米

图37　西山第34龛平、剖面图

造像：

主尊残高30厘米。结跏趺坐，右脚在上。头部表面残损。颈短而粗。宽圆肩，胸略鼓，腰较细。右肩披覆肩衣，外着袒右大衣，露出部分胸部，衣纹不显。左手屈于腹前，似施禅定印；右手前臂残断，印契不明。圆形束腰座，通高29、宽34厘米，可分为座基、莲茎和莲台三部分。座基略呈长方形，宽28、高8厘米；莲茎高4、宽10厘米；莲台高17、宽34厘米。座基向两侧各伸出莲茎和莲台，作为胁侍菩萨的台座。

左胁侍菩萨像高35厘米。立姿。头部残损，高发髻。肩披天衣，下垂及座。上身似袒裸，下身似着紧身长裙，腰部系带。左手下垂于体侧，右手屈肘置于胸前。立于主尊座基伸出的莲台之上。

右胁侍菩萨像高35厘米。立姿。头部残损。高发髻，头略右偏。肩披天衣，下垂及座，下着长裙。左臂屈肘，手掌置于胸腹间；右手下垂于体侧。立于主尊座基伸出的同茎莲台之上。

胁侍菩萨像外侧各有一尊供养人立像。体型壮硕，似为其后补凿。左侧供养人面朝主尊，高40厘米。头部表面残损。上身直挺。双手似合拱于胸前。胡跪姿，右腿弯曲，左膝着地。

右侧供养人侧向主尊，高44厘米，头部表面残损。上身直挺。双手屈于胸前合十。为左腿弯曲，右膝着地的胡跪姿态。

龛顶右上方有一题记框，方形，右上角崩损，表面字已无存。

第35龛：

位置：

位于第34龛的左上方。

形制：

横长方形单层龛。尖拱形龛楣。全龛分上下两部分，上部雕凿一佛二菩萨，下部雕凿一供养人像。龛高60、宽68、进深14厘米。龛顶之上开凿两道石槽，上槽长123、宽9.5厘米，下槽长120、宽12厘米。顶、侧壁与正壁间的交接处呈圆弧形，分界不明显。(图38，图版34)。

造像：

主尊通高29厘米。结跏趺坐。头部表面残损。肩宽平，细腰。衣饰不明。大衣包裹双腿，不显足形。左手置于腹前腿上，右手下垂抚右膝，施触地印。束腰须弥座通高14、通宽20厘米。可分座基、束腰、座台三部分。座基叠涩两层；束腰方形；座台叠涩两层。平面均呈内宽外窄的梯形。

左胁侍菩萨像高29厘米。立姿。头、颈部残损。左手下垂于体侧，似握一宝瓶；右手屈肘，手掌置于腹前。衣饰不明。跣足，左脚略残，立于圆形台座之上。

右胁侍菩萨像高29厘米。头部残损。发髻较高，似有宝缯或长发垂于肩后。左臂屈肘，手掌置于腹前；右手下垂于体侧，似握一莲花。跣足，立于圆形台座之上。

龛底右下方有一供养人立像，高30厘米。头部细长，溜肩。身着长袍，衣裳下摆外侈。

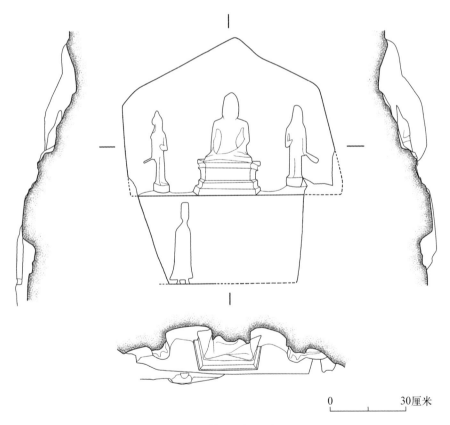

0　　　　　　30厘米

图38　西山第35龛平、剖面图

第36龛：

位置：

位于桂林—熊本友好纪念馆庭院围栏之外，第35龛左侧的一岩石上。

形制：

纵长方形单层龛。尖拱形龛楣。龛高46.5、宽42、进深10厘米。龛顶、侧壁、底与正壁之间圆弧形，分界不明显。龛底平。高浮雕单尊坐像（图39，图版35）。

造像：

造像高21.5厘米。结跏趺坐。头部表面残损。圆肩。右肩披覆肩衣，外着袒右大衣，衣纹自左胸向右肋斜弧，截面呈圆凸棱状。双手置于腹前，手掌不显，似施禅定印。座为半圆形，高11、通宽25厘米。

第37龛：

位置：

位于第36龛的左上角。

形制：

纵长方形单层龛。龛形不规整，顶残，龛楣不明，底部避让第36龛龛顶未进一步开凿。龛残高36、宽23、进深2.5厘米。凿痕较粗。浮雕单尊像（图40，图版36）。

造像：

造像未制作完成。像高29厘米。似为立姿，其余不明。

第38龛：

位置：

位于第36龛的左侧。

龛形：

横长方形单层龛。圆拱形龛楣。龛高95、宽129、进深18厘米。右上角龛壁有崩损。龛壁较平，各壁间分界不明显。高浮雕一佛二菩萨三尊像，残损、风化较严重（图41，图版37）。

造像：

主尊像高44厘米。结跏趺坐。头、颈部、胸

0　　　　　　　　　　30厘米

图39　西山第36龛平、剖面图

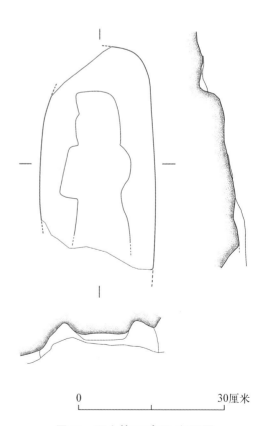

0　　　　　　　　　　30厘米

图40　西山第37龛平、剖面图

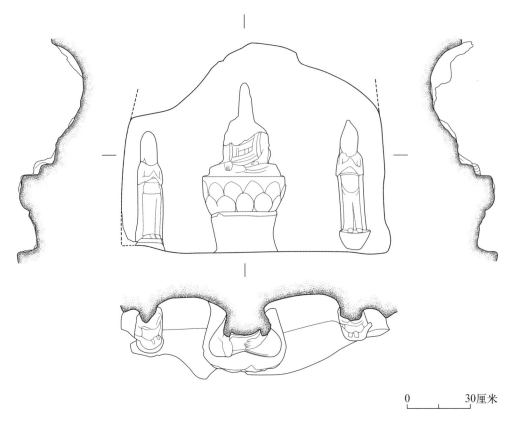

图41　西山第38龛平、剖面图

部、右肩、双臂表面均残损较甚。圆肩。内着僧祇支,胸前系胸带,带梢垂下;外着袒右大衣,腹上衣褶自左向右下斜,截面呈圆凸棱状。大衣紧裹腿部,不显足形。腿部阴刻横向衣纹。左手置于腹前,掌心向上,施禅定印;右手下垂抚左膝,手掌残断,似施触地印。佛座通高34、通宽33厘米,可分为座基和座台两部分,座基略呈方形,座台为仰莲台,浅浮雕双层仰莲瓣,部分瓣尖凸起外翻。

左胁侍菩萨通高55厘米。立姿,身体笔直。头、颈部表面残损,似梳高发髻。圆肩。身后天衣长垂台座。袒上身,腰系霞裙,下身着长裙。双手合于胸前,跣足,立于半圆形台座之上。

右胁侍菩萨通高54厘米。立姿,身体较直板。头部表面残损。圆肩,小腹微凸。身后天衣长垂及地。袒上身,腰系霞裙,下身着长裙,不显衣纹。跣足,足下台座略呈覆盆形。

第39龛:

位置:

位于第38龛的左上方。

形制:

纵长方形单层龛。尖拱形龛楣。龛残高45、宽40、进深11厘米。龛顶略有崩损。浮雕单尊坐像(图42,图版38)。

造像:

像高39厘米。未制作完成,头部轮廓略呈方形,手、足及服饰未刻。台座略呈鼓形,高10、通宽18.5厘米。

第40龛：

位置：

位于第34龛的右斜上方,离地面10米左右。

形制：

横长方形单层龛。尖拱形龛楣。龛高110、宽189、进深37.5厘米。龛壁较平,各壁间分界不明显。龛底平。高浮雕一佛二菩萨一供养人像(图43,图版39-1)。

造像：

主尊像高49厘米。结跏趺坐,右脚在上。浅浮雕桃形头光。头部表面残损。颈短而粗,肩部宽20厘米,略宽平。胸部鼓凸,肌肉结实。腰细,小腹微鼓。内着袒右僧祇支,外着袒右大衣,薄衣贴体,不显衣纹。左手置于腹前,掌心朝上施禅定印;右手下垂抚右膝,手指略残,似施触地

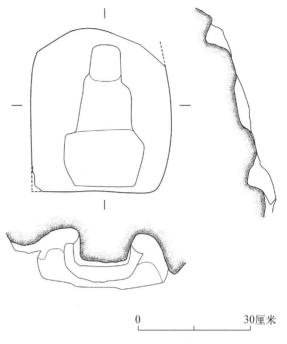

图42　西山第39龛平、剖面图

印。佛座为束腰须弥座,通高23、通宽46厘米。整体平面呈内宽外窄的梯形,可分为座基、束腰、座台及背障四部分。座基叠涩两层,束腰方形,座台叠涩两层。浅浮雕方形背障,高28、宽43厘米。

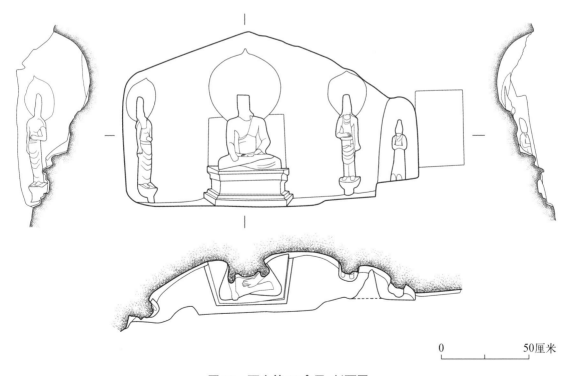

图43　西山第40龛平、剖面图

　　左胁侍菩萨像高55厘米。立姿，身体较直板。线刻桃形头光。头部表面残损，似梳高发髻。肩宽平。胸较鼓凸，戴圆形项圈。小腹微鼓。肩披天衣，长垂身后膝下。腰系霞裙，下着紧身长裙，裙摆及踝。帔帛在膝前绕两道，呈"U"字形。左手下垂于体侧似握帛巾。右臂屈肘，手掌置于体前抚腹。跣足，立于圆形莲座上，莲茎短而粗，侧向主尊。（图版39-2）。

　　右胁侍菩萨像高56厘米。立姿，身体较直板，侧向主尊。线刻桃形头光。头、颈部表面残损，似梳高发髻。肩宽平。胸较鼓凸，小腹微鼓。肩披天衣，长垂身后膝下。上身袒裸。腰系霞裙，下着紧身长裙，裙摆及踝。帔帛在膝前绕两道，呈"U"字形。左臂屈肘，手掌于体前抚腹，右手下垂于体侧。跣足，立于圆形莲座上，莲茎接龛底（图版39-3）。

　　左壁外侧开一小龛，高53、宽26、进深12厘米。内浮雕一供养人像，高38厘米，立姿。头顶略尖，似高发髻。脸方圆。外着交领窄袖长袍。双手合拢于腹前。脚蹬高头履（图版39-4）。

　　右侧龛外有一方形题记框，高50、宽30厘米，表面字已无存。

（二）龙头峰区

　　龙头峰位于千山、观音峰之间的山谷中，为相对高度较低的一座小山峰，顶部一巨石高耸，形似须发皆张的龙头，故名"龙头峰"。该巨石北面开龛造像较多，外围分布有较多的瘗龛，自上而下大致可分为上中下三层，另有3龛造像在山脚的东南面。该区共有24龛69尊造像（图44，图版40）。

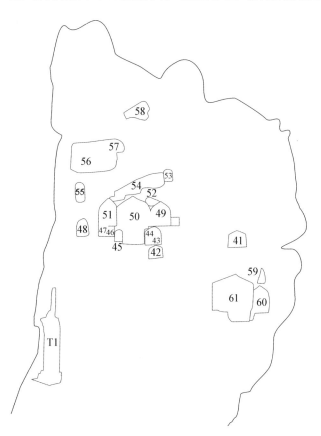

图44　西山龙头峰造像分布图

第41龛：

位置：

位于龙头峰中层崖壁之上，在最西端。

形制：

横长方形单层龛。尖拱形龛楣。龛高49、宽78、进深11厘米。各壁面较粗糙。高浮雕一佛二菩萨三尊像（图45，图版41）。

造像：

主尊像高24.5厘米，结跏趺坐。整体风化严重，细节难辨。肉髻高圆，无发纹。发际线平。脸圆，面部漫漶不清。圆肩。右肩披覆肩衣，外着袒右大衣，衣纹不显。露出部分胸部。左手下垂，似置于左膝上；右手屈肘上举，手掌残断，似施无畏印。须弥座通高15、通宽18厘米。可分为座基、束腰和座台三部分。座基半圆形，束腰方形，座台单层，较厚，略呈上小下大的梯形。

　　左胁侍菩萨像高30厘米。立姿。残损严重。面朝龛外。发髻宽平，五官、衣饰不

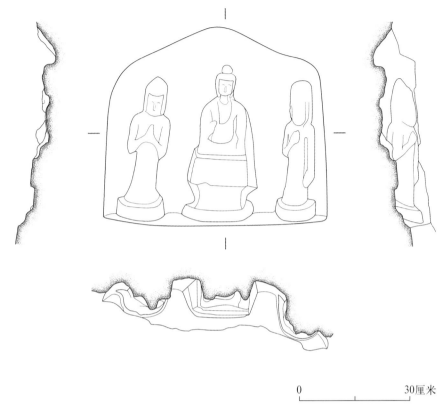

图45　西山第41龛平、剖面图

清。左手似持净瓶下垂于体侧,右臂屈肘上举,手掌置于胸前。立于圆形台座之上。

右胁侍菩萨像高27厘米。面朝龛外。发髻或宝冠顶部略尖。面部较方,不显颈部。五官、衣饰不清。双手合十于胸前。立于圆形台座之上。

第42龛:

位置:

位于第41龛右后侧的崖壁上,二者不在同一平面,相距约2米。

形制:

横长方形单层龛。尖拱形龛楣。龛高38、宽43、进深5厘米。正壁较平,顶、侧壁、底与正壁分界明显。布局紧凑。高浮雕一佛二菩萨组合(图46,图版42)。

造像:

主尊像高19厘米。结跏趺坐。浮雕桃形头光。头、颈部表面残损。肩宽圆。僧祇支较平,右肩披覆肩衣,外着袒右大衣,露出部分胸部。大衣紧裹腿部,不显足形。下摆悬垂于座前,呈倒"山"字形。左臂下垂,手掌残断;右臂屈肘于胸前,前臂及手掌残损。束腰须弥座通高11、通宽15厘米,由座基、束腰和座台三部分组成。

左胁侍菩萨高15厘米。结跏趺坐。浮雕桃形背光。头部、右肩为现代所补。圆肩,戴圆形宽项圈,正中似缀一宝珠。小腹略鼓。上身袒裸,帛带从左肩斜向右肋。下着裙,腰间系带,下摆

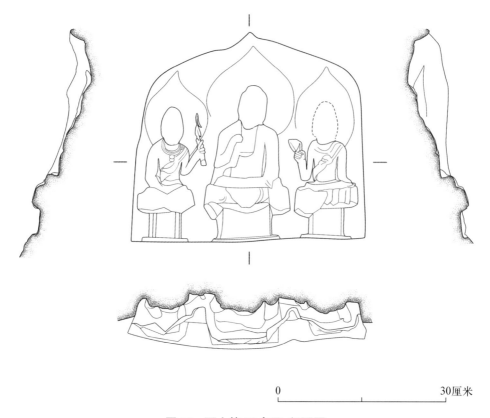

0 ├──────────────┤ 30厘米

图46　西山第42龛平、剖面图

覆于座前,衣褶较为密集,纵向平行分布。左手下垂抚膝,右臂屈肘外举,手持一枝莲蓬。台座为束腰须弥座,座基方形,束腰可见四棱五面,座台方形,部分残损。

右胁侍菩萨高16厘米。结跏趺坐。浮雕桃形头光,面部残损。圆肩,颈戴圆形项圈,项圈较宽,正中悬挂铃形饰物。上身袒裸,帔帛从左肩斜向右肋。下着裙,腰间系带。左手屈肘外举,持长茎莲叶和莲蕾,右手垂下抚膝。腿部及须弥座座台表面有残损。座基、束腰形制与左侧菩萨同。

第43龛:

位置:

位于第42龛的上方。

形制:

纵长方形单层龛。尖拱形龛楣。龛高54、宽33、进深7厘米。龛形不完整,右壁被右侧的第44龛打破。正壁浅弧,较平滑。龛底斜平。浮雕单尊造像(图47,图版43)。

造像:

像高29厘米。结跏趺坐。浮雕桃形头光。头、颈部表面损毁,肉髻、发、五官不明。短颈圆肩。右胸残损,未见右侧衣边,似着袒右大衣,通体衣纹较少。左手下垂置于左腿上;右臂残断处在胸前。仰莲座通高11、通宽20厘米,浅浮雕莲瓣共二层,花瓣肥厚。

0　　　　　　　　30厘米

图47　西山第43、44龛平、剖面图

第44龛：

位置：

位于第43龛右侧。

形制：

纵长方形单层龛。圆拱形龛楣。左壁打破第43龛，故左壁不全。高49、残宽18、进深7厘米。单佛题材（图版43）。

造像：

像高25厘米。结跏趺坐。浮雕桃形头光。头部、右肩残损。内着袒右僧祇支；右肩披覆肩衣，覆遮右臂；外着袒右大衣。衣纹不显，双腿紧裹于大衣内，不显足形。下摆弧垂于座台立面，中间一幅略呈倒三角形。左臂下垂，手掌置于左膝上；右前臂残断。方形台座底部略宽，通高9、通宽18厘米。

第45龛：

位置：

位于第44龛右侧，中间相隔一块浅浮雕碑形题记。

形制：

纵长方形单层龛。圆拱形龛楣。高41、宽26、进深6厘米。龛形不太规整，左壁因避让碑形

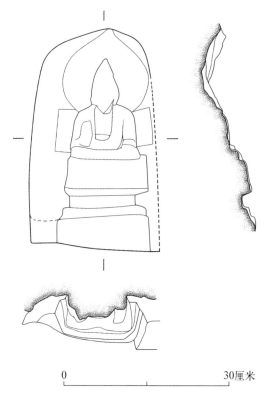

图48　西山第45龛平、剖面图

0　　　　　　　　　　30厘米

题记的边缘而有所缩减,因此空间较右壁狭窄。高浮雕单尊造像(图48,图版44)。

造像:

像高19厘米。结跏趺坐。浅浮雕桃形头光。头、颈部表面残损,肉髻、五官无存。宽圆肩。右肩披覆肩衣,外着袒右大衣。露出部分胸口,下方可见裙腰。除左肘有二道横向衣褶外,其余不显衣纹。腿部预留空间局促,显得与上半身不成比例。大衣紧裹双腿,不显足形。左手垂搭于膝上;右臂屈肘上举,手掌残断。佛座为束腰须弥座,通高18、通宽17厘米,分为座基、束腰、座台、背障四部分。座基为叠涩二层;束腰内缩,厚度较小;座台为较厚而宽的横长方形。造像身后浅浮雕横长方形背障,较佛座宽。

第46龛:

位置:

位于第45龛的右侧。

形制:

纵长方形单层龛。方形龛楣。龛高31、宽21、进深4厘米。龛形不完整,右壁被第47龛打破,其余龛壁边缘凸起,龛底平。高浮雕单尊立像,尊格不明(图49,图版45)。

造像:

像高28厘米。立姿。头部较圆,表面残损,右耳较短。颈部似有一道蚕纹。小腹略鼓。颈戴项圈,项圈在左右肩和胸前各缀1粒水滴形或圆形坠饰。上身衣饰不明,下着裙,仅以一条阴线表现腰带。通体无衣纹。左臂屈肘上举,左手似持一物上举或握拳伸出食指和中指;右臂屈,手掌置于胸前。足蹬尖头靴。右脚直立为支撑腿,左脚斜向左侧跨出少许。无座。

第47龛:

位置:

位于第46龛右侧。

形制:

近正方形单层龛。圆拱形龛楣。龛高34、宽32、进深5厘米。龛形不完整,左侧龛缘与第46龛右壁

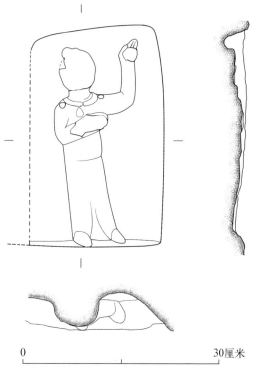

图49　西山第46龛平、剖面图

0　　　　　　　　　　30厘米

部分重合。左边打破第46龛，龛顶打破第49龛。当为雕凿空间不够，故只浮雕一佛一菩萨组合（图50，图版46）。

造像：

主尊像高17厘米。结跏趺坐。头部损毁，无头、背光。宽平肩。衣饰略有漫漶，右肩披覆肩衣，外层大衣不明显。大衣紧裹双腿，不显足形，下摆垂悬于座面。左臂下垂，手掌置于左膝上；右臂于体侧上举，手掌残断。束腰座通高12、通宽13厘米，分为座基、束腰和座台三部分。座基叠涩两层，从下层右侧伸出莲茎及莲台，作为胁侍菩萨的台座。座面宽厚，略呈圆角方形。

胁侍菩萨立于主尊右侧，高24厘米。头部表面残损。大耳垂肩。上身祖裸，似有帛巾自左肩斜向右肋。下着长裙，有数条下弧的衣褶，截面呈圆凸棱状。左臂屈肘，左掌置于胸前；右臂下垂于体侧，手掌似有持物。跣足，双足分立略呈“八”字形，立于主尊座基伸出的圆形莲台之上。

第48龛：

位置：

位于第47龛右侧。

形制：

纵长方形单层龛。圆拱形龛楣。龛高58、宽30、进深6厘米。龛内四壁交界处不明显，正壁弧圆，龛底较平。高浮雕单尊造像（图51，图版47）。

造像：

像高31厘米。结跏趺坐。无头、背光。头部表面残损。颈部粗短。宽平肩，胸略鼓凸。内着祖右僧祇支，右肩披覆肩衣，外着祖右大衣，露出部分胸部。大衣紧裹双腿，不显足形。左臂下垂，左掌置于左膝上，表面内凹，似掌心向上；右手下垂抚右膝，掌心朝下，

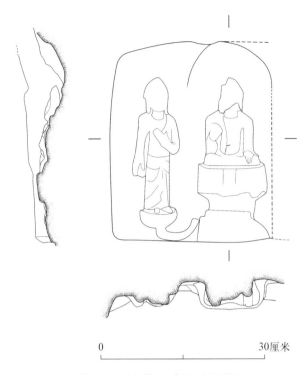

图50　西山第47龛平、剖面图

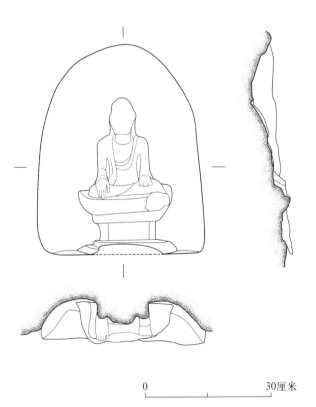

图51　西山第48龛平、剖面图

指尖触座。佛座为束腰莲座,通高12、通宽18厘米。分为座基、束腰和座台三部分,座基较薄,叠涩两层;束腰内宽外窄,平面呈梯形;座台亦叠涩两层,上层为半圆形座。

第49龛:

位置:

位于第43、44龛的上方。

形制:

纵长方形单层龛。尖拱形龛楣。龛高86、宽55、进深7厘米。龛底左侧被第46龛打破,造像左侧龛缘因避让第50龛而略有不全。正壁较平,打磨光滑。高浮雕二佛并坐(图52,图版48)。

造像:

左像高30厘米。结跏趺坐。浅浮雕桃形头光。头部表面残损,左耳垂较长,略及肩部。短颈,宽圆肩。内着僧祇支,胸腹间系带,带梢垂下。右肩披覆肩衣,遮覆右臂。外着袒右大衣,右侧衣边自身后绕腹间上搭左肩。衣纹从左肩、左上臂向腹间曲斜。大衣下摆裹紧双腿,足形不显,衣边悬垂于台座正面。左手下垂置于左膝上,掌心向上,五指微屈;右臂屈肘上举于胸侧,前臂及手掌残断不存。佛座为仰莲瓣台座,通高12、通宽18厘米。莲茎粗短,莲台浮雕两层莲瓣。

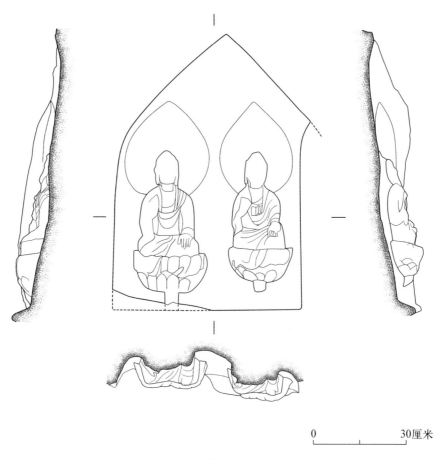

0　　　　　　　　　　30厘米

图52　西山第49龛平、剖面图

右像高31厘米。结跏趺坐。头部表面损毁,浅浮雕桃形头光。双耳垂肩。短颈,圆肩。内着袒右僧祇支;右肩披覆肩衣;外着袒右大衣,右侧衣边自身后绕腹前上搭左肩,左肩上衣边外翻。露部分胸部。衣纹从左肩向右下曲斜,胸前呈"U"字形,横断面呈阶梯状。大衣包裹双腿,不显露足形,下摆悬于台座正面,被覆遮的莲瓣轮廓从衣服中显露出来。左手抚左膝,掌心向下;右臂屈肘上举于胸侧,手掌残断不存。仰莲座形制与左侧造像一致,通高13、通宽20厘米。

第50龛:

位置:

位于整个龙头峰北面崖壁的正中位置,第49龛的左侧。

形制:

纵长方形单层龛。尖拱形龛楣。龛通高141(含造像下方的碑形题记)、宽96、进深20厘米。龛内各壁面打磨平整。各壁交界处为圆滑的弧形,没有明显的界线。高浮雕一佛二菩萨三尊像(图53,图版49)。

造像:

主尊像高62厘米。善跏趺坐。浅浮雕双重头光,内重为竖椭圆形,外重为桃形。头、颈部表

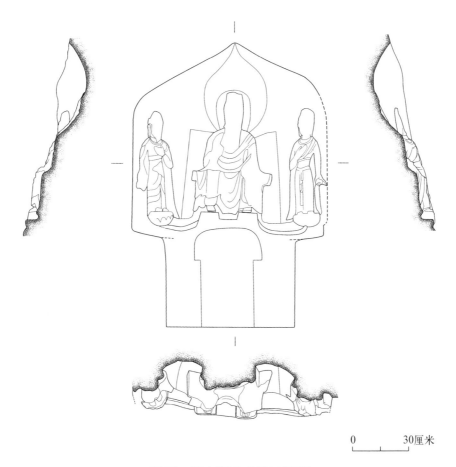

图53　西山第50龛平、剖面图

面残损。圆肩。右肩披覆肩衣；外着袒右大衣，右侧衣边自身后右臂下绕腹前上搭左肩。上身衣纹从左肩下斜胸腹间，呈平行的浅弧状。双腿间垂下的衣襟衣纹四道，呈"U"字形曲线，断面均呈阶梯状。左手抚左膝，右臂上抬，屈于胸侧，手掌残断不存。腿部轮廓不明显。跣足，足趾分明，双脚各踏一方台，立面密布斜向有粗凿痕。佛座为束腰须弥座，可分为踏台、束腰、座面和背障四部分。踏台2个，呈圆角方形。束腰、座面均为长方形，座面较薄。正壁浮雕方形背障，高45、宽48厘米，宽于座面，下接龛底。踏台底部分别向左右伸出莲茎和莲花座，作为胁侍菩萨的台座。

左胁侍菩萨像高53厘米。立姿。头部表面残损，似高发髻。溜肩，颈部戴圆形项圈。腰细而平坦，胯部略向右提，身体略呈"S"字形。上身袒裸，天衣下垂过踝部，帛巾自左肩斜披至右腰。下着长裙，腰带在腹前打结后，两端一长一短垂于双腿间。左手垂于体侧，似握帛巾，右臂屈肘，手掌置于胸前。跣足，立于主尊踏台伸出的莲座之上，莲茎凿于龛底外侧。

右胁侍菩萨像高50厘米。立姿。头部残损，冠带或长发披肩。溜肩，戴圆形项圈。上身袒裸，身后天衣垂地，腹间缠帛带一道。腰间系带，下着长裙，裙上刻平行的三道浅弧衣褶，断面呈阶梯状。左臂屈肘，手掌置于胸前；右臂表面残损，似下垂状。跣足，立于主尊脚下踏台伸出的仰莲座之上，莲座表面浮雕一层莲瓣。莲茎凿于龛底外侧。

主尊正下方浮雕一块碑形题记框，通高44、通宽33厘米。分为碑额和碑身两部分。碑额宽33、碑身宽26厘米。风化严重，表面凿痕密布，应未刻题记。

第51龛：

位置：

位于第50龛的右侧，第46、47龛的上方。

形制：

正方形单层龛。尖拱形龛楣。龛高70、宽70、进深8厘米。龛形规整。龛顶、侧壁浅弧，与正壁的交界不明显。高浮雕二佛并坐及一供养人像（图54，图版50-1）。

造像：

左像高25厘米。结跏趺坐。浅浮雕桃形头光。头部残损。圆肩。衣饰不清，似外着袒右大衣。大衣紧裹双腿，下摆悬垂于座台立面，不显足形。左手似下垂置于腹前腿上；右臂屈肘抬于胸侧，手掌残断无存。束腰须弥座高18、宽26厘米，分为座基、束腰和座台三部分，座基叠涩二层，束腰为六棱柱状，座台表面缺损。

右像高25厘米，结跏趺坐。头部残损。浅浮雕桃形头光。圆肩。身着袒右大衣，部分胸部外露。大衣紧裹双腿，下摆似覆于座面，足形不显。左手置于左膝上，右手抬肘上举，前臂及掌残断。座高19、宽25厘米，与左侧造像基本一致，但座基、束腰为八棱柱状。

右侧龛角有一供养人像，高24厘米。身体侧向两尊主像。头部残损，衣饰不明，腰间系宽腰带。双手合拱于胸前。胡跪姿，左腿屈，右膝着地。

龛外左侧有一碑形题记框，高36、宽24厘米，由碑额及碑身组成，二者等宽。碑额高10厘米，碑身高26厘米。字共四列，真书，字径2.5厘米。自左向右内容为：造阿弥陀佛两躯/弟子梁今义并身/影永代供养法界/众生同斯愿海/（图版50-2）。

图54　西山第51龛平、剖面图

第52龛:

位置:

位于第50龛左上角。

形制:

横长方形单层龛。圆拱形龛楣。
龛高23、宽43、进深3厘米。龛形不
规整,龛底呈三角形。布局较局促。
造像身体朝西,并未朝向龛外正面,
因此造像显得右侧厚而左侧薄。浮
雕一佛一供养人像(图55,图版51)。

造像:

左边如来像高19厘米。结跏趺
坐。浮雕竖圆形头光。头、颈部残
损。肩微耸。内着袒右僧祇支,右
肩披覆肩衣,外着袒右大衣。左手
下垂抚左膝;右臂屈肘上举,手掌残
损,似施无畏印。座形不明。

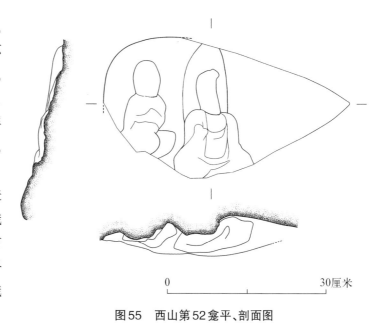

图55　西山第52龛平、剖面图

右侧供养人像高17厘米。头部残损。姿态似为跪姿。双手合十于胸前。

第53龛：

位置：

位于第52龛的上方。

形制：

横长方形单层龛。圆拱形龛楣。龛高46、宽26、进深5厘米。龛形不全。高浮雕单尊造像。造像身体朝西，而不是朝向龛外正面（图56，图版52-1）。

造像：

像高16厘米。结跏趺坐。浮雕圆形头光及舟形背光。肉髻宽，发际线中部略向下弧。眉弓弧平，双眼微闭。鼻梁与双眉相连接。鼻翼小巧。嘴小，嘴角微陷。面颊丰满，阴刻下颌线。右耳紧贴脑后，耳垂及肩。圆肩。内着袒右僧祇支，右肩披覆肩衣，外着袒右大衣。左手置于左膝上；右手上举施无畏印。座台似为莲座。

龛外左侧有碑形题记框，通高37、宽27厘米。由碑额和碑身组成，碑额为凸起的浮雕，高10、宽27厘米；碑身为阴线刻的正方形，边长27厘米。题记共五列。真书，字径2.5厘米。自左向右内容为：仏弟子尹三归造弥/陁仏三躯并身影并/文殊一躯及身影一/躯弟子玄僧春造弥陁仏一/躯及身影供养主二一躯/（图版52-2）。

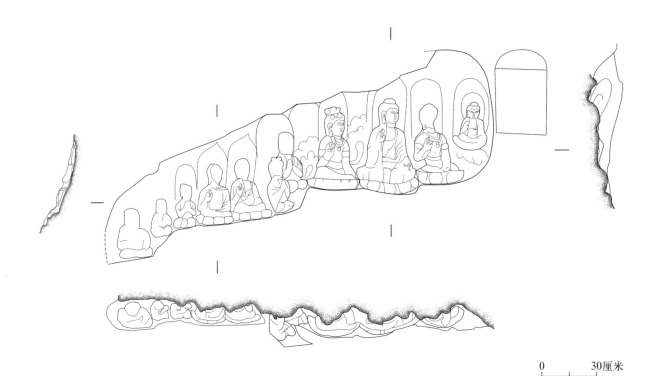

0 ＿＿＿ 30厘米

图56　西山第53、54龛平、剖面图

第 54 龛：

位置：

位于第 53 龛的右侧，第 50、52 龛的上方。

形制：

横长方形单层龛。龛形斜长。高 68、宽 148 厘米、进深 8 厘米。龛底略有残损。身体朝向西侧而不是龛正面。

造像：

因第 53 龛左侧的题记中记录共开凿十尊像，所以将这十尊像归于一龛似乎较为合适。

龛左边为一佛二菩萨二供养人组合。

主尊高 24 厘米。结跏趺坐。浅浮雕头光和身光，头光长圆，身光呈舟形。肉髻宽平，圆脸，发际线平，额头较窄。眉毛缓弧，眼细长，微闭。鼻根与眉弓相接，鼻梁高挺，鼻尖残损，人中较长，法令纹清晰。嘴略窄，几乎与鼻翼等宽。下颌丰圆。颈部粗短，无蚕纹。双耳大，耳垂不及肩，耳郭清晰。圆肩。内着袒右僧祇支；右肩披覆肩衣，覆遮右臂；外着袒右大衣。左臂线刻斜向衣纹较密集。左手下垂置于膝上，右肘上抬，掌心向外，施无畏印。座为仰覆莲座，浮雕仰莲、覆莲各一层。

左胁侍菩萨高 25 厘米。结跏趺坐。头部残损，五官不明。胸饰项圈，项圈较宽，正中悬 1 枚宝珠。上身袒裸，小腹微鼓，腹间缠帛带一道。下着裙。双臂戴宽带形钏。左手下垂抚膝，右肘上抬于体侧，手掌朝外施无畏印。台座为仰莲座，表面浮雕莲瓣。

右胁侍菩萨高 23 厘米。结跏趺坐。发髻较宽，束带垂于脑后。束发下戴冠，装饰数枚宝珠。发际线正中略往下弧。圆脸。眉弓起棱弧度较平。双目微闭，鼻翼小巧，嘴角上翘。耳郭清晰，耳垂及肩。胸饰项圈，项圈下悬圆形珠饰。帛巾自左肩斜向右肋。双臂戴钏，臂钏较宽。左手下垂抚膝，右肘上抬于体侧，掌心朝外，施无畏印。仰莲座表面浮雕莲瓣。

右侧有二供养人，近胁侍菩萨者高 26 厘米。略侧向左边佛与菩萨方向。头部残损。似是跪姿，双手合十礼拜。远端一供养人似女性，头顶有双股发髻，跪姿，双手合十于胸前。

中间一组为二佛并坐，左边一尊高 23 厘米，结跏趺坐。浮雕舟形身光。头部表面残损。内着僧祇支，右肩披覆肩衣，外着袒右大衣。左手下垂抚膝，右肘上抬于体侧，掌心朝外，施无畏印。座为圆形仰莲座，表面似刻莲瓣。

右边一尊高 23 厘米，结跏趺坐。浮雕舟形身光，头部损毁严重。身着通肩式大衣。左手下垂抚膝，右肘上抬于体侧，掌心朝外，施无畏印。圆形台座表面浮雕单层莲瓣纹。

右佛的右侧为一供养菩萨，高 17 厘米。结跏趺坐。浅浮雕长圆形身光。头部表面残损。圆肩。双手合十于胸前。莲座表面刻莲瓣纹。

最右侧有两个供养人，近供养菩萨者高 18 厘米，外侧者高 24 厘米。均结跏趺坐。五官、服饰风化严重，漫漶不清。双手似合什于胸前。

第 55 龛：

位置：

位于第 48 龛的上方，第 54 龛的右侧。

0　　　　　　　　30厘米

图57　西山第55龛平、剖面图

形制：

纵长方形单层龛。圆拱形龛楣。龛高57、宽36、进深8厘米。龛形不规整。凿痕粗犷。浮雕单尊造像（图57，图版53）。

造像：

像高46厘米。立姿。无头、身光，高宽肉髻。脸略方圆，发际线平，额间窄。眉弓平缓。双目似微闭。鼻、嘴不清。短颈，圆肩。从衣饰下摆及右臂垂下的布幅看，可知右肩披覆肩衣，外着袒右大衣。露出部分胸部。左手下垂于体侧，掌心朝外；右手屈于体前，手掌残断。跣足，双脚分立，无台座。整龛凿痕凌乱，未完成最后的打磨工序。

第56龛：

位置：

位于龙头峰上层崖壁，难以攀爬靠近。第55龛上方。

形制：

横长方形单层龛。圆拱形龛楣。龛高70、宽110、进深10厘米。右壁、龛底略有残损。正壁较为平整。高浮雕一佛二菩萨一供养人像（图58，图版54）。

造像：

主尊像高35厘米。结跏趺坐。浅浮雕连弧纹背光。头部两侧各有三道向头部凹拱的弧线，两道弧线连接处饰一粒圆形宝珠。顶部正中宝珠较其余四粒略大。两端与浮雕的方形背障相接。头、颈部表面损毁。肩宽平，胸部健实微鼓，腰细而平坦。胸腹间略有崩损，可见外着袒右大衣，右侧衣边自身后绕右腰上搭左肩，衣边在左肩外翻。薄衣贴体，阴刻衣纹较舒朗，大致在左肩、腹前、左臂和腿部有所表现。大衣包裹腿部，可见右足在上。左手下垂抚膝，手心向下。右肘上抬于体侧，前臂手掌残断。佛座为束腰须弥座上叠加仰莲座台。可分为四部分：座基、束腰、座台和背障。座基叠涩三层。束腰内宽外窄，平面呈梯形。束腰以上叠涩两层圆角方形座台，其上为仰莲瓣座台，高浮雕两层莲瓣，每层各八瓣。瓣体肥厚，瓣中部起棱，瓣尖略外翻。方形背障与莲座等宽。座基与座台之间浅浮雕类似云纹的形状，连接胁侍菩萨的莲座。

左胁侍菩萨通高25厘米。结跏趺坐，右腿在上。浮雕双重头光，外重桃形，内重为长圆形，贴近头部。头部表面残损，似高髻。耳郭长，耳垂长及肩部。颈戴项圈，宽肩细腰，小腹微鼓。上身袒露，帛巾自左肩斜胸下绕至身后，可见肚脐。肩披天衣，下着裙，腰带细窄。线刻腿部衣纹，从中间向两侧外弧呈"八"字形。双手合十于胸前，右前臂、双掌残损。座为仰覆莲座，下部浮雕两层覆莲瓣，莲瓣双重边缘，瓣尖不外翻。上部两层仰莲瓣，莲瓣边缘圆滑，部分中部起棱，瓣尖外翻。莲座下为类似云纹的宽大莲茎连接主尊座。

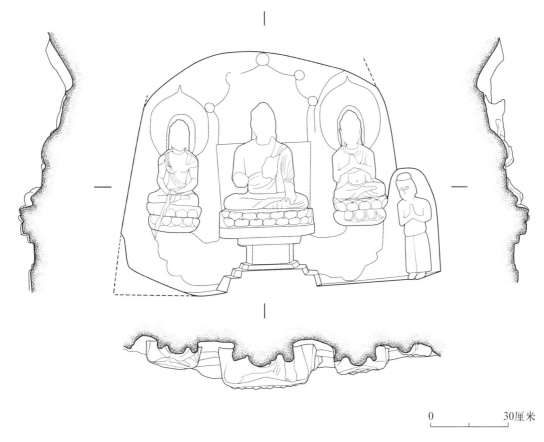

0   30厘米

图58 西山第56龛平、剖面图

　　右胁侍菩萨通高25厘米。结跏趺坐,右脚在上。浅浮雕内外两重背光。外重背光为桃形,内重背光为长圆形。头部表面残损,双耳垂肩。颈短,无项饰。宽肩细腰,胸部较鼓,胸廓线清晰。肩披天衣,上身袒裸,线刻帔帛自右肩斜下左肋。下着裙。双手下垂叠于腹前,似左手在上,施禅定印。座为仰覆莲座,形制与左胁侍菩萨座相同,莲瓣风蚀较甚。

　　左胁侍菩萨左侧,有一供养人,通高26厘米。立姿。身体微侧向主尊。略低头,戴圆形小帽或幞头。眉弓宽平,双眼微闭。鼻、嘴部不清。小腹微凸。身着圆领窄袖长袍,腰间系带,衣纹不显。双手合十于胸前礼拜状。脚着尖头鞋。

　　第57龛:

　　位置:

　　位于第56龛左侧。

　　形制:

　　纵长方形单层龛。尖拱形龛楣。龛高45、宽32、进深8厘米。龛形不规整,龛壁浅平。龛顶、侧壁与正壁之间的分界不明显。高浮雕单尊造像(图59,图版55)。

　　造像:

　　像高20厘米。结跏趺坐。浅浮雕桃形背光。肉髻宽圆。圆脸。发际线平,额间较宽。眉弓

0 ├──┼──┤ 30厘米

图59　西山第57龛平、剖面图

起棱，双目微闭。鼻翼高而窄。法令纹清晰。下唇略厚，嘴角微陷。下颌较短。大耳垂肩。内着袒右僧祇支，右肩披覆肩衣，外着袒右大衣。阴线刻出左肩、左臂的斜向衣褶较短。左手下垂置于腿上。右臂屈肘抬起，前臂、手掌残断。下身基本未雕凿，上身直接与半圆形座相接。莲座下有一不甚规则的椭圆形座基。

主尊左上方有一略呈圭形的题记框，表面字迹无存。

第58龛：

位置：

位于龙头峰上层，是该区域造像中位置最高的一龛。

形制：

横长方形单层龛。龛高55、宽96、进深6厘米。龛形不规则，左侧较高，向右下斜。高浮雕三佛题材，三尊依岩壁倾斜而依次错落，并不在一个水平面上，左高右低。整体雕凿较为粗陋。造像身体朝向西（造像左侧）而不是朝龛正面（图60，图版56）。

造像：

中尊高约20厘米。结跏趺坐。线刻桃形背光。馒头形肉髻，方圆脸。五官漫漶不清。双耳垂肩。着通肩式大衣，衣纹不显。左手下垂置于左膝上；右手抬肘于体侧，掌心外翻，施无畏印。双腿间有衣裾垂于座上。座为莲座，所饰莲瓣较为凌乱无序。

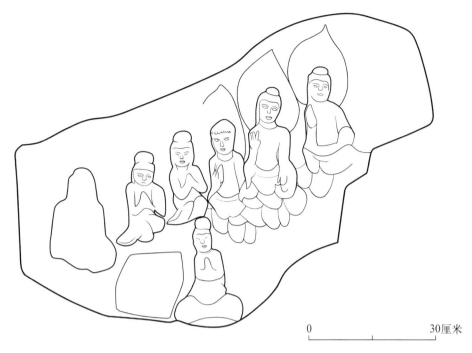

0　　　　　　　　　　　　　　　30厘米

图60　西山第58龛平面图

左尊高约20厘米。结跏趺坐。线刻桃形背光。馒头状肉髻。脸方圆，发际线正中略往下弧。眉弓宽平，眼微闭。圆肩，胸略鼓。衣饰不清，似有衣角搭左肘。左手垂于膝上，右臂屈肘上举于体侧，掌心外翻，施无畏印。双腿间似有衣裾垂于座上。佛座形制不明。

右尊通高约20厘米。结跏趺坐。线刻桃形头光，肉髻不明显。头略低，俯视状。方圆脸，眉弓细长，眼微闭。似着通肩式大衣。左手下垂，右臂屈肘，手掌抬于胸前，似施说法印。座形制不明。

三佛右侧有三个供养人，高约15厘米，呈倒"品"字分布，朝向左侧佛像，头戴圆帽，双膝跪地，头略微低下，双手合十于胸前礼拜状。

下层供养人右侧有题记一方，略呈方形，文字共三列。真书，字径2.5厘米。自左向右内容为：弥勒佛／弟子陈对／内供养。

第59龛：

位置：

位于龙头峰崖壁下层，第41龛的斜下方，周围有三龛造像，该龛为位置最上者。

龛形：

横长方形单层。圆拱形龛楣。龛高41、宽48、进深5厘米。龛壁较为粗糙。高浮雕单佛及一供养人像（图61，图版57）。

造像：

像高23厘米。结跏趺坐。无头、背光。头高8、宽5厘米。肉髻宽而扁平。圆脸，五官漫漶不清。双耳垂肩，耳垂厚实。肩部圆而厚。右肩披覆肩衣，外着袒右大衣，通体衣纹较少。左手下垂，置于腹前腿上，掌心向上，施禅定印；右臂屈肘上举，手掌为现代修补。束腰莲座宽20、高9、

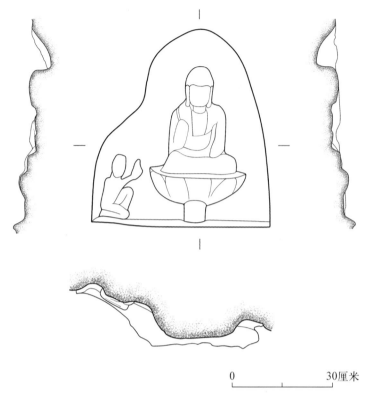

图61　西山第59龛平、剖面图

厚5厘米,莲座分为莲茎和莲台两部分。莲台线刻莲瓣纹,莲茎较粗,柱状,接龛底。

　　右侧龛角浮雕一供养人,高14厘米,面朝主尊,头略低。头部表面残损。衣饰不清。左腿屈,右膝着地,双手持供养物上举。

　　第60龛:

　　位置:

　　位于第59龛的正下方。

　　形制:

　　纵长方形双层龛。圆拱形龛楣。外龛高96、宽85、进深19厘米。主尊与右胁侍菩萨位于内龛,左胁侍菩萨在外,与正壁不在同一平面,而是有一级高差,故为双层龛。右壁打破第61龛。高浮雕一佛二菩萨及一供养人(图62,图版58)。

　　造像:

　　主尊像高36厘米。结跏趺坐。浅浮雕双重头光,内重为竖椭圆形,外重为舟形。两重头光均与方形宝座背障的上缘相接。头部高12、宽9厘米,高肉髻,表面有盗凿锯痕。脸圆,较为饱满。发际线较平缓。面部漫漶不清,大耳垂肩。颈短无蚕纹,有盗锯痕一道。肩宽12厘米。内着袒右僧祇支,衣带在胸前打结,结带垂下平行的双股。右肩披覆肩衣。外着袒右大衣,右侧衣边自身后绕腰右侧经腹前上搭左肩,衣边外翻。衣褶集中于左前臂和双腿。大衣包裹双腿,不显足形。左手下垂抚膝,掌心向下;右臂屈肘上抬,手掌经水泥修补。佛座为束腰须弥座,通高20、宽

29、厚15厘米。由束腰、座台和背障三部分组成，束腰呈"X"字形，底部较顶部宽。座台为圆角方形。背障为浅浮雕，高20、宽29厘米。

左胁侍菩萨像通高44厘米。立姿。躯干正直，略侧向主尊。浅浮雕桃形头光。头部梳高发髻或戴高冠，正面装饰宝珠。宝缯垂于肩上。面部圆润，五官漫漶不清。宽肩细腰。身后披天衣，下垂及脚。上身袒裸，下着长裙。左手垂于体侧，似有持物。右手屈肘于胸前，持物不明。台座分上下两层，上层略呈圆柱状，下层为覆盆状。

右胁侍菩萨像通高46厘米。立姿。右髋骨略抬，上身略往左倾。浮雕圆形头光。戴高冠，冠正中有圆形牌饰或珠饰。宽肩细腰，腹部微鼓。肩披天衣，长垂及脚。上身袒裸，腰间系带，下着长裙，衣纹不显。双臂残损，双手合十于胸前。跣足，台座与左胁侍的相同。

龛右下方有一供养人，高21厘米。立姿。头部表面残损，五官、衣饰不明。双手合十于胸前。

右胁侍菩萨下方龛外浮雕一供养人，高19厘米。立姿，侧向主尊，身着长袍，双手合拢于腹前。其余情况不明。

主尊下方有一题记，略呈梯形，通高20、宽26厘米。表面字已无存。

0　　　30厘米

图62　西山第60龛平、剖面图

第61龛：

位置：

位于第60龛的右侧。

形制：

纵长方形单层龛。尖拱形龛楣。龛高107、宽100、进深29厘米。龛壁较为圆弧，龛顶、侧壁与正壁之间没有明显交界。高浮雕一佛二弟子二菩萨二天人组合（图63，图版59-1）。

造像：

主尊接近圆雕，像高42厘米。结跏趺坐。以双线阳刻圆形头光，内浅浮雕双层莲瓣。头光之外浮雕舟形背光，内刻火焰纹，由两侧向龛顶火焰渐长。头部表面残损。耳垂大而贴肩。颈刻一道蚕纹。肩部宽圆厚实，宽21厘米。胸略鼓。内着僧祇支，右肩披覆肩衣，外着袒右大衣，右侧衣边自身后绕右臂下及腹前上搭左肩，衣边外翻。露部分胸部。左臂、腹前衣褶较密集。衣褶从右肩垂下后向右斜向胸前，在胸前形成同心圆的下弧线。衣纹截面呈阶梯状。大衣紧裹双脚，显出脚形，右脚在外。左手下垂抚膝，掌心朝下；右臂屈肘上举至胸前，前臂及掌残断。佛座为束

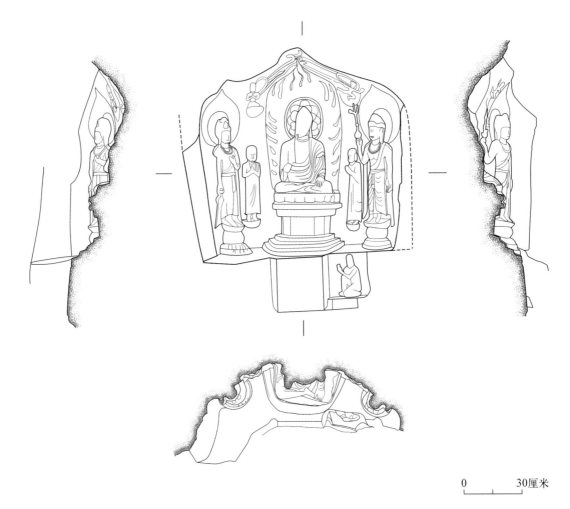

0　　　　30厘米

图63　西山第61龛平、剖面图

腰莲座,通宽32、高30、厚22厘米。可分为三部分:座基、束腰和座台。座基叠涩三层,为八棱柱形。束腰亦为八棱柱形。束腰以上为叠涩两层圆角方形座台,仰莲瓣座台在最上层,浮雕单层仰莲瓣。瓣尖微外翻。

左弟子像高38厘米,身体侧向主尊。头长圆,眼窝较深。耳大不及肩。下颌短,法令纹较深。圆肩。衣饰不明,可见鸡心状领部,双手之下的衣边竖向垂下,形成平行的衣褶,断面呈圆凸棱状。下着裙。双手合十于胸前。跣足,立于半圆形台座上。

右弟子像高37厘米。身体偏向龛外。头方圆,略低首,脸长圆,五官漫漶不清。肩宽平。衣饰不明,领口鸡心状。左肩、腿前有少许右斜的衣褶。下身着裙。双手合十于胸前。跣足,立于半圆形莲台之上。

左胁侍菩萨像高54厘米。立姿。身体较直,略微侧向主尊。浅浮雕双重头光,内为圆形,外层为桃形,内饰火焰纹。头部高13、宽8厘米,表面略有残损。发髻较高,长发或缯带披于肩后。脸长圆。嘴部较宽,微闭,其余五官不清。宽肩细腰。颈戴双层项饰,内圈为圆形项圈,外圈为珠链。胸部健实,胸廓线清晰。腰部细,小腹平坦。肩披天衣,垂于座后。上身帔帛巾自左肩绕至腰右侧。右肘长垂一道帛巾。下着长裙,腰带在腹前打结,两端垂于双腿间。双腿衣褶呈平行下弧线。左手下垂于体侧,掌心向外。右臂屈肘外举,托一净瓶,内插莲蓬、莲叶。净瓶侈口、高颈、鼓腹、高圈足。跣足,座为束腰仰覆莲座。可分三层:座基、束腰和莲台。座基为上小下大的覆盆状,浅浮雕覆莲瓣;束腰呈鼓形;其上为仰莲台座,略残(图版59-2)。

右胁侍菩萨像高54厘米。立姿。浅浮雕双重头光,内重为圆形,阳刻莲瓣纹;外重为桃形,饰火焰纹。戴高冠,正中有牌饰,似有化佛。长发或缯带垂于肩后。脸丰圆,发际线平缓。面部较平,五官不清。宽肩细腰,颈戴项圈。肩披天衣,垂于台座。上身袒裸,下着长裙,腰间系带,带梢垂于双腿间。左前臂屈,手掌抚胸;右手二指提净瓶细颈,下垂于体侧。净瓶似侈口、细颈、鼓腹。跣足,所立之台座的形制与左胁侍菩萨同。(图版59-3)

主尊舟形背光上部两侧有二天人,左侧天人高12厘米。头部较圆。腹部略鼓。双臂张开,左臂微曲、右臂直。左腿半曲,右腿伸直,呈舞蹈状。右侧天人高11厘米,正面朝龛外,脸宽圆。肩部略宽。双手合十于胸前做礼拜状。双腿外撇,略呈跪姿。二者的飘带在脑后绕一圈后向斜上方飘至龛楣。

主尊左下方龛底之下有一供养人,高22厘米。右腿蹲踞,左膝着地。双手似持贡物上举过肩。

佛座正下方有一题记框,方形,高28、宽24厘米。字已无存。

第62龛:

位置:

位于龙头峰南麓的一巨石上,面朝东南。附近癃龛众多。

形制:

纵长方形单层龛。圆拱形龛楣。龛残高50.5、宽37、进深8.5厘米。龛壁圆弧,各壁间无明显分界。龛底崩裂无存。高浮雕单尊佛像(图64,图版60)。

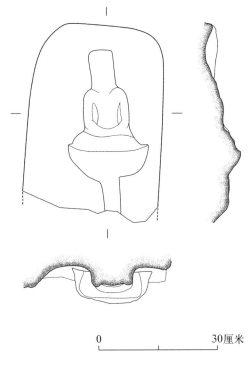

图64　西山第62龛平、剖面图

造像：

像高26.5厘米。结跏趺坐。无头、背光，头、颈部表面损毁。略显宽肩细腰。衣饰不清，似着通肩大衣，不显衣纹，双腿裹于大衣内，足形不显。双手叠于腹前腿上，手掌不显，似施禅定印。座为仰莲座，宽20、高17厘米，由莲台和莲茎两部分组成。

第63龛：

位置：

位于第62龛的上方。

形制：

横长方形单层龛，整体略呈"山"字形。圆拱形龛楣。龛高80、宽88、进深10厘米。龛正壁圆弧，龛底平。浮雕单尊坐佛，两侧各有两个供养人像（图65，图版61）。

造像：

主尊像高39.5厘米。结跏趺坐。无头、背光，头部表面残损。双耳垂肩。肩宽平。颈较细长，无蚕纹。

图65　西山第63龛平、剖面图

腹部微鼓。右肩披覆肩衣，外着袒右大衣，右侧衣边自身后绕右腰裹覆肩衣上搭左肩。衣裳贴体，不显衣纹。大衣紧裹双腿，不显足形。左手下垂，前臂及手掌残损，印相不明。右手下垂置于腹前，掌心向上。座为束腰莲座，高20、通宽31厘米，由座基、束腰和座台三部分组成。座基覆盘状。束腰为八棱柱。座台叠涩两层，下层圆形较窄而薄，上层为半圆形莲台，表面略有残损。

　　两侧龛角各有两个供养人，左侧的两躯供养人均跪姿，内侧一躯高24厘米，上身直立，外侧一躯高20厘米，上身微微前倾。均双手合十于胸前作礼拜状。右侧的两个供养人立姿，内侧者高24厘米，面向主尊，右臂屈于胸前，手掌侧立，左臂似上屈，掌部残损。外侧者高24厘米，头部残毁，面朝龛外，身着圆领窄袖长袍。双手合十于胸前。

　　第64龛：

　　位置：

　　位于第63龛的左侧。

　　形制：

　　横长方形单层龛。尖拱形龛楣。龛高100、宽109、进深15.5厘米。龛顶、侧壁较陡直，龛底斜平。高浮雕一佛二菩萨三尊像（图66，图版62）。

　　造像：

　　主尊高43厘米。结跏趺坐。线刻舟形背光。头、颈部表面残损。左肩斜平，右肩圆溜。小

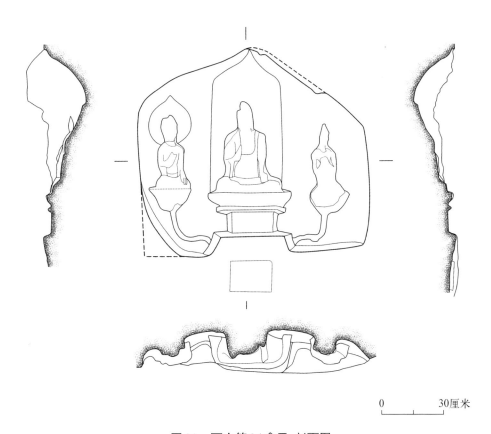

0　　　　　30厘米

图66　西山第64龛平、剖面图

腹微鼓凸。右肩披覆肩衣，外着袒右大衣，右侧衣襟自身后覆遮右肩，绕腰部横过腹前，上搭左肩。下摆紧裹双腿。不显衣纹。左臂下垂于腿上，手掌残断不存。右肘上抬置于体前，手掌残断。座为束腰莲座，通高29、通宽36厘米，可分为座基、束腰、座台三部分。座基一层，略呈梯形，侧边外侈。束腰方正。上部座台叠涩两层，下层为一薄圆角方形，上为仰莲台。座基向两侧伸出弯曲的莲茎，上扬接胁侍菩萨的圆台座。

胁侍菩萨均残损较甚。左胁侍菩萨像残高30厘米。结跏趺坐。无头光。双手似合十于胸前。右胁侍菩萨像残高33厘米。结跏趺坐。线刻桃形头光。圆肩鼓腹。上身袒裸。左手下垂抚膝，右手屈肘置于胸前，掌已不存。二者均坐于主尊座基伸出的同茎莲台之上。

主尊下方阴刻一方形题记框，高13、宽19厘米，字已无存。

（三）观音峰

西山群峰中，观音峰是较高的一座，从龙头峰附近有东西两条登山道可至观音峰顶，两条道旁均有造像分布。东侧登山道沿观音峰东麓登山，从半山到近顶峰百余米的山道两侧，分布有32龛81尊造像。编号从第65—96龛。西侧登山道沿观音峰南麓登山，有造像7龛11尊，编号从第97—103龛。为方便记录，将东西两道记为A、B两区。

1. 观音峰A区（图67）

第65龛：

位置：

位于观音峰东麓中部，上山道东侧。单独一龛，与其他造像龛距离较远。

图67　西山观音峰A区造像分布图（不完全）

形制：

横长方形单层龛。尖拱形龛楣。龛高232、宽244、进深34厘米。龛形不太规整。龛壁经过
细磨，较为光滑。近圆雕一佛二菩萨三尊像。造像全身及座被信徒涂满金色颜料（图68，图版
63-1）。

造像：

主尊像高111厘米（佛头1986年被盗凿，现佛头为根据老照片所补。通过与老照片对比，可
知与原状基本一致）。结跏趺坐，右腿在上，两膝相距85厘米。线刻舟形背光。头部高37、宽26
厘米。肉髻呈覆钵状，光素无纹。脸长圆。发际线正中微向下弧凸。眉弓较为圆弧，双眼微睁，略
显瞳仁。鼻根与眉弓相接，鼻翼较宽，鼻梁挺拔。人中较深，嘴小，嘴角微陷。下颌圆润饱满。大
耳垂肩，耳郭清晰。颈部无蚕纹。肩宽56厘米，较宽平。胸肌健实，胸廓明显，乳头圆而凸起。腰
部纤细，腹部平坦。着祖右大衣，薄衣贴体，不刻衣纹，仅在左肩及胸腹部、左腕、右脚踝部刻出衣
边。左手下垂置于腹前，掌心向上，施禅定印。右臂戴宽带形臂钏，手臂下垂，手掌抚右膝，指尖朝
下，施触地印。佛座为束腰须弥座，高55、通宽103厘米。分座基、束腰和座台三部分。座基单层，

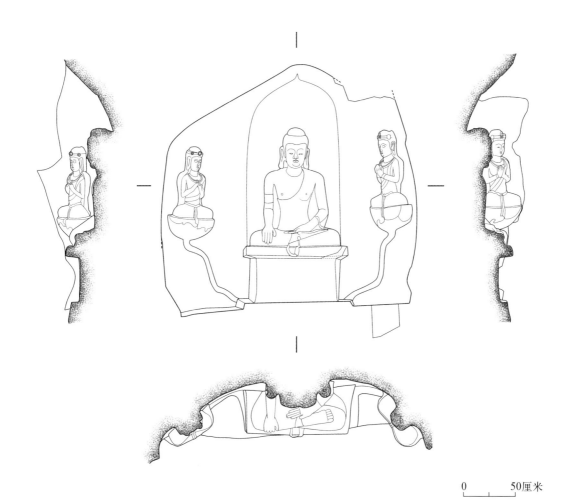

0　　　　50厘米

图68　西山第65龛平、剖面图

向两侧伸出莲茎,上曲接胁侍菩萨的仰莲座。束腰方正,座台方形,立面正中浮雕三角形衣角。

左胁侍菩萨高70厘米。结跏趺坐。发髻中部略尖,束发带。发带正中有一方形带饰,内部正中浮雕一宝珠,两条对角线将方形分为四个区间,每个区间各有两颗比中间略小的珠饰。带饰正上方有一近半圆形的牌饰,中部浮雕一宝珠。发带两端在耳朵之上各饰一圆形的带饰。发带之下粗刻发纹。脸长圆。发际线中部向下弧凸。眉弓圆弧起棱,鼻梁挺拔,鼻翼较窄。人中清晰。嘴小,嘴窝深陷。耳郭及耳垂较大。颈戴圆形项圈。宽肩细腰,小腹微鼓。上身袒裸,身后披天衣。帔帛自左肩斜向右肋。下着裙,腰带在腹前打结,带梢垂于双腿间及座前。裙腰外翻,裙下摆紧裹双腿,部分悬垂于莲座上半部分。双手合十于胸前,双腕戴腕钏。座为仰莲座,素面,通过莲茎与主尊座基相连(图版63-2)。

右胁侍菩萨高65厘米。结跏趺坐。身体侧向主尊。低平发髻,束发带,发带正中有一圆形带饰,外圈阳刻连珠纹。发带两端太阳穴之上各饰一圆形的装饰,外圈亦饰连珠纹。发带下粗刻发纹。发际线正中向下弧凸。脸长圆,眉弓圆弧。鼻根与眉弓相接。眼似微闭,鼻翼和嘴较小,嘴窝较深。下颌较宽,中部凸起。颈长,戴双重圆形项圈,内重中部断开,向上凸起呈尖拱状。宽肩细腰,小腹微鼓。上身袒裸,帛带自左肩斜向右肋绕身后。下着裙,腰带在腹前打结后垂于座前。裙腰略外翻,裙裾紧裹双腿,不显足形。部分垂于莲座上半部分。双手合拱于胸前。座与左胁侍菩萨相同(图版63-3)。

左胁侍菩萨正下方的龛外有一方题记,通高28、通宽25厘米。字共六列。真书,字径2厘米。内容为:唐调露元/年十二月八/日隋太师太/保申明公孙/昭州司马李/寔造像一铺/。(图版63-4)

第66龛:

位置:

位于观音峰东南面崖壁上,山道西面,距地表近10米。

形制:

横长方形双层龛。尖拱形龛楣。外龛高78、宽98、进深15厘米,内龛高78、宽44厘米。龛壁光滑。主尊位于圆拱形内层龛,胁侍菩萨位于外龛正壁上。高浮雕一佛二菩萨三尊像(图69,图版64)。

造像:

主尊像高40厘米。结跏趺坐。无头、背光。头部高15、宽10厘米。肉髻高且宽。脸长圆,发际线较平,额间距离窄。眉弓起棱缓弧。眼微闭,鼻梁高直,鼻根与眉弓相接,鼻翼薄。人中清晰。小嘴,下颌丰圆。肩宽平。右肩披覆肩衣,外着袒右大衣,不显衣纹。大衣紧裹双腿,不显足形。双手下垂,叠置于腹前,左掌在上,施禅定印。佛坐为束腰莲座,通宽30、高20厘米,分座基、束腰和莲座台三部分。座基单层,梯形;束腰柱状;座台半圆形,素面。

左胁侍菩萨像高48厘米。立姿。身体较为直板。头微低。发髻馒头状,束发带,发带正中有一方形牌饰,正中浮雕一宝珠。脸丰圆,发际线平,额间较宽。眉弓圆弧,眼微闭。鼻根与眉弓相接。人中清晰。嘴角微陷。下颌饱满。戴圆形项圈。圆肩。腹部略鼓。袒上身,肩披天衣,垂至足跟。下身着裙,腰部外裹霞裙,腰带在右侧结节,带稍垂下。帔帛自双肘垂于膝前呈"U"字形。双手合十于

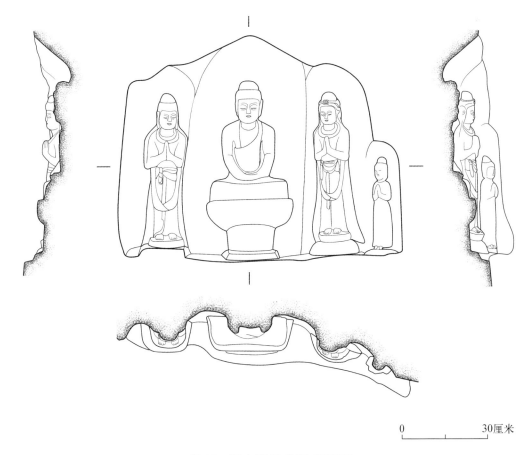

0   30厘米

图69　西山第66龛平、剖面图

胸前。跣足,五趾分明。脚掌微分平行站立。莲座分两层,上层圆柱状,下层覆盆状(图版七五)。

右胁侍菩萨像高51厘米。立姿。身体较为直板。发髻较高。发饰不明显。脸长圆,发际线平,额较窄。眉弓较平,鼻翼略窄。嘴小,下颌丰满。颈部较粗,戴圆形项圈。圆肩,肩披天衣,下垂至地面。袒上身,小腹略鼓。下身着长裙,腰部外裹霞裙,右侧腰带有圆形扣饰,垂于双腿间。帔帛自双肘下垂,绕于膝前呈“U”字形,正中翻转形成衣褶。双手合十于胸前。跣足,五趾清晰,脚掌微分平行站立。座分为上下两层,上层为圆柱状,下层形制不全,与龛外壁齐(图版七六)。

左侧龛角浮雕一供养人,高30厘米。头戴幞头,脸长圆,面部不清。身着圆领窄袖长袍,袍长及踝。双手合十于胸前。足着尖头靴,立于圆形浅台之上。

第67龛:

位置:

位于第66龛的左下侧,二者相距约10米。

形制:

横长方形双层龛。圆拱形龛楣。外龛残高55、宽73、进深4厘米。形制不完整,龛底崩裂不存。中尊及其左像在内龛,右像在外龛。中尊尺寸较两侧造像略大,姿态、莲座基本一致,似为三佛题材(图70,图版65)。

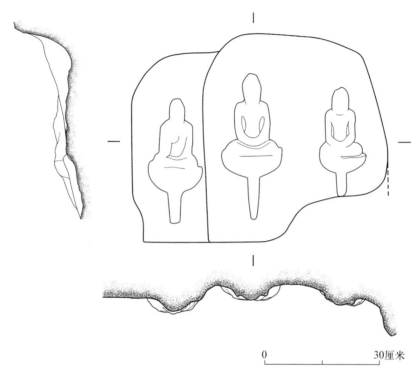

图70　西山第67龛平、剖面图

造像：

中尊残高25厘米。结跏趺坐。无头、背光。头、颈部表面损毁。佛装样式不明，似着通肩式大衣，薄衣贴体，不显衣纹。宽肩细腰。双手合拢于腹前。莲座由莲台和莲茎组成，通高18、通宽14厘米，莲茎较长，略呈圆柱状。

左像残高21厘米。结跏趺坐。头、颈部残损。宽肩细腰，小腹较平。似着通肩式大衣，薄衣贴体，不显衣纹。双手下垂置于腹前。座为莲座，莲茎圆柱形。

右像残高21厘米。结跏趺坐。头、颈部、右肩、右臂残损。似着袒右大衣，薄衣贴体，不显衣纹。左手下垂置于腹前，右前臂及手掌不存。座与其他两尊相同。

第68龛：

位置：

位于第67龛的左侧。

形制：

横长方形单层龛。龛顶斜平。龛高60、宽80、进深10厘米。龛形不规整。高浮雕一佛二菩萨三尊像（图71，图版66）。

造像：

主尊像高28厘米。结跏趺坐。头部表面残损。无头、背光。右肩披覆肩衣，外着袒右大衣，右侧衣边覆遮部分右肩，自腋下绕腹前上搭左肩。大衣紧裹双腿，不显足形。通体不显衣纹。左手置于腹前；右臂屈肘上举于胸前，手掌残。莲座分为莲台和莲茎两部分。莲台表面残损。莲茎

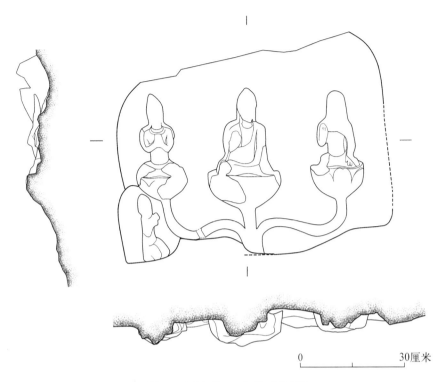

图71　西山第68龛平、剖面图

下部向两侧各伸出一只莲茎和莲台,作为胁侍菩萨的台座。

左胁侍菩萨像残高25厘米。结跏趺坐。头、肩、胸部、双臂残损。腰部较细,小腹微鼓。上身袒裸。左手抚左膝。右臂屈肘上举。莲座表面浮雕仰莲瓣,瓣尖略微外翻。座台通过弯曲的莲茎与主尊莲座相接。

右胁侍菩萨像残高24厘米。结跏趺坐。头部表面残损。颈戴项圈。宽肩细腰,小腹略鼓。上身袒裸,双腿裹于裙下。双手合于胸前,双掌无存。莲台表面残损,残留少许莲瓣纹,莲茎曲接主尊座下莲茎。

右侧龛角浮雕一供养人,残高19厘米。残损严重。跪姿,双手似上举奉物。

第69龛:

位置:

位于第68龛的左侧。

形制:

纵长方形单层龛。圆拱形龛楣。龛高25、宽20、进深4厘米。造像为单尊立像,似为一供养人像(图72,图版67)。

造像:

像高18厘米。头、颈部表面残损。身着圆领窄

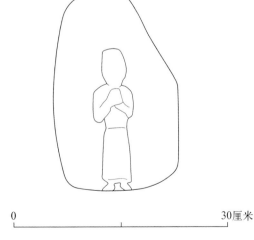

图72　西山第69龛平面图

袖长袍,腰间系带。双手交于胸前。双脚开立,略呈"八"字形。

第70龛:

位置:

位于第69龛的左侧。

形制:

横长方形单层龛。龛顶崩圮,龛楣不明,右壁有所残损。龛残高40、残宽64、进深7厘米。浮雕一佛一供养人像(图73,图版68)。

造像:

破损严重,主尊已基本无存,仅见结跏趺坐腿形。佛座为圆形束腰莲座,通高15、通宽19厘米。供养人像高25厘米,跪姿。头略低。上身挺立,腹部微凸。身着窄袖长袍。双手合拢于胸前。

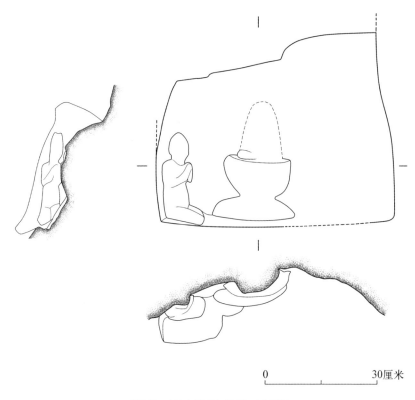

0　　　　　　　　30厘米

图73　西山第70龛平、剖面图

第71龛:

位置:

位于第70龛左侧。

形制:

纵长方形单层龛。圆拱形龛楣。龛高50、宽34、进深5厘米。龛形不规整,制作粗率。浮雕一佛一供养人像(图74,图版69-1)。

造像：

　　像高22厘米。结跏趺坐。头、颈部残损。圆肩，衣饰不明，双手合置于腹前，不显掌形，当施禅定印。座为半圆形座。

　　主像右侧有一供养人痕迹，表面残损，似为立姿。

　　莲座下有一纵长方形题记框，宽5.5、长11厘米，线刻两列界格，每列各四个。真书，字径2厘米。内容为：弟子曹大/娘供养佛（图版69-2）。

　　第72龛：

　　位置：

　　位于第72龛左上方。

　　形制：

　　单层龛。圆拱形龛楣。龛高66、残宽62、进深8厘米。左壁及龛底均有残失。高浮雕一佛二菩萨一供养人像（图75，图版69）。

　　造像：

　　主尊像高27厘米。结跏趺坐。头部表面残损。

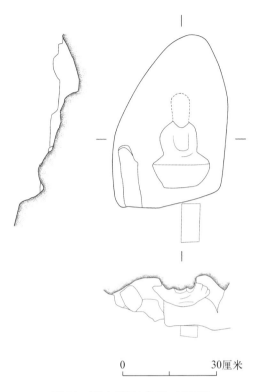

图74　西山第71龛平、剖面图

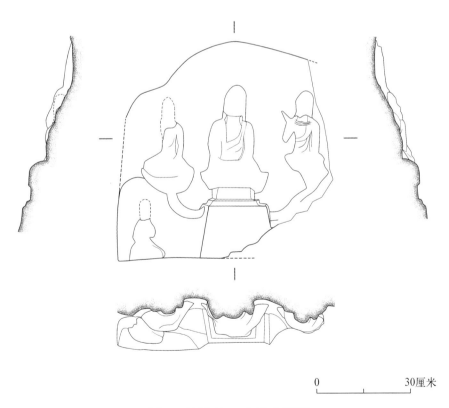

图75　西山第72龛平、剖面图

颈部较粗，无蚕纹。圆肩。右肩披覆肩衣，外着袒右大衣，衣边外翻。双手残断，左手下垂似置于膝上，右手或为无畏印。束腰须弥座分三部分：座基、束腰和座台。座基叠涩两层，略呈上小下大的梯形，上层较薄。从下层向两旁伸出莲茎和莲台作为胁侍菩萨的台座。束腰方正。座台半圆形，表面残损。

左胁侍菩萨残高20厘米。结跏趺坐。头、颈部残损。颈戴项圈。宽肩细腰。帔帛自左肩斜向右肋。左臂下垂，前臂残断。右臂屈肘外举，似手握一杨柳枝。坐于主尊座伸出的莲台之上。

右胁侍菩萨残高23厘米。结跏趺坐。头部、右肩、右臂残损无存。残存少许帔帛痕迹。左臂下垂，手掌无存。坐于主尊座伸出的莲台之上。

右侧龛角浮雕一供养人，高18厘米。身体侧向主尊，头部残损。双膝跪地。其余细节不详。

第73龛：

位置：

位于第72龛后方的崖壁上方。

形制：

纵长方形单层龛。圆拱形龛楣。龛高60、宽30、进深10厘米。右壁被第74龛打破，形制不全（图76，图版70-1）。

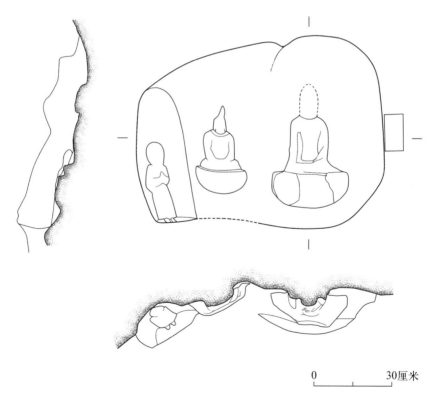

0　　　　30厘米

图76　西山第73、74龛平、剖面图

造像：

像高27厘米。结跏趺坐。头、颈部表面残损，现为水泥所补。宽肩细腰，似着通肩式大衣，紧贴身体不显衣纹。左臂下垂，手掌置于腹前，右手掌残损不存，似置于右膝上。座为半圆形，表面残损。通高10、通宽23厘米。

左侧龛外有一题记：高11、宽5.5厘米。刻界格两列，每列四格。真书，字径2厘米。内容为：曹楚玉母/造。（图版70-2）

第74龛：

位置：

位于第73龛造像的右侧。

龛形：

纵长方形单层龛。形制不全。残高60、宽46、进深10厘米。左壁打破第73龛，正壁几乎与第73龛正壁平齐。浮雕一佛一供养人像。

造像：

佛像高21厘米。结跏趺坐。头、颈部残损，身着通肩式大衣，通体不显衣纹。双手叠于腹前，不显掌形。座台呈半圆形。

右壁龛外浮雕一供养人，高30厘米。立姿。侧向主尊。头部略大。身着窄袖长袍。双手合十于胸前。其余情况不明。

第75龛：

位置：

位于第74龛的左后方。

形制：

横长方形单层龛。尖拱形龛楣。龛高81、宽104、进深15厘米。龛顶外缘崩损。龛底平。浮雕一佛二菩萨及一供养人像（图77，图版71）。

造像：

主尊像高63厘米。立姿。身体挺直。头部表面残损。肩宽平，胸部较鼓，细腰。身着通肩式大衣，衣纹不显。下着长裙。左臂垂于体侧，微屈肘，前臂搭部分衣襟垂于体侧；右臂屈肘上抬，前臂及手掌残断，似施无畏印。跣足，脚趾分明。双足分立于龛底。

左胁侍菩萨像高56厘米。立姿，面朝龛外。头部表面残损。冠带或长发披肩。颈戴项圈。宽肩细腰。上身似祖裸，肩披天衣，下垂及膝。腰间似着霞裙。下着长裙。双手合十于胸前。跣足，无座。

右胁侍菩萨像高56厘米。立姿，侧向主尊。头部表面残损。颈戴项圈。宽肩细腰。上身祖裸，肩披天衣，下着长裙。左臂屈肘，手掌抚胸，前臂表面残损，五指清晰。右手垂于体侧。跣足，无台座。

左壁浮雕一供养人，高35厘米。胡跪姿，右腿屈，左膝着地。上身挺立，腹部微鼓。双手合十于胸前。

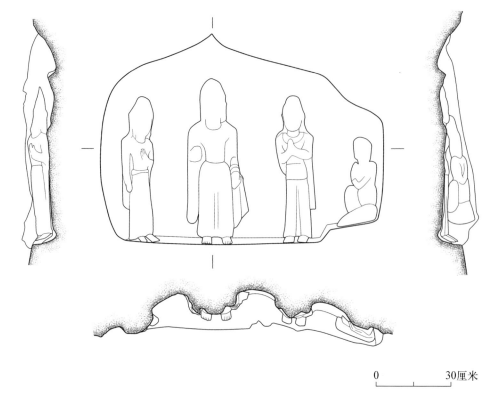

0 　　　　　　　30厘米

图77　西山第75龛平、剖面图

第76龛：

位置：

位于步道继续上行的西侧崖壁上，第75龛的左下方。

形制：

纵长方形单层龛。圆拱形龛楣。残高84、宽63、进深18厘米。龛底崩毁。龛壁布满粗凿痕。高浮雕单尊像（图78，图版72）。

造像：

像高65厘米。造像未最终完成。结跏趺坐。肉髻、五官、衣饰、手印等未进一步加工。座台半圆形，通高16、通宽35厘米。

第77龛：

位置：

位于第76龛的左上方的转角处。

形制：

横长方形单层龛。圆拱形龛楣。龛高75、宽90、

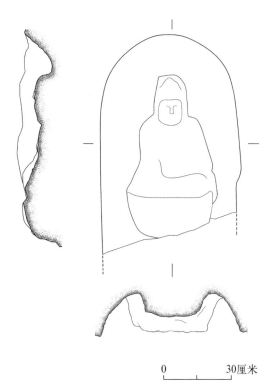

0 　　　　　30厘米

图78　西山第76龛平、剖面图

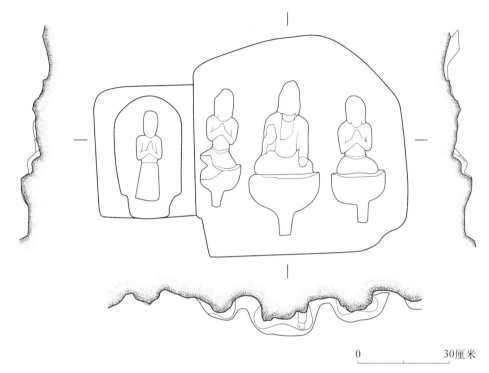

图79 西山第77龛平、剖面图

进深10厘米。龛壁较粗糙,各壁界限不甚分明。高浮雕一佛二菩萨及一供养人像(图79,图版73)。

造像:

主尊像高30厘米。结跏趺坐。头部表面残损。颈部较长。宽圆肩。右肩披覆肩衣,外着袒右大衣。大衣包裹双腿,不显足形,通体不显衣纹。左手垂下抚膝;右臂屈肘上举,前臂与手掌均残断。莲台高18、宽20厘米,下有柱状莲茎。

左胁侍菩萨像高25厘米,结跏趺坐。头部表面残损。圆肩,小腹微凸。上身袒露,下着裙,紧裹双腿。双手合于胸前。莲台由座台和莲茎组成。

右胁侍菩萨像高26厘米,结跏趺坐。姿态、衣饰与左胁侍菩萨基本一致,但身形相对瘦削。莲台略有缺损。

供养人高28厘米,单独开凿于龛外右侧一圆拱形浅龛内,龛底两侧内收。立姿。身着圆领窄袖长袍,腰间系带。双手合十于胸前礼拜。

第78龛:

位置:

位于上山步道东侧一巨石上,第77龛的斜对面,二者相距约20余米。巨石上开龛4座,该龛为其中最西者。

形制:

横长方形单层龛。圆拱形龛楣。龛高66、宽90、进深5厘米。龛底外斜,边缘不太明显,龛壁光滑。高浮雕一佛二菩萨三尊像(图80,图版74)。

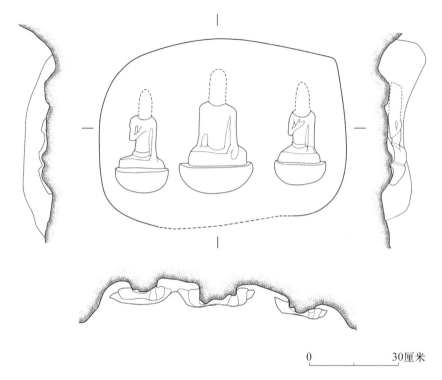

图80　西山第78龛平、剖面图

造像：

主尊像高30厘米。结跏趺坐。无背光。头、颈部表面残损。上半身较修长，腰部细。衣饰不明，全身不显衣纹。左手抚膝，掌心朝下；右肘上举，前臂与掌残断。座台呈半圆形。

图81　西山第79、80龛平面图

左胁侍菩萨像高25厘米。结跏趺坐。头、颈部残损。上身较为修长，小腹平坦。上身袒裸，下着裙，腰间系带。下裙紧裹双腿。左臂垂下，手掌抚膝；右臂屈肘上举，手掌置于胸前。台座呈半圆形。

右胁侍菩萨像高25厘米。结跏趺坐。头、颈部残损。上身较为修长，圆肩，小腹微凸。上身袒露，下着裙，腰间系带，腰带较宽。下裙紧裹双腿。左臂垂下，手掌抚膝；右臂屈肘上举，手掌置于胸前。半圆形台座。

第79龛：

位置：

第78龛左侧。

形制：

纵长方形单层龛。圆拱形龛楣。龛高52、宽28、进深10厘米。龛底斜平。高浮雕一佛一供养人像（图81，图版75）。

造像：

像高26厘米。结跏趺坐。无头、背光。头部表面残损。颈部线刻二道蚕纹。上半身比例较长。宽肩细腰，小腹平坦。右肩披覆肩衣，外着袒右大衣，不显衣纹。大衣包裹双腿，不显足形。双手垂下分别搭于左右膝上，掌心向下。座呈半圆形，通高8、通宽19厘米。

龛外左下角有一供养人，像高15厘米。上身前倾。胡跪姿，右腿屈，左膝着地。双手举于胸前。

第80龛：

位置：

紧邻第79龛。

形制：

纵长方形单层龛。圆拱形龛楣。龛高44、宽26、进深10厘米。龛形不完整，右侧避让第79龛左壁。高浮雕单尊像。（图版75）

造像：

像高24厘米。结跏趺坐。头、颈部残损。小腹微鼓。右肩披覆肩衣，外着袒右大衣，露部分胸部。通体不显衣纹。大衣紧裹腿部，不显足形。双手垂下搭于膝上，掌心向下。台座为半圆形，通高9、通宽19厘米。

第81龛：

位置：

位于第80龛左上方。

龛形：

横长方形单层龛。尖拱形龛楣。龛高90、残宽100、进深13厘米。右壁、龛底有所崩损，正壁平整。浮雕一佛二弟子及一供养人像（图82，图版76）。

造像：

主尊像高34厘米。结跏趺坐。无头、背光。头、颈部表面残损。肩宽平。内着袒右僧祇支，于腹前中部系带，带梢垂于腹前。右肩披覆肩衣，覆遮右臂。外穿袒右大衣，右侧衣角自身后绕腹前上搭于左肩上，衣边外翻，部分衣角搭于左前臂。大衣紧裹双腿不显足形，腿间阴刻数条横向衣纹。左手垂置于膝上，掌心向下，五指纤长。右臂抬肘上举于胸前，手掌残断。仰莲座由莲茎和莲台两部分组成，莲台高10、宽22厘米。莲茎末端交接处有接头，分别向两侧伸出莲茎和莲台，三支莲茎呈三叉形。莲台浮雕三片仰莲瓣，瓣尖微外翻。

左胁侍菩萨像残高30厘米。结跏趺坐。头、颈部表面残损，颈戴圆形项圈。宽肩细腰，小腹微鼓。肩披天衣，长垂体后。袒上身，腰部系带，带梢垂于双腿间及座上。下裙紧裹双腿，不显足形。裙摆遮覆莲座上半部分。双手合十于胸前。莲座的莲茎与主尊座下莲茎相连接。

右胁侍菩萨像残高30厘米。结跏趺坐。头、颈部残损。颈戴圆形项圈。宽肩细腰，小腹微鼓。肩披天衣，垂于体后。袒上身，腰部系带。裙裾紧裹双腿，不显足形。下摆遮盖莲座上半部分。双手合十于胸前。莲座与主尊莲座相连。

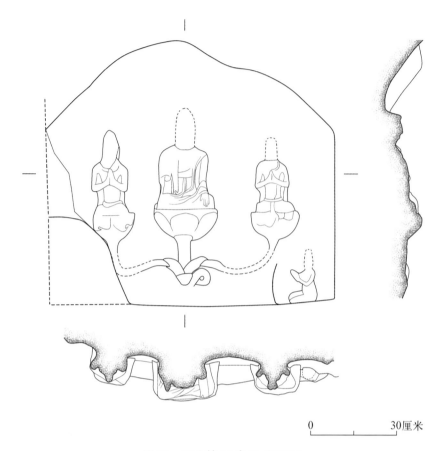

0　　　　　　30厘米

图82　西山第81龛平、剖面图

左龛角浮雕一供养人，高19厘米。身体侧向主尊，上身挺直，腹部微鼓。双手于胸前合十礼拜，双腿跪地。

第82龛：

位置：

位于登山步道西侧，隔步道与第81龛所在大石相对，二者相距12米左右。周围有3龛造像，该龛为其中最南者。

形制：

横长方形单层龛。尖拱形龛楣。龛高80、宽105、进深25厘米。龛形左右不太对称，主尊右侧空间稍多。龛壁较光滑。侧壁、龛顶、龛底与正壁的角度较陡直。龛底平。高浮雕一佛二菩萨三尊像（图83，图版77）。

造像：

主尊像残高29厘米。结跏趺坐。无头、背光。头、颈部残损。圆肩宽厚，胸部与腹部宽度相近。小腹微鼓。右肩披覆肩衣，外着袒右大衣，轻薄贴体无衣纹。大衣紧裹双腿不显足形。双臂下垂抚膝，前臂和手掌为现代修补。台座为不太规则的上下两层，通高16、通宽34厘米。下层较宽，为覆盆状，上层为半圆形座台。

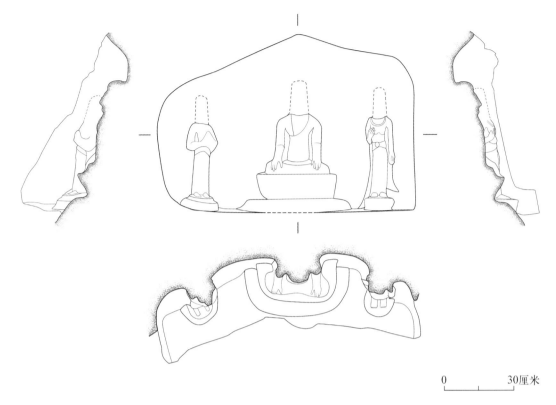

0 ⊢⊣⊢⊣ 30厘米

图83　西山第82龛平、剖面图

左胁侍菩萨像残高35厘米。立姿。左胯略提，身体微有转折呈"S"字形。头、颈部残损，颈戴圆形项圈。胸部健实，腹部微鼓。肩披天衣，衣长及座。袒上身，腰系宽腰带，带扣环形，下着长裙。左手下垂于体侧，持物不明；右臂屈肘上举，手掌抚胸。跣足，立于圆柱形台座之上。

右胁侍菩萨像残高31厘米。立姿。头、颈部表面残损。上半身经现代修补。腰间系带，下着长裙。双手合十于胸前。跣足，立于双层台座之上。下层为覆盆型，上层略呈圆柱形。

第83龛：

位置：

位于第82龛的左侧。

形制：

横长方形单层龛。尖拱形龛楣。龛高137、宽170、进深35.5厘米。龛内各壁面较平整。形制规整，龛底平。高浮雕一佛二菩萨三尊像（图84，图版78）。

造像：

主尊像高70厘米。结跏趺坐，右足在上。头部及右掌经现代修复。浮雕竖椭圆形头光，其外为每侧各三条向内凹拱的弧纹组成的背光，除顶部外，每两条弧纹连接处饰3片莲花瓣。顶部几乎与龛顶重合。背光下部与佛座上方方形背障相接。

颈上线刻两道蚕纹。肩宽平。右肩披覆肩衣，外着袒右大衣。左肩处衣纹密集，顺左肩披覆

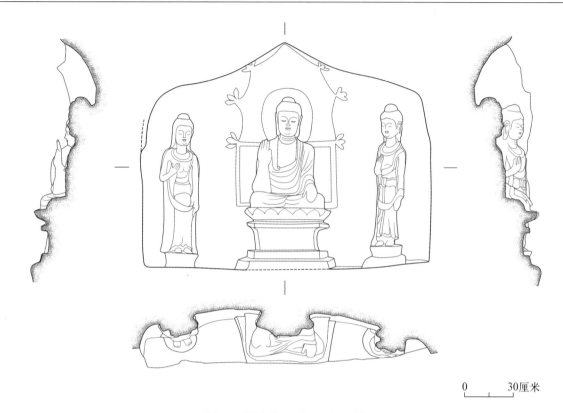

0 ⸻ 30厘米

图84　西山第83龛平、剖面图

的方向从左向右下斜,于腹前略呈"U"字形平行浅弧线。衣纹的断面呈尖凸棱状。大衣紧裹双腿,右足压左足。腿上衣褶多呈横向。左手下垂置于膝上,掌心朝下。右臂抬肘上举施无畏印。束腰须弥座分座基、束腰、台座、背障四部分。座通高36、通宽50厘米。座基叠涩两层,平面内大外小,略呈梯形。束腰之上叠涩两层座台,下层亦呈梯形,上层为圆角方形仰莲座,表面浮雕单层莲瓣。背障为双线阳刻,略宽于座面,高37、宽60厘米。

左胁侍菩萨像高80厘米。身体略微侧向主尊。头、颈部为现代补修的。肩宽平,戴圆形项圈。胸部健实,腰部纤细。祖上身,肩披天衣,长垂及座。一道帔帛自肩斜向右腰,似挽于右肘垂于膝前,绕左腕垂下,在体前呈"U"字形。下身着长裙,腰带于腹前结节后垂于双腿间。裙腰上缘外翻较宽。左臂屈肘,手掌抚胸。右手下垂于体侧,手掌残断,持物不明。跣足,双脚略分立。座分为两层,下层覆盆状,较宽大,上层略呈柱状。

右胁侍菩萨像高82厘米。头、颈部为后补。戴圆形项圈。圆肩,较宽厚。胸略鼓。上身祖裸,肩披天衣,长垂及座。右肘左腕间帔帛垂于膝前,呈"U"字形一道。下身着长裙,腰间系带,裙腰上缘外翻。左臂下垂于体侧,手似握帛巾。右臂屈肘上举,手掌抚胸。跣足,五趾清晰,立于略束腰的圆柱形台座之上。

第84龛:

位置:

第83龛的左上方。

形制：

正方形单层龛。圆拱形龛楣。龛高62、宽62、进深13厘米。龛底、龛顶、侧壁与正壁基本上成直角，分界清晰，表面较粗糙。高浮雕单尊坐像（图85，图版79）。

造像：

像高35厘米。结跏趺坐。无头、背光。肉髻宽平，覆钵状，光素无纹。面部较圆，表面略有残损。发际线平，额间略宽。五官不明。耳郭不清晰，双耳垂肩。宽圆肩，较为厚实。胸部微鼓，腰较细，腹部较平坦。右肩披覆肩衣，外着袒右大衣。较为贴体，通体不显衣纹。大衣包裹双腿不显足形。双手前臂和手掌为后补，均下垂分搭两膝上，掌心向下。座台为半圆形，通高15、通宽22.5厘米。

第85龛：

位置：

第84龛的左下方，二者相距约10米。

形制：

横长方形单层龛。龛形略呈"山"字形。圆拱形龛楣。龛高165、宽213、进深50厘米。龛壁平整。龛底因有岩石间的天然裂隙而略去未凿。高浮雕一佛二菩萨三尊像（图86，图版80）。

造像：

主尊像高89厘米。结跏趺坐，右足在上，两膝相距71厘米。浅浮雕椭圆形头光，内刻双重莲瓣。头光外浅浮雕舟形背光。头、颈部有残损，经现代修复，所以额头呈现出两道发际线，下面一道为最初雕凿的痕迹。颈上刻三道蚕纹。肩宽48厘米，宽肩细腰，胸肌健实，胸廓清晰，乳头圆形凸起。小腹平坦。身着袒右大衣，薄衣贴体，不饰衣纹，仅在左肩至右胸、左腕、右脚踝处浅刻一道衣边。左臂屈肘下垂，手掌置于腹前，掌心向上，施禅定印。右臂戴臂钏，臂钏正面浮雕三叶纹，右手下垂，置于右膝上，掌心向下，施触地印。佛座为仰莲座，高40、通宽90厘米。表面浮雕两层莲瓣纹，下层五瓣，上层六瓣。一块半圆形衣角垂于莲座正中。莲茎向两侧伸出莲茎和莲台，作为胁侍菩萨的台座。

左胁侍菩萨像高66厘米。结跏趺坐。头、颈部为后补。戴圆形项圈。肩宽圆，细腰，小腹外鼓。袒上身，下着长裙，腰带从腰中部垂于双腿间，末端搭于座面。长裙紧裹双腿，不显足形。裙裾铺莲悬于台正面。双手戴腕钏，合拱于胸前。座为仰莲座，其下莲茎与主尊莲座的莲茎相连。

右胁侍菩萨像高68厘米。结跏趺坐。身体侧向主尊。头顶覆钵状发髻，束带正中为一方形牌饰，中央似为一宝珠。两端太阳穴之上为半月形饰物。宝缯或长发披肩。发带下粗刻发丝，发

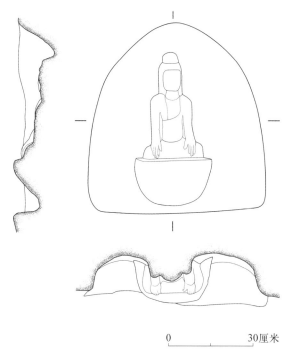

图85　西山第84龛平、剖面图

0　　　　　　30厘米

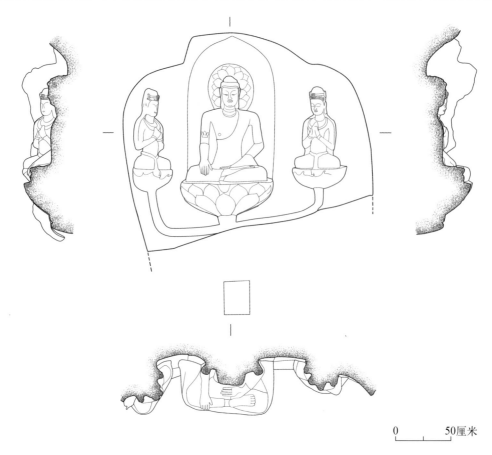

图86　西山第85龛平、剖面图

际线正中略向下弧凸。脸方圆,额、眼、鼻略有残损。嘴小微闭,嘴角窝较深,下颌丰隆。双耳略残,只余上耳郭。颈部较长。戴圆形项圈。宽肩细腰,小腹外鼓。上身袒裸,腰带末端垂于双腿间及座面,下着长裙裹双腿,不显足形。裙裾覆遮莲台正面上半部分。双腕戴钏,双掌合十于胸前。莲座与主尊莲座相连。

主尊下方龛外浅浮雕一方形题刻框,高33、宽23厘米。表面字已无存。

第86龛:

位置:

位于第85龛的左侧。

形制:

横长方形单层龛。龛楣较平。龛高123、宽152、进深24厘米。右壁因避让第85龛而略不完全。龛底中级低,两角高。高浮雕一佛二菩萨三尊像(图87,图版81)。

造像:

主尊像高60厘米。结跏趺坐,右脚在上。线刻舟形背光。肉髻较宽,发际线平,额间较窄。脸方圆。眉弓不显。鼻梁直,鼻翼薄。下唇较厚,颌部丰圆。大耳垂肩。左肩宽平而右肩圆溜。小腹平坦。右肩披覆肩衣。外着袒右大衣,右侧衣边自身后绕腋下上搭左肩。微露胸。通体不

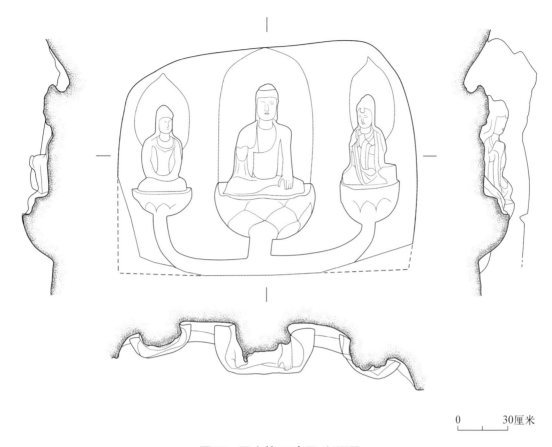

图87　西山第86龛平、剖面图

显衣纹。左臂下垂,手掌置于左腿上,掌心朝下,五指清晰;右手于胸侧半举,施无畏印,手指部分残断。仰莲座台通高21、通宽48厘米,表面线刻三层莲瓣纹。莲茎末端向两侧伸出莲茎和莲台,作为胁侍菩萨的台座。

左胁侍菩萨像高46厘米。结跏趺坐。线刻桃形头光。发髻较高,发际正中悬一圆形牌饰,宝缯或长发披肩。脸长圆。额间较宽,眉弓不显。眼微闭。鼻略残。嘴唇较宽,嘴角窝深。下颌丰圆。颈上刻一道蚕纹,戴圆形项圈。圆溜肩。上身衣饰较为复杂,肩披天衣,遮覆双肩及前臂。双肘似缠绕帔帛多重,垂于体前。双手合十于胸前。座为仰莲座,表面线刻仰莲瓣,其下莲茎与主尊莲座的莲茎相连。

右胁侍菩萨像高46厘米。结跏趺坐。阴线刻桃形头光。发髻较高,发饰不清。方脸。眉弓起棱,眼窝微陷。嘴宽微闭,下颌突出。大耳垂肩。颈部略长,戴桃形项圈。宽肩细腰,胸部鼓凸,小腹纤细。袒上身,下着长裙,裙裾紧裹双腿,不显足形,也不显衣纹。双臂较粗,双手合置于腹前,左手在上。仰莲座表面线刻两层仰莲瓣,莲茎与主尊莲座的莲茎相连,莲茎粗硕。

第87龛:

位置:

位于近观音峰顶的崖壁上,距第86龛约10米。面朝东北。

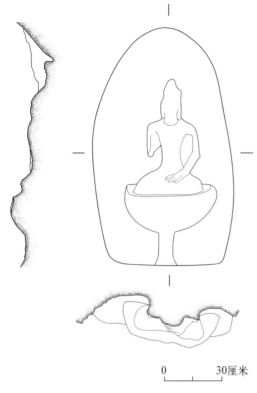

0　　　30厘米

图88　西山第87龛平、剖面图

形制：

纵长方形单层龛。圆拱形龛楣。龛高110、宽69、进深16厘米。龛壁圆弧，龛底平。高浮雕单尊像（图88，图版82）。

造像：

像高55厘米。结跏趺坐。无头、背光。头部表面残损。双垂贴肩。上身较为修长。肩部较宽，胸部平而结实。腰细，小腹平坦。躯干边缘略呈"X"字形。似着通肩大衣。薄衣贴体。下摆紧裹双腿，不显衣纹和足形。左臂表面残损，左手下垂置于腹前腿上，掌心朝上，施禅定印。右臂屈肘抬于胸侧，前臂及手掌残断，似施无畏印。座由座台和莲茎组成。座台呈半圆形，通高18、通宽46厘米，素面；莲茎圆柱状。

第88龛：

位置：

位于第87龛左侧。

形制：

横长方形单层龛。圆拱形龛楣。龛高212、宽265、进深30厘米。右壁未开凿完整。龛底平。高浮雕一佛二菩萨及五供养人像（图89，图版83-1）。

造像：

主尊像高164厘米。立姿，无头、背光。头、颈部表面残损。肩宽48厘米，宽平厚实。微露胸，胸肌健实，胸廓线清晰。右肩披覆肩衣，覆遮右臂。外着袒右大衣，右侧衣角覆遮部分右肩，自腰右侧上搭左肩，部分搭于左肘。下着裙，罩于大衣之内，下部自大衣下露出。左肩至右脚衣纹斜弧，断面呈阶梯状。左臂衣纹竖向起褶。皱褶横断面呈圆凸棱状，衣纹厚重。左手下垂于体侧，手掌似握外衣衣角。右臂屈肘上举，手掌置于胸侧，手掌略有残断。双脚分立，跣足，脚趾清晰，立于覆莲台之上，莲台宽62、高13厘米。浮雕单层双子瓣覆莲纹，莲瓣中部略向外鼓凸。

左胁侍菩萨像高102厘米。头部微向右侧，躯干较直。头部表面残损。缯带或长发披于肩上。颈部阴刻二道蚕纹，戴圆形项圈。肩部较宽而厚实，胸部微鼓，细腰。上身袒裸，肩披天衣，垂于体后。帔帛从左肩下斜右腰，左肘及右腕垂下帔帛一道，于膝前呈"U"字形，一端缠左腕垂于体侧。腰间系带，带梢垂于两腿间。下着长裙，长裙上缘外翻较宽，形成竖向衣褶。左臂略残，左手提净瓶垂于体侧，食指、中指夹净瓶颈部。净瓶侈口、细颈、鼓腹、圈足。右臂屈肘上举，手掌抚胸。跣足立于莲座上，莲座分座台和莲茎两部分，座台浅浮雕莲瓣，瓣尖微外翻（图版83-2）。

右胁侍菩萨像高103厘米。躯干较直。头、颈、肩、胸部表面残损。肩宽平，细腰，小腹微鼓。颈戴项圈。上身袒裸，腰间系带，带梢垂于两腿间。下着长裙，长裙上缘外翻较宽。膝前垂下的

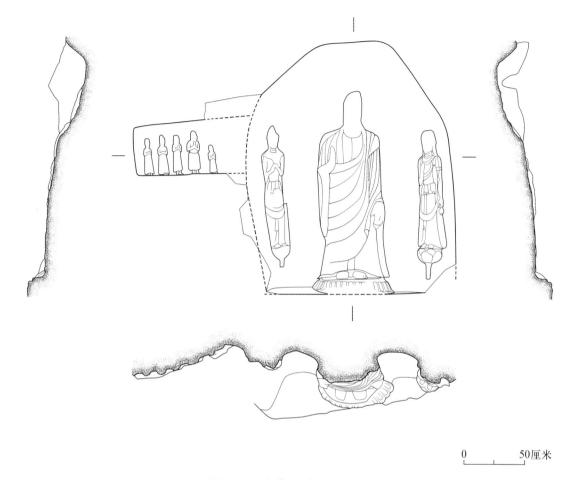

图89　西山第88龛平、剖面图

帛带一道,呈"U"字形。双手合拱于胸前。跣足立于莲座上,莲座分座台和莲茎两部分,座台略残损,表面浮雕莲瓣纹(图版83-3)。

　　右侧龛外开凿出横长方形小龛,高38、宽85、进深3厘米。浅浮雕五个供养人,均为立像,高矮胖瘦不一。皆面朝主尊,双手交于腹前合十或拱手。右一高26厘米,相对较矮,似为儿童,身着圆领长袍,腰间系带。右二为成年男性,高36厘米,身材魁梧,胸部鼓凸。戴幞头或帽。腹部微凸。身着圆领窄袖长袍,腰间束带。足蹬尖头靴。右三高34厘米。身材瘦削,高发髻,着长裙,当为女性。足蹬尖头靴,左脚外撇。右四高34厘米。高发髻,高矮、发型、身材、姿势与右三相当,亦为女性,下身裙摆略宽。右五(左一)高30厘米。较右三、右四为矮,似梳双髻,着交领长裙,或为未成年女性(图版83-4)。

　　第89龛:

　　位置:

　　位于第88龛左上方。

　　龛形:

　　单层龛。龛中四壁皆有残损,形制不全。残高126、残宽106、进深23厘米。正壁较平整。近

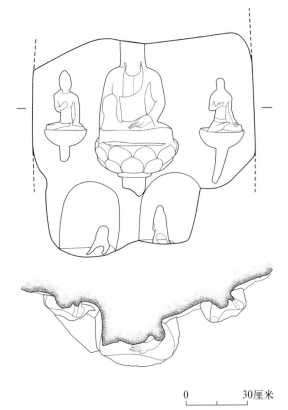

图90　西山第89龛平、剖面图

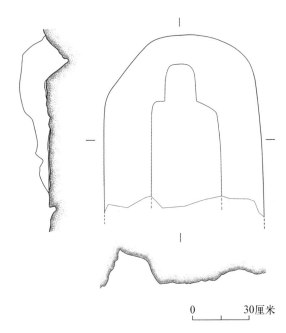

图91　西山第90龛平、剖面图

圆雕一佛二菩萨三尊像（图90，图版84）。

造像：

主尊像高39厘米。结跏趺坐。头部表面残损，仅见耳垂及肩。宽圆肩，颈部略长。微露胸，胸部略鼓，可见胸廓线。腰部略细。右肩披覆肩衣，覆遮右臂。外着袒右大衣，右侧衣边自身后绕腰右侧上搭左肩。下摆裹紧双腿，足形、衣纹皆不显。左手置于腹前腿上，手心朝上。右臂屈肘上举，手掌残断。仰莲座通高14、通宽37厘米，浮雕两层莲瓣，瓣尖外翻。其下莲茎壮硕。莲茎底部两侧各开凿一小龛，圆拱形龛楣。龛内各有一头动物形残痕，似是蹲狮，每头狮子前肢伸直，头部及上身残毁无存。二狮不在一个水平面上，左狮位置比右狮略高。

左胁侍菩萨像高28厘米。结跏趺坐，右脚在上。上身比例较为修长。头、颈部表面残损。圆溜肩，较厚实。胸部微鼓，胸肌凸起。细腰，小腹微鼓。袒上身。下着长裙，腰间系带较宽，长裙紧裹双腿，露出右腿在上。左手下垂置于膝上。右臂屈肘上抬，手掌抚胸。座由仰莲台座和莲茎组成。莲茎略偏向主尊。

右胁侍菩萨像高27厘米。结跏趺坐，右脚在上。上身较为修长。头部表面残损。宽圆肩，胸部鼓凸，胸廓清晰。细腰，小腹微鼓。上身袒裸。下着长裙。左手下垂置于膝上，掌心朝下。右臂屈肘上举，手掌抚胸。座由仰莲台座和莲茎组成。

第90龛：

位置：

位于观音峰造像的最高处。第89龛的左侧。

形制：

纵长方形单层龛。圆拱形龛楣。残高200、宽128、进深33厘米。左壁不规整，侧壁与正壁无明显分界，正壁较粗糙，凿痕密布。龛底为天然裂隙。高浮雕单尊像（图91，图版85）。

造像：

像高170厘米。该龛未最后完工,仅见头和身体躯干的大致雏形,肩宽60厘米。

第91龛:

位置:

观音峰近顶的北面崖壁上,第91龛左下转角。

形制:

横长方形单层龛。略呈平行四边形,左高右低。龛高53、宽72、进深7.5厘米。龛底、龛顶斜平,龛正壁较平而光滑。高浮雕一佛二菩萨三尊像(图92,图版86)。

造像:

主尊像高25厘米。结跏趺坐。无头、背光。头、颈、肩、胸部表面残损。圆肩,腹部略鼓。腹部有斜向衣纹的痕迹,应着袒右大衣,贴体不显衣纹。双手合于腹前腿上,右手在上,掌心向上,五指清晰,施禅定印。莲座由座台和莲茎组成,座台为半圆形,通高8、通宽18厘米。莲茎根部向两侧伸出莲茎和莲台,作为胁侍的座台。

左胁侍菩萨像残高21厘米,右胁侍菩萨像残高20厘米。均结跏趺坐。二者身体及座表面残损严重。左胁侍双手分抚两膝。右胁侍双手似合十于胸前。坐于主尊莲座伸出的同茎莲台之上。

第92龛:

位置:

位于第91龛的左侧。

形制:

纵长方形单层龛。圆拱形龛楣。龛高61、宽49、进深12厘米。龛底平,龛壁粗糙,凿痕多竖向。浮雕单尊坐像(图93,图版87)。

造像:

像高37厘米。结跏趺坐。无头、背光。

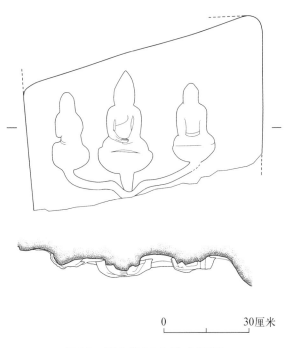

图92　西山第91龛平、剖面图

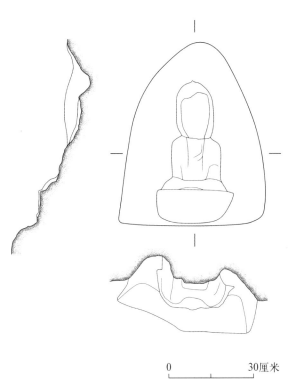

图93　西山第92龛平、剖面图

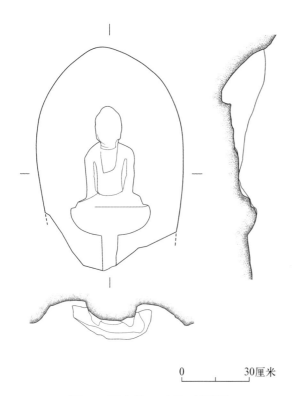

图94 西山第93龛平、剖面图

头、颈部、双臂、座表面残损较甚。从残痕看，头部比例大。宽平肩。内着袒右僧祇支，右肩披覆肩衣，外着袒右大衣。双手似分抚两膝。半圆形台座通高11、通宽24厘米。

第93龛：

位置：

位于第92龛的左上方，第91龛的左侧。

形制：

纵长方形单层龛。圆拱形龛楣。龛残高71、宽50、进深9厘米。龛顶、侧壁与正壁交界处较圆滑，分界不明显。龛底残损。浮雕单尊坐像（图94，图版88）。

造像：

像高33厘米。结跏趺坐。无头、背光，头部表面残损，可辨低圆肉髻。耳较小，不及肩。颈上刻蚕纹一道。肩宽平厚实，胸部健实，细腰，小腹略鼓。右肩披覆肩衣，外着袒右大衣，略露胸部。薄衣贴体，不显衣纹。双臂下垂，左手似置于腹前，右手抚膝。前臂、双掌、双腿均有残损。座由半圆形莲台和莲茎组成，莲台素面，通高9、通宽24厘米。

第94龛：

位置：

位于第92龛的左侧。

形制：

纵长方形单层龛。尖拱形龛楣。龛高残57、残宽37、进深6厘米。正壁平滑，龛顶左侧、右壁、龛底均残。高浮雕单尊坐像（图95，图版89）。

造像：

像高27厘米。结跏趺坐。无头、背光。头、颈部表面残损。上身较修长。圆肩，胸部健实，细腰，小腹平坦。身着通肩式大衣，贴体不显衣纹。大衣紧裹双腿，不显足形。双臂残损，双手合于腹前，不显掌形，施禅定印。半圆形台座通高10、通宽21厘米。

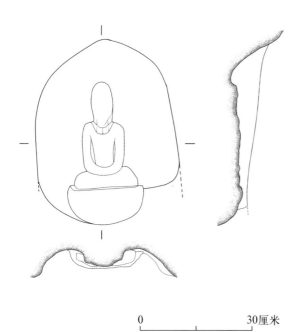

图95 西山第94龛平、剖面图

第95龛：

位置：

位于第94龛的左下方。

形制：

横长方形单层龛。圆拱形龛楣。龛高62、宽83、进深10厘米。龛顶、左壁均为天然裂隙，正壁平整，龛底斜平。浮雕一佛二菩萨三尊像（图96，图版90）。

造像：

主尊像高35厘米。结跏趺坐。无头、背光。头、颈、肩、胸部、双臂等表面残损。圆肩，腰较细。腹部有斜向衣纹的残痕，似着袒右大衣。双手合拢于腹前，左掌在上，施禅定印。半圆形座通高17、通宽25厘米。

左胁侍菩萨像残高26厘米。结跏趺坐。头及身体、座均损毁严重。仅见左手下垂于腹前，五指清晰，掌心向上；右手似抚右膝。座为半圆形。

右胁侍菩萨像残高26厘米。结跏趺坐。残损较甚。腹上有帔帛一道。左臂下垂，手掌置于左腿上。右臂屈肘，手掌置于胸前。座呈半圆形。

右壁裂隙外侧有一不规则方形题记框，高13、宽10厘米，表面字已无存。

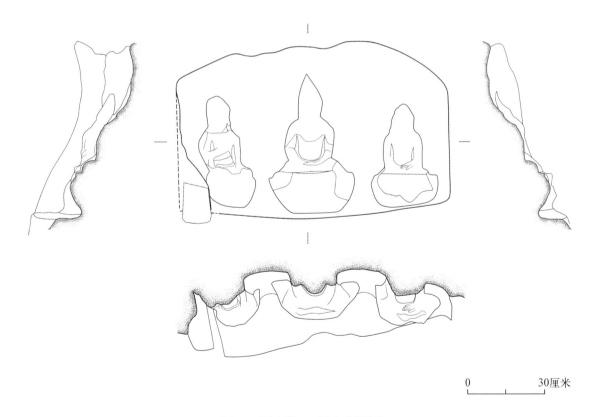

0　　　　　　　30厘米

图96　西山第95龛平、剖面图

0   30厘米

图97 西山第96龛平、剖面图

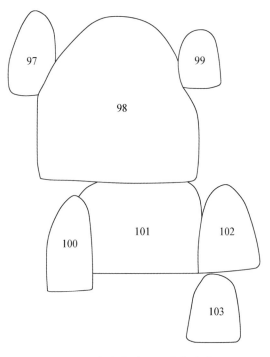

图98 西山观音峰B区造像分布图

第96龛：

位置：

位于第95龛的下方，第94龛的左侧。

形制：

纵长方形单层龛。尖拱形龛楣。龛残高45、宽35、进深4厘米。右壁打破第95龛左壁。龛底为一天然裂隙。浮雕单尊坐像（图97，图版91）。

造像：

像高23厘米。结跏趺坐。无头、背光。头部表面残损。大耳垂肩。肩宽平厚实，胸部平实，腰较细。身着通肩式大衣，领口较大，薄衣贴体，不显衣纹，双腿裹于大衣内，不显足形。双手下垂合置于腹前，不显掌形。莲座两端残损，座台较宽，呈半圆形，通高9、通宽21厘米，其下莲茎较短。

2. 观音峰B区

该区位于观音峰的南麓，与龙头峰相距100米左右。在观音峰西登山步道旁，该区共有7龛11尊造像（图98）。

第97龛：

位置：

距龙头峰上观音峰西侧登山步道30米左右。该龛位于最上层的西端。

形制：

纵长方形单层龛。圆拱形龛楣。龛高50、宽26、进深14厘米。龛左下角因避让第97龛而形制不全。正壁较光滑，龛底斜平。高浮雕单尊坐像（图99，图版92）。

造像：

像残高20厘米。结跏趺坐。无、头背光。头部表面残损，可见耳垂及肩。颈部线刻二道蚕纹。圆肩。右肩披覆肩衣，外着袒右大衣。双腿紧裹于衣内，不显足形。双臂合拢于腹前腿上。座略呈圆角方形，高5、宽13、厚4厘米。

第98龛：

位置：

位于第97龛的左下方。

形制：

纵长方形单层龛。尖拱形龛楣。龛高100、宽96、进深12厘米。龛壁略不完整，左上方和右上方分别被第97、99龛打破。顶部弧度较缓，龛底平。浮雕一佛二弟子三尊像（图100，图版93）。

造像：

主尊像高35厘米。结跏趺坐，右腿压左腿。无头、身光。头部、颈部表面残损。肩宽圆浑厚。内着袒右僧祇支，胸部系带，带梢垂于腹间。右肩披覆肩衣，外着袒右大衣，微露胸。大衣紧裹双腿。阴刻两道横向衣褶。左臂下垂，前臂略残，手掌置于左膝上，掌心朝下；右臂屈肘上举于胸侧，前臂与手掌残断。束腰须弥座高25、通宽32、厚9厘米，可分为座基、束腰和台座三部分。座基叠涩三层，束腰两侧内收呈弧形，其上叠涩

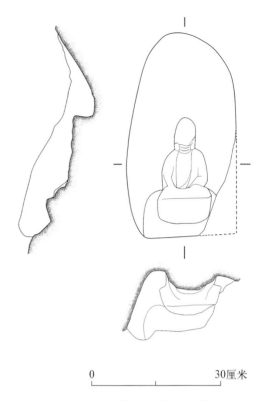

图99　西山第97龛平、剖面图

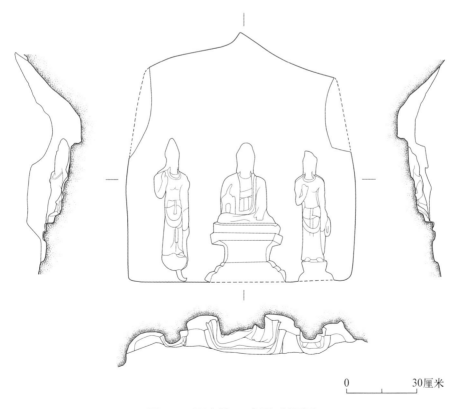

图100　西山第98龛平、剖面图

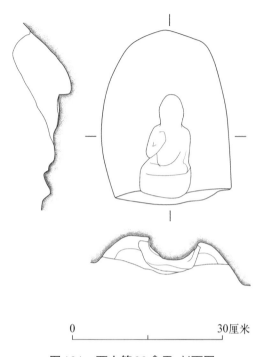

图101　西山第99龛平、剖面图

两层略呈圆角方形的座台。各部分均内宽外窄,平面略呈梯形。

左胁侍菩萨像残高48厘米。立姿。头略向左偏,左髋略提。头部残损,双肩披发或冠缯带。宽肩细腰,略显胸廓线,胸肌健实,腹部微鼓。颈戴项圈。上身袒裸,下着长裙,系腰带,末梢垂于双腿间,长裙上缘外翻较宽。右肘左腕间垂下一道帔帛,于膝前呈"U"字形。左手下垂于体侧,似握帛巾。右臂屈肘上举,手掌置于胸前。跣足,双脚分立于两层座台之上,下层较宽,呈覆钵状,上层略呈圆柱状。

右胁侍菩萨像残高50厘米。立姿。头、颈部表面残损。高发髻,缯带或长发披于肩后。颈戴项圈。宽肩细腰,胸廓线明显,胸肌健实。上身袒裸,下着长裙,裙腰上缘外翻。腰间系带,带梢垂于双腿间。帔帛垂于膝前呈"U"字形。左手下垂于体侧,手掌伸直;右臂屈肘上举于胸前,手掌残损。跣足,立于莲座之上,座台下莲茎偏向左侧。

第99龛:

位置:

位于第98龛的左上方。

形制:

纵长方形单层龛。圆拱形龛楣。龛高36、宽25、进深10厘米。龛壁较光滑。龛顶、侧壁与正壁之间分界不明显,右壁打破第98龛。浮雕单尊坐像(图101,图版94)。

造像:

像高16厘米。结跏趺坐。无头、背光。头、颈、肩、胸部表面残损。圆肩,胸前残留斜向衣纹痕迹,似着袒右大衣。左手似置于腹前腿上;右臂屈肘上举,手掌置于胸前。座呈圆角方形,通高4、通宽10厘米。

第100龛:

位置:

位于第97龛下方。

形制:

纵长方形单层龛。圆拱形龛楣。龛高58、宽36、进深9厘米。左壁打破第101龛的右壁。为单尊坐像(图102,图版95)。

造像:

像高24厘米。结跏趺坐。无头、背光,头部表面残损。大耳垂肩。颈部较长,刻二道蚕纹。

圆肩。内着僧祇支。右肩披覆肩衣，覆遮右肩与右臂。外层着袒右大衣，衣边外翻。左手垂下置于膝上；右臂屈肘上举于胸前，手掌残断。座为束腰须弥座，通高19、宽16厘米，分为座基、束腰和座台三部分。座基叠涩两层，束腰为方形，座台为两层，下层较薄，为方形，上层略厚，为半圆形。

第101龛：

位置：

位于第100左侧。

形制：

横长方形双层龛。全龛高53、宽65、进深12厘米。龛顶斜平。龛可分两重，正中内层为尖拱形龛，高29、宽50、进深6厘米。龛壁圆弧，安置主尊；外层进深较浅而平，两侧安置胁侍菩萨。两壁不完整，左侧和右侧龛壁分别被第100、102龛打破。高浮雕一佛二菩萨三尊像（图103，图版96）。

造像：

主尊像高25厘米。结跏趺坐。无头、背光。头

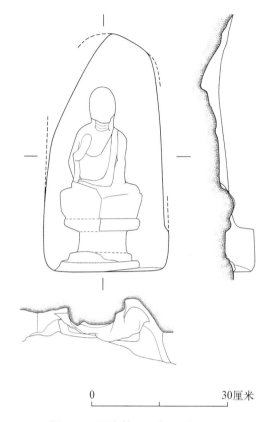

0 　　　　　　　30厘米

图102　西山第100龛平、剖面图

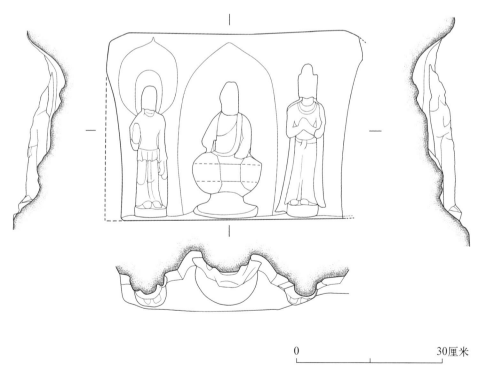

0 　　　　　　　30厘米

图103　西山第101龛平、剖面图

部、颈部、右肩表面残损。圆肩。内着僧祇支。右肩覆衣,覆遮右肩与右臂。外着袒右大衣,衣边外翻较宽,通体不显衣纹。左手下垂,置于腿上;右臂屈肘上举于胸前,前臂与手掌残断。束腰座通宽19、高18厘米,可分为束腰和台座两部分。束腰呈喇叭形,上小下大;座台半圆形,表面损毁。

左胁侍菩萨像残高40厘米。无头光。头部表面残损。梳高发髻,宝缯或长发披肩。颈细长,戴圆形项圈。宽圆肩,胸部略鼓。上身袒裸,肩披天衣,长垂龛底,末端外侈。下着长裙。腰间系带。双臂屈肘,双掌于胸前合十,前臂、手掌均有残损。跣足立于圆柱形台座之上。

右胁侍菩萨像残高37厘米。浅浮雕双重头光,内重为椭圆形,外重为桃形。头部、颈部表面残损。圆肩。颈部刻一道蚕纹。胸部微鼓,腰部略细。肩披天衣,长垂及座。上身袒裸,下着长裙,腰间系带,带梢垂于双腿间。裙腰上缘外翻较宽,形成竖向的衣褶。左手下垂于体侧,似持净瓶;右臂屈肘上举于体侧,手掌残断。跣足,立于圆柱形台座之上。

第102龛:

位置:

位于第101龛左侧。

形制:

纵长方形单层龛。圆拱形龛楣。龛高50、宽35、进深7厘米。龛壁各面转角较为圆滑。龛底斜平,右壁打破第101龛左壁。高浮雕单尊坐像(图104,图版97)。

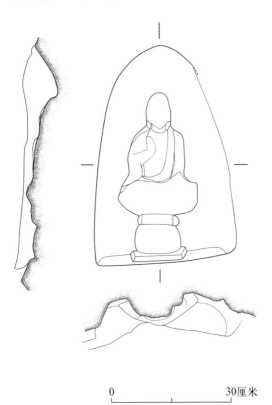

0　　　　　　　　30厘米

图104　西山第102龛平、剖面图

造像:

像高26厘米。结跏趺坐。无、头背光。头部、腿部、座台表面残损。颈短,圆肩。右肩披覆肩衣;外着袒右大衣,衣边外翻较宽。左手似置于膝上,右臂屈肘上抬于胸前,手掌似侧立。束腰须弥座高14、通宽18厘米。座基较薄,内宽外窄平面略呈梯形,束腰两层,下层呈鼓形,上层为薄圆柱形,比下层略窄,座台呈半圆形。

第103龛:

位置:

该区域位置最低的一龛,第102龛正下方。

形制:

纵长方形单层龛。圆拱形龛楣。龛高43、宽34、进深9厘米。进深基本与佛座的厚度一致。正壁平整,各壁面之间转角弧度较圆。浮雕单尊坐像(图105,图版98)。

造像:

像高24厘米。结跏趺坐。无头、背光。头、颈部表面残损。颈短。圆肩较厚实。内着僧祇支,右肩披覆肩衣,外着袒右大衣,大衣边外翻呈宽领状,不显衣纹。双手下垂叠于腹前腿上,左手在上,施禅定印。腿部及座台残损。座为束腰须弥座通高13、通宽24厘米。座基一层,束腰略呈"X"字形,其上为半圆形台座,表面残损。

(四)立鱼峰区

立鱼峰也称石鱼峰,为观音峰南侧的一座小山峰。造像位于"西山"二字榜题下方,该区共有8龛21尊造像,以及2座瘗龛。(图106)

第104龛:

位置:

位于立鱼峰崖壁上,该区域自南向北共8龛造像,该龛是其中最南者。

形制:

横长方形单层龛。龛顶较平。龛高83、宽102、进深12厘米。正壁经打磨较平整。龛底平。高浮雕一佛二菩萨一供养人像(图107,图版99)。

造像:

主尊像高27厘米。结跏趺坐。无头、身光。头、颈部残损。肩宽圆厚实。腰较细而腹部平坦。右肩披覆肩衣,外着袒右大衣,衣纹不显,露部分胸部,衣下隐现胸廓线。左手前臂残断,经现代修补。右手置于腹前,掌心朝上。座呈半圆形,通高15、通宽37厘米。其下方为一覆盘形座基。

左胁侍菩萨像残高38厘米。立姿。头、颈部表面损毁。戴圆形项圈。宽肩细腰。上身袒裸,帛巾自左肩斜披右腰。腰系霞裙,下身着长裙。左手持净瓶下垂于体侧,净瓶细颈、球腹、圈

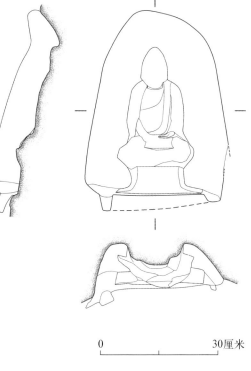

图105　西山第103龛平、剖面图

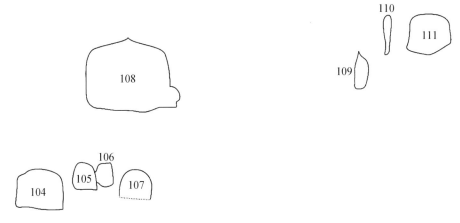

图106　西山立鱼峰造像分布图

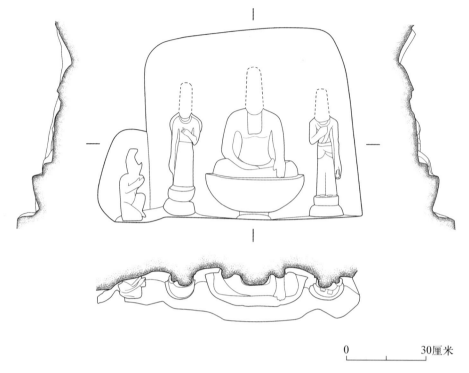

图107　西山第104龛平、剖面图

足。右臂屈肘上抬,手掌抚胸。跣足。台座为双层,上层略呈圆柱状,下层略大,覆钵状。

右胁侍菩萨像残高40厘米。立姿。头部残损,肩宽圆。戴圆形项圈。腰部较细。上身祖裸,肩披天衣,下着长裙。左臂屈肘抚胸;右手下垂于体侧。台座分上下两部分,上层略呈圆柱形,下层覆钵状。

右侧龛角浮雕一供养人,像高28厘米。头、颈部残损,侧向主尊。小腹微鼓。胡跪姿,左腿屈,右膝着地。双手合十于胸前。

第105龛:

位置:

位于第104龛的左侧。

龛形:

近正方形,单层龛。圆拱形龛楣。龛高50、宽52、进深9.5厘米。龛正壁弧圆,龛顶、侧壁与正壁之间无明显分界。左壁下方因崖壁天然裂隙略不完整,龛底斜。高浮雕单尊坐像(图108,图版100)。

造像:

像高17厘米。结跏趺坐。头部、颈部残损。

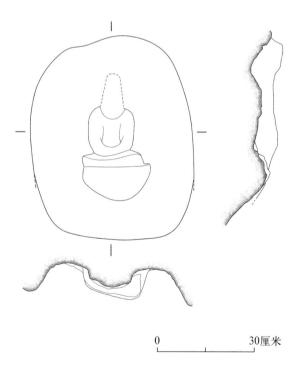

图108　西山第105龛平、剖面图

前臂、腿部及座经水泥修补。肩部宽圆,似着通肩式大衣,不显衣纹,大衣下摆紧裹双腿,不显足形。双手合于腹前,似施禅定印。半圆形座通高12、宽19厘米。

第106龛:

位置:

位于第105龛的左侧。

形制:

纵长方形单层龛。圆拱形龛楣。龛高40、宽32、进深7.5厘米。龛壁较平整,各面交界处不明显。高浮雕单尊坐像(图109,图版101)。

造像:

像高13厘米。结跏趺坐。无头、背光。头、颈部损毁无存。肩宽平。似着通肩式大衣,不显衣纹。大衣紧裹双腿,不显足形。双手合置于腹前,似为禅定印。座通高10、宽19厘米,由半圆形莲台和莲茎组成。

第107龛:

位置:

位于第106龛的左侧。

形制:

近正方形单层龛。圆拱形龛楣。龛高54、宽57、进深7.5厘米。各壁较平整,无明显龛底。单尊造坐像(图110,图版102)。

造像:

像高16厘米。结跏趺坐。无头、背光。头、颈部残损。肩宽平。胸部微鼓。内着袒右僧祇支。右肩披覆肩衣,覆遮右臂。外着袒右大衣,衣纹自左肩斜向右肋,断面呈阶梯状。大衣紧裹双腿,不显足形。下摆悬垂于莲座立面,呈中间大、两侧小的三个半圆形,其上线刻"U"字形平行衣纹。左手下垂置于左腿上;右臂举肘上抬,手掌残断。仰莲座台通高8、宽18厘米,座台表面悬裳之下浮雕仰莲瓣。莲茎柱状,偏向左侧。

第108龛:

位置:

位于第107龛的右上方。

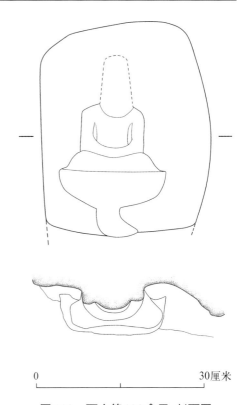

0   30厘米

图109　西山第106龛平、剖面图

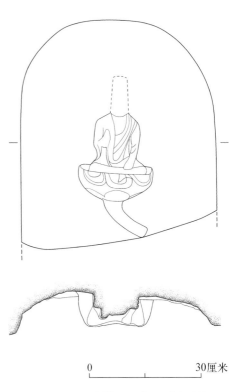

0   30厘米

图110　西山第107龛平、剖面图

龛形：

横长方形单层龛。尖拱形龛楣。龛高125、龛宽178、进深38厘米。龛壁光滑，龛底平。高浮雕一佛二菩萨二弟子二供养人像（图111，图版103-1）。

造像：

主尊像高52厘米。结跏趺坐。浅浮雕桃形头光，下端与佛座背障相接。肉髻馒头状，无发纹。发际线弧平，脸长圆，额间较宽。眉弓上挑。双眼微闭。鼻根上接眉弓，鼻梁挺拔，鼻翼宽。人中较短，嘴微闭，下唇厚，嘴角微陷。阴刻下颌线。双耳垂肩。颈上阴刻两道蚕纹。肩宽平。内着袒右僧祇支，胸前系带，带梢垂于腹间。右肩披覆肩衣，覆遮右臂。外着袒右大衣，右侧衣边自身后绕右腋下上搭左肩、左前臂。微露胸。大衣紧裹双腿，不显足形。下摆悬于座台立面。左手下垂抚膝，掌心向下。右臂抬肘，上举于胸前，掌心向外，施无畏印。佛座为束腰须弥座，高36、通宽40厘米，分为座基、束腰、座台和背障四部分。座基叠涩两层；束腰为八棱柱形，座台为圆角方形。浅浮雕方形背障，高25、宽38厘米，略宽于座面。佛座两侧各有一卧狮，面朝龛外。左狮头部上仰，两前肢贴地伸直。右狮残损较甚。

左弟子像高45厘米。立姿，身体略侧向主尊。线刻圆形头光。圆脸，眉弓较浅。鼻梁挺拔。阔嘴，嘴角微陷。颈短。圆肩。身着交领僧衣。腹间阴刻三道斜向衣褶。衣下露出下裙。双手合拱于胸前。双足分立，足穿尖头鞋。台座略呈梯形。

0　　　　　　30厘米

图111　西山第108龛平、剖面图

右弟子像高45厘米。立姿,面朝龛外。线刻圆形头光。圆脸,眉弓弧平。双耳贴脑,耳郭较小。嘴小巧微闭,嘴窝较深。颈部粗短。肩宽平。身着交领僧衣。大衣下摆可见下身着裙。左臂屈肘,手掌置于胸腹间,手指微屈;右手下垂于体侧,手掌微残。足穿尖头鞋,立于梯形台座之上。

左胁侍菩萨像高62厘米。立姿。面向主尊。右胯略提,左膝微曲,躯干在腰部略有曲折。线刻双重头光,内重为圆形,外重为桃形。发髻高,发际线弧平。眉弓缓弧,鼻梁直挺。嘴小巧微闭,嘴角微上扬。下颌丰圆,刻下颌线。耳郭较大,耳垂不及肩,戴珠形耳饰。颈部刻蚕纹两道。戴圆形项圈,中部下缘缀宝珠五颗。肩宽平厚实,胸部鼓凸,细腰,小腹微鼓。肩披天衣,长垂及座。上身袒裸,腰系霞裙,下身着紧窄长裙。左手持净瓶下垂于体侧,瓶体细颈、圆腹。右臂屈肘上抬,手掌抚腹。跣足,五趾清晰。座为束腰圆座,下层略大(图版103-2)。

右胁侍菩萨像高61厘米。立姿,面向主尊。线刻双重头光,内重为圆形,外重为桃形。发髻较高。发际线弧平,额间宽。眉弓圆弧,眼窝较大。鼻梁直挺,人中较宽。嘴小巧,嘴窝深。下颌丰圆,刻下颌线。耳郭较大,耳垂不及肩。颈部刻蚕纹二道,戴圆形项圈。肩宽平,胸部微鼓。细腰。肩披天衣,长垂及座。上身袒裸。腰系霞裙,腰带呈麻花状,下身着紧窄长裙。左手置于腹前,右手持净瓶下垂于体侧,净瓶侈口、细颈、球腹、圈足。跣足,左足五趾微残。束腰台座上层略呈圆柱状,下层外侈(图103-3)。

龛底两角各有一供养人。左侧的供养人为成年男性,跪坐姿。侧向主尊。高16厘米。发顶略残,似戴幞头,圆脸。双目圆睁,腹部微凸,上身挺直。双手合十于胸前。膝下为方形高台座。

右侧的供养人似为成年女性,高15厘米。侧向主尊。束高发髻。颈细而长。肩部瘦削。身着长裙,上身挺直,双手垂于腹前。跪坐于圆形台座上。

第109龛:

位置:

位于第108龛的右下方转角。

形制:

纵长方形单层龛。圆拱形龛楣。龛高160、宽118、进深27厘米。龛进深较大,与佛座的厚度一致。各平面之间交界处的角度较陡,龛底平。龛内凿痕密集。高浮雕单尊坐像(图112,图版104)。

造像:

像高86厘米。为未完工的半成品。结跏趺坐。无头、背光。肉髻略方未完成雕凿,脸长圆,五官仅凿出大致轮廓。肩部宽厚。衣饰不明。左手置于腹前腿上,似掌心向上。右手下垂置于膝上,似施降魔印。略见束腰须弥座雏形,座通宽69、通高42厘米。

图112　西山第109龛平、剖面图

0　　　30厘米

第110龛：

位置：

位于第109龛的左侧，二者相距近2米。

形制：

横长方形单层龛。尖拱形龛楣。龛高92、宽117、进深15厘米。龛正壁弧圆，表面较为平整。高浮雕一佛二菩萨三尊像（图113，图105）。

造像：

主尊像高44厘米。结跏趺坐。无头、背光。头部残损。肩宽圆，胸部微鼓，细腰，小腹略凸。简略表现覆肩衣与外层袒右大衣形成的领口，微露胸，薄衣贴体，不显衣纹。双手合置于腹前腿上，施禅定印。两腿之间盖一幅方形大衣衣角，遮掩双手。佛座由莲台和莲茎组成，通高24、宽41厘米。莲台半圆形，台面较宽，莲茎粗短。

左胁侍菩萨像高43厘米。立姿。侧向主尊。微低头。发髻低圆，宝缯或长发披肩。长圆脸，发际线平。眼微闭，鼻尖与嘴距离较近，嘴角微陷。下颌饱满。溜肩，颈戴项圈。上身袒裸，下着长裙，腰带腹前打结，带梢悬于两腿间。左手下垂于体侧，似持净瓶。右臂抬肘，手掌置于胸前，手掌微屈。跣足，五趾清晰，立于略呈圆柱形的台座上。

0　　　　30厘米

图113　西山第110龛平、剖面图

右胁侍菩萨像高43厘米。微侧向主尊。头部为现代修补。戴圆形项圈。宽肩细腰,小腹平坦。上身袒露,下着长裙,不显衣纹。左臂屈肘上举,手掌置于胸腹间,手掌微屈。右手垂于体侧,持物不明。跣足,五趾清晰,立于圆柱形台座之上。

第111龛:

位置:

位于110龛的对面,二者相距3米左右。

形制:

横长方形单层龛。圆拱形龛楣。龛高70、宽77厘米、进深12厘米。龛形不太规整,侧壁、龛底残损。浮雕一佛二菩萨三尊像(图114,图版106)。

造像:

主尊像残高18厘米。结跏趺坐。无头、背光。头、颈部表面残损。肩宽圆,腰部略细,腹微鼓。内着袒右僧祇支,右肩披覆肩衣。双手合置于腹前,不显掌形。佛座由莲台和莲茎组成。通高15、通宽29厘米。

左胁侍菩萨像残高28厘米。头部、手臂等残损无存。宽肩细腰,胸部健实。上身似袒裸,下身着长裙,腰缘外翻。长裙中部衣褶呈“八”字形向外撇,截面呈圆凸棱状。跣足,立于半圆形台座上。

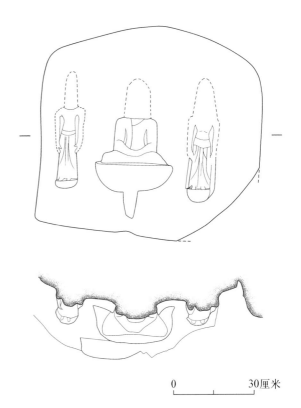

图114　西山第111龛平、剖面图

右胁侍菩萨像残高29厘米。头、颈部残缺不存。宽肩细腰,上身袒裸,下着长裙,腰间外翻。长裙中部衣褶“八”字形外撇,截面呈圆凸棱状。跣足,座为半圆形。

（五）隐山区

隐山西湖边上一低矮孤峰,唐代李渤时开始开发“隐山六洞”,自此以后,留下了大量唐宋时期的摩崖石刻。该山范围内共有瘗龛7座,摩崖造像1龛1尊。

第112龛:

位置:

位于隐山西麓,面朝西湖。附近有3座瘗龛。

形制:

横长方形单层龛。尖拱形龛楣。高110、宽125、进深20厘米。龛形不规整,顶、侧壁、底与正壁的分界不明显。斜向凿痕密布。浮雕单尊坐像(图115,图版107)。

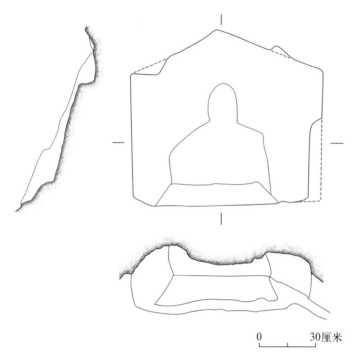

图115　西山第112龛平、剖面图

造像：

像高52厘米。未制作完成，略见头部及上半身的雏形，肩宽68厘米。似为坐像，下身、座未雕凿。

二、叠彩山

叠彩山全部造像均分布在贯通山体南北的风洞的两壁上，此处共有造像27龛，102尊。（图116、117，图版108-1、2、3）。

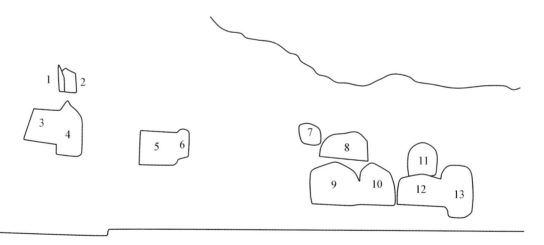

图116　叠彩山风洞西壁造像分布图

图117　叠彩山风洞东壁造像分布图

第1龛：

位置：

位于叠彩山风洞外西侧崖壁上，为最西端的一龛。离地面3米左右。

形制：

正方形单层龛。尖拱形龛楣。龛高55、宽55、进深6厘米。龛壁粗糙。浮雕一菩萨二弟子三尊像。风化较严重（图118，图版109）。

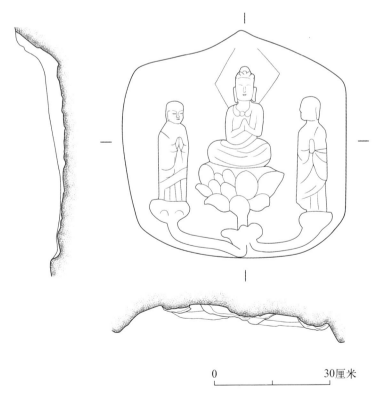

0　　　　　　　　30厘米

图118　叠彩山第1龛平、剖面图

造像：

主尊像高28厘米。结跏趺坐。浅浮雕菱形背光。头戴高冠，冠前有花饰。脸长圆，发际线弧平，额间窄。眼窝较深。鼻梁长。嘴小，唇厚。双耳较大，略不及肩。颈短，戴项圈，项圈中部镶嵌一枚珠饰。上身袒裸，帔帛自左肩斜向右肋。下着裙，裹紧双腿，不显足形。阴刻数条横向的衣褶。双手合十于胸前。座由座台和莲茎组成，座台较宽大，浮雕莲瓣大小不一。莲茎向两侧伸出莲茎和莲台，作为胁侍弟子的台座。

左弟子像高35厘米。头略偏向右侧主尊。光头，头部轮廓较方。五官、衣饰等不明，从僧衣下摆可见下身着裙。双手合十于胸前。立于圆形莲台之上，座下莲茎与主尊莲茎相连。莲座表面浮雕仰莲瓣，已侵蚀难辨。

右弟子像高27厘米，身体侧向主尊。光头，头脸较圆，颈短溜肩。五官、衣饰等不明。下着裙。双手合十置于胸前。立于主尊莲座伸出的仰莲台之上，座台浮雕莲瓣。

正壁刻有一些文字，难以辨识，似为涂鸦之作，与造像无关。

第2龛：

位置：

位于风洞外西壁，第1龛的左侧。

形制：

纵长方形单层龛。尖拱形龛楣。龛高60、宽56、进深6厘米。龛壁粗糙。高浮雕一菩萨二弟子三尊像。风化严重，难以辨识（图119，图版110）。

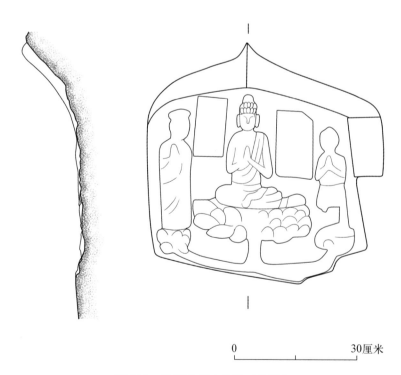

0　　　　　　　30厘米

图119　叠彩山第2龛平、剖面图

造像：

主尊像高28厘米。结跏趺坐。发髻高而圆。戴冠，冠上装饰两层珠形饰物。脸方圆。发际线平。眉梢上挑，眼细长。嘴略宽。招风耳，轮廓较小。圆肩。上身袒裸，帔帛自左肩斜向右肋。下着裙，紧裹双腿。腿部阴刻横向衣褶。双手合十于胸前，右上臂略有残损。仰莲座由座台和莲茎组成，座台宽大，浅浮雕三层莲瓣。莲茎底部向两侧伸出莲茎和仰莲台，作为胁侍弟子的台座。

左弟子像高27厘米，立姿。五官、衣饰漫漶不清。双手合十于胸前。立于主尊台座伸出的圆形莲台之上。莲台表面隐约可见刻莲瓣。

右弟子像高32厘米，立姿。头部表面残损。五官、衣饰不明。左臂下垂于体侧，左手似抚腹。右肘上抬，前臂及掌置于胸前。立于主尊台座下莲茎伸出的圆形莲台之上，浮雕两层莲瓣。

主尊上身两侧各有一阳刻的题记框，尺寸相当，宽8、长14厘米。左侧题记为：王□□，右侧题记为：王□。左壁龛外的一方题记似为"张□"二字。主尊下方龛外另有一题记框，长28、宽25厘米，隐约可见"五□□□同立"等字。

第3龛：

位置：

位于风洞的西壁，文物保护标识牌正下方，第2龛左下方。

形制：

形制不全，尖拱形龛楣。龛高约85、宽约60、进深15厘米。

造像：

像已无存，被宋代治平年间的石刻打破，仅余少许龛顶和龛底。该题刻长290、左宽82、右宽85厘米（图120，图版111）。

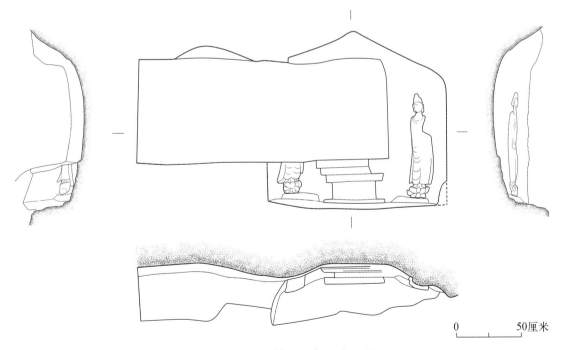

图120　叠彩山第3、4龛平、剖面图

第4龛：

位置：

位于第3龛左侧。

形制：

被宋代治平年间题记打破，龛右侧和中部形制不全。尖拱形龛楣。左壁与正壁的弧度较缓，龛底平。龛高130、宽136、进深29厘米，主尊台座进深3—5厘米。龛的进深远大于造像及台座的厚度。为一佛二菩萨组合，现仅余主尊的须弥座、左胁侍菩萨和右胁侍菩萨的下半身及莲座（图版111-1）。

造像：

主尊仅残存须弥座，通宽53、通高41、厚4厘米。由座基、束腰和座台三部分组成。座基单层，束腰方正，座台叠涩三层。

左胁侍菩萨像高67厘米。戴宝冠，脸方圆，耳垂不及肩，其余皆漫漶不清。颈戴项圈。肩披天衣，腰间似有垂下的帔帛，下裙阴刻平行的下弧形衣褶。左臂垂于体侧，肘微屈，左手置于腹前；右臂屈肘，手掌置于胸前。跣足，立于莲座之上，浮雕两层仰莲瓣。莲座下有一层圆形薄台基。

右胁侍菩萨像残高17厘米。仅余膝以下部分。天衣垂至脚踝，下身着紧窄长裙，阴刻平行的下弧形衣纹。跣足，立于仰莲座之上，座与左胁侍菩萨相同。

左胁侍菩萨头部右侧、宋代题记框外刻有真书"柳知恭"三字。

第5龛：

位置：

位于风洞洞口西壁，第4龛的左侧。

形制：

龛中部被明代题记打破，形制不明，仅余龛楣、龛底部分。残高80、宽93、进深8厘米。龛的进深大于台座的厚度。从残痕观察，推测可能是二佛并坐题材（图121，图版112-1）。

造像：

残余两个束腰须弥座，左座通宽33厘米、残高13、厚3厘米，座基叠涩两层，束腰以上无存。右侧须弥座通宽35、残高17、厚3厘米，座基叠涩两层，束腰方形，其上座台下层亦为方形，其上无存。

明代题刻长57、宽94厘米。名为《游风洞记》，真书，字径2.5厘米。内容为：

游风洞记/

距宪司东仅半里石山巉岩树林阴翳山半/有寺倚岩而立磐石蹬数折而登于寺寺之/后有石洞甚奇伟中有按察副使致政邑人/包公裕所撰碑文记寺之创由于镇守太监/张公自西穿小径约百步而出于东窦乃登/叠彩楼连峰叠嶂争奇吐秀桂江之水东注/客帆鱼艇纵横出没南有尧山民立祠以/飨尧北有虞山山之下有南薰亭相传谓舜南/巡而至此未可考也东至安定二门相望其/间良田沃壤果园花圃延袤千余亩正德六/年三月二十日宪长莆田周公进隆大参华/容黎公民表两都阃金台

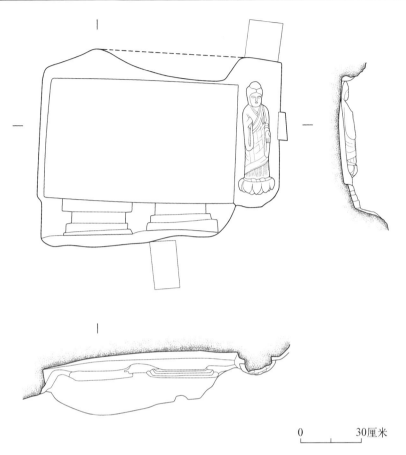

图121　叠彩山第5、6龛平、剖面图

苏公英湖广于公/钦暨/宗室松坡约跨包公裕以旦有广东按察使之/命戒行有日携酒肴蔬果会饮于楼时朝雨初/霁风清日朗神神怡心旷尽欢而罢夫官游得/奇山水政闲公退遨游其中以消遣怀抱世/固难得况此幽胜之地不勤驺从而得于在/城数百步之内岂易有哉诸公俱以方面重/臣松坡俱一时伟人少假半日以乐太平之/盛人生聚散不常幽期嘉会又岂可多得也/哉于是乎书以刻于岩石旦姓欧阳安福人/。

龛底下方左侧有一纵长方形题记框,通高25、通宽15厘米,表面较光滑,无字。

第6龛:

位置:

位于第5龛的左侧。

形制:

纵长方形单层龛。龛楣平。龛残高66、残宽20、进深7厘米。右壁被上述明代"正德六年"的石刻打破。龛顶与侧壁的弧度较斜。龛底不明显。高浮雕单尊立像(图版112-1)。

造像:

像高47厘米。头部高11、宽7厘米。头部为后代修补。颈短。溜肩。内着交领内衣,似有两层;外着袒右大衣,右侧衣角自身后绕右腰上挂左肩上的钩钮。双腕大袖垂下。大衣上阴刻衣边及福田。大衣下部露出下身裙摆,长及踝部,裙下摆衣纹竖向平行排列,截面呈圆凸棱形。左臂于体侧微屈,手掌经现代修补,掌心向外,指尖向下,施与愿印。右臂于体侧上举,前臂及手掌残断无存。跣足,脚趾清晰,双足平行分立。覆莲瓣纹台座宽18、高6.5、厚8厘米,浮雕两层覆莲瓣。

龛顶上方刻一方形题记框,高17、宽17厘米。真书,字径2厘米。内容为:清化指挥使于吉/女弟子苏氏一娘/开佛一尊壬寅/岁十一月匠人司马谓/(图版112-2)。

第7龛:

位置:

位于第8龛的左侧。

形制:

近正方形单层龛。圆拱形龛楣。龛高47、宽45、进深7厘米。各壁平整。浅浮雕一佛二弟子三尊像。造像的头部、手掌部位均经过一定程度的修补(图122,图版113)。

造像:

主尊像高24厘米。结跏趺坐。头部高8、宽5厘米。馒头状高宽肉髻,无发纹。肉髻与头发间正中饰圆形髻珠。发际线正中向上弧凸,将头发分为左右对称的两部分。脸长圆,眉弓平弧,双目微闭,鼻梁与眉弓相接。嘴唇小巧。阴刻下颌线。耳郭较大,耳垂及肩。圆溜肩。内着袒右僧祇支,外着袒右大衣,右侧衣边自身后绕前覆遮部分右肩,从右肋、腹前上挂左肩下的钩钮。左

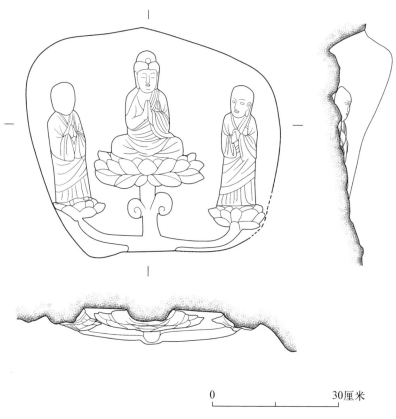

0　　　　　　　　　　30厘米

图122　叠彩山第7龛平、剖面图

臂衣纹从右上往左下斜五道，腹间衣纹则从左上略向右下斜，截面呈圆凸棱状。大衣一幅倒三角形的衣角覆盖双脚中部，其上衣纹略呈"U"字形，腿部衣褶略呈横向。双手于胸前合十。莲座由座台和莲茎两部分组成。座台宽大，通高18、通宽25厘米。浮雕三层莲瓣，莲瓣肥厚。莲茎中部左右各饰一卷叶，底部向两侧伸出莲茎和仰莲台，作为胁侍弟子的台座。

左弟子像高27厘米。躯干较直，头部略侧向主尊。头部较大，经现代修补。额间似有皱纹，眉毛粗短。内着交领内衣，外着袒右大衣，右侧衣角自身后绕右肋上挂左肩上的钩钮，袖口宽大。大衣下部露出裙的下摆，衣褶竖向平行排列。双手合拱于胸前。立于主尊莲座伸出的仰莲座之上，仰莲瓣三层，莲瓣中间起棱，瓣尖略外翻。莲茎贴龛底。

右弟子像高27厘米。躯干直，侧向主尊。颈短。圆肩。内着交领内衣，外着袒右大衣，右侧衣角自身后绕右肋，挂于左肩上的钩钮，袖口宽大。大衣下部露出裙的下摆，衣褶竖向平行排列，断面呈圆凸棱形。双手合十于胸前。立于主尊莲座伸出的仰莲座之上，表面浮雕莲瓣纹。

第8龛：

位置：

第7龛左侧，马相伯像右侧。

形制：

横长方形单层龛。圆拱形龛楣。龛高63、宽116、进深28厘米。左侧被马相伯造像打破。龛壁平整。现存浅浮雕12尊小佛（图123，图版114）。

造像：

像高20—23厘米。形制大致相似，头部大都经过现代修补。皆结跏趺坐，不显足形。宽肉

图123 叠彩山第8龛平面图

髻,发顶正中刻圆形髻珠。衣纹大都比较密集,断面呈圆凸棱状或阶梯状。手印各有不同。无座。

分为两排,上排为4尊,马相伯像右侧第一尊造像高20厘米。身体左侧被马相伯像打破,表面剥落较多,漫漶不清。第二尊像高20厘米。内着交领内衣,外着左肩带钩钮的袒右大衣。左手下垂抚左膝;右臂屈肘上举于胸前,掌心朝外,大拇指压弯曲的无名指、小拇指,食指、中指伸直。第三尊像高20厘米。身着交领内衣,外着左肩带钩钮的袒右大衣。左手似下垂抚左膝;右臂屈肘上举于胸前,掌心朝外,大拇指压弯曲的无名指、小拇指,食指、中指伸直。第四尊像高20厘米。内着僧祇支,右肩披覆肩衣,外着左肩带钩钮的袒右大衣。左手置于左膝上,掌心向下。右臂屈肘上举于胸前,掌心朝外,大拇指压弯曲的无名指、小拇指,食指、中指伸直。

下排共8尊造像。马相伯像右侧第一尊造像高20厘米。被马相伯像打破少许。似内着僧祇支,肩披覆肩衣,外着左肩带钩钮的袒右大衣。双手合十于胸前。第二尊像高20厘米。内着僧祇支,中着覆肩衣,外着左肩带钩钮的袒右大衣。左手下垂抚膝;右臂屈肘上举于胸前,掌心朝外,大拇指压弯曲的无名指、小拇指,食指、中指伸直。第三尊像高20厘米。内着交领内衣,外着袒右带钩钮式大衣,双手合十于胸前。第四尊像高21厘米。内着僧祇支,右肩披覆肩衣,外着左肩带钩钮的袒右大衣。左手下垂抚膝;右臂屈肘上举于胸前,掌心朝外,大拇指压无名指、小拇指,食指、中指伸直。第五尊像20厘米。右肩、右臂残损,外着左肩带钩钮的袒右大衣。左手下垂抚膝;右肩、右手残损。第六尊像高23厘米。内着僧祇支,肩披覆肩衣,外着左肩带钩钮的袒右大衣。左手下垂抚膝;右臂屈肘上举于胸前,掌心朝外,大拇指压无名指、小拇指,食指、中指伸直。第七尊像高22厘米。内着交领内衣,外着左肩带钩钮的袒右大衣。双手合置于腹前。双手食指弯曲,指背相对;与大拇指尖相抵,结上品上生印。最外侧第八尊像高21厘米。内着僧祇支,胸部系带,带梢垂下;肩披覆肩衣;外着袒右大衣。左手下垂抚膝;右臂屈肘上举于胸前,掌心朝外,大拇指压无名指、小拇指,食指、中指伸直。

上排最左侧有一方凸起的题记框,长9、宽13厘米,其上真书"甲子年"三字。

第9龛:

位置:

位于第8龛下方。

形制:

横长方形单层龛。尖拱形龛楣。龛高100、宽105、进深28厘米。龛的进深大于造像的厚度。右壁下部被第10龛打破。龛壁弧圆,表面较光滑。龛顶外侧有一方形孔洞,宽10、高10、进深8厘米。浅浮雕一佛二菩萨三尊像。主尊与右胁侍菩萨之间有一垂直于地面的导水槽,为近代新凿(图124,图版115-1)。

造像:

主尊像高50厘米。结跏趺坐。在躯体周围正壁凿出一圈与主尊身躯相仿的形状,近身体处较深,往外愈浅,突出躯干的立体感。头部高16、宽15厘米,占全身比例较大。肉髻凸起不明显,螺发呈凸起的圆珠状。发顶正中刻一圆形髻珠。脸长圆,经现代修补。发际线弧平,额间较窄。招风耳,耳郭较大,耳垂不及肩。圆肩。身着交领大衣,衣领可见2—3层。下摆紧裹双腿,露出双

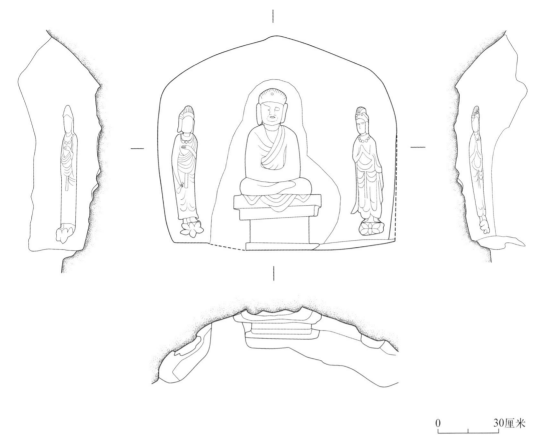

图124　叠彩山第9龛平、剖面图

0 ├────┤ 30厘米

足,右足在上。部分衣摆呈倒"山"字形悬垂于座台立面,衣纹呈平行的"U"字形弧线,断面呈圆凸棱状。双手合拢,置于腹前腿上,不显掌形。束腰须弥座通高28、通宽41厘米,分为座基、束腰和座台三部分。座基单层,束腰方形,其上叠涩两层方形座台。

　　左胁侍菩萨像高53厘米。略侧向主尊。头发结五股发辫。戴花冠,中央饰五颗宝珠,脑后插花饰。长发垂肩。长圆脸,发际线高而上弧,额宽而略凸。眼大。鼻、嘴部经修补。下颌阴刻下颌线。耳大,耳垂不及肩。颈部较短,戴串珠项链。溜肩,小腹微鼓。上身袒裸,肩披天衣,长垂身后。帛巾在腿前垂下一长一短两道,呈"U"字形,短者及腰下,长者近脚面。下着长裙。腰间系带,末梢垂于双腿间。双手合十于胸前。跣足,足尖外撇,呈"八"字形分立于仰莲座之上,浮雕两层莲瓣(图版115-2)。

　　右胁侍菩萨像高53厘米。头顶梳多条发辫,束花冠,正中有珠形饰物。面部经后世修补。下颌饱满,阴刻下颌线。双耳较长,不及肩部。颈粗短,圆溜肩。项上戴圆形项圈,正中饰三粒宝珠。袒裸上身,三道帔帛从左肩绕右肋。双腿前垂下帛带长短各一道,下着长裙,腰间系带,带梢垂于双腿间。左臂屈肘上抬,手掌抚胸,手指纤长;右手垂于体侧,手握净瓶瓶颈。净瓶侈口、长颈、圆腹。所立仰莲座台表面浮雕两层仰莲瓣(图版115-3)。

　　左胁侍菩萨头部左侧刻"田忠气"三字,真书。

第10龛:

位置:

位于第9龛的左侧。

形制:

横长方形单层龛。尖拱形龛楣。龛高102、宽115、进深20厘米。龛壁弧圆且打磨光滑,左壁下部打破第9龛的右壁。高浮雕一佛六菩萨组合(图125,图版116-1)。

造像:

主尊像高40厘米。结跏趺坐,右脚在上。头顶上方浅浮雕伞形的华盖,通高22、通宽42厘米。盖面分为五幅,以阴刻线分界。盖顶上饰花叶和摩尼宝珠。头部外围减地凿出一圈,近头处深,外围渐浅,突出头部立体感。面部经修补。颈部短,圆肩。胸、腹部略鼓。外着袒右大衣,右侧衣边自身后覆遮右肩、右臂,绕腹前搭于左肩及左臂上。通体衣纹厚重。左肩衣褶四道,从颈脖处向腹间斜弧;右肩刻弧形衣褶四道;左肘的衣纹呈同心圆下弧形平行排列。腿上衣纹略呈"八"字形,断面均呈阶梯状。双手合置腹前,左手在上,双手大拇指相触,施禅定印。束腰须弥座通宽36、通高33厘米,分为座基、束腰和座台三部分。座基方形,束腰部分为两层卷云纹,下层两朵卷云宽大,上层两朵小卷云较小,均对称分布。座台略分两层,下层为仰莲台,浮雕仰莲瓣,上层为薄圆形座台。

图125 叠彩山第10龛平、剖面图

左一胁侍菩萨像高47厘米。身体修长。头、颈部经现代修补,似为高发髻。颈戴项饰,分两层,内层为圆形项圈,外圈珠链。圆肩,腹部略鼓。上身袒裸,肩披天衣,帔帛从左肩斜绕右肋。腰系霞裙,腰带较宽。下着紧身长裙,衣褶从中部向两侧平行下弧状。双手合十于胸前。立于圆形莲台之上。莲台表面刻双层仰莲瓣(图版116-2)。

左二胁侍菩萨像高42厘米。头部、左手臂残损,经现代修补。高发髻。颈戴珠链。圆肩。上身袒裸,肩披天衣,似有帔帛从左肩斜下右肋。腰系霞裙,下着紧身长裙,两腿刻衣纹平行下弧状。双手合十于胸前。座圆形,浅浮雕双层仰莲瓣。

左三胁侍菩萨像高35厘米,开凿于左壁边缘,下身较短。头部经修补。颈戴珠链。圆肩。帔帛从左肩斜下右腰部。腰系霞裙,腰带较宽;下身着长裙。双手合十于胸前,左臂略有残损。圆形台座,表面残损。

右一胁侍菩萨像高42厘米。头顶发髻分为数股,戴宝冠,额前饰宝珠。面、颈部经现代修补。圆肩,颈短。项饰不清。小腹微鼓。上身袒裸,肩披天衣,帔帛自左肩斜下右腰。腰系霞裙,腰带两端垂于双腿间。下身着长裙,双腿间衣褶呈“八”字形。双手前臂及掌残,似合十于胸前。跣足。座为仰莲座,表面浮雕两层莲瓣(图版116-3)。

右二胁侍菩萨像高38厘米。高发髻,束为数股。戴宝冠,冠前似有珠饰。面部经现代修补。发际线高而上弧。额宽而略鼓。颈部细长,戴项圈。项圈分两层,内层为圆形,外圈为珠链,胸前可见五粒宝珠。上身袒裸,肩披天衣,帛带自左肩斜向右腰。腰系霞裙,下身着长裙。腰带末梢垂于霞裙上。双腿间的衣褶呈“八”字形。双臂屈肘,左掌伸直于腹前,掌心向上,托一个细颈圆腹的净瓶;右掌横于胸前,掌心向下,按净瓶口沿。跣足,立于莲座之上,表面浮雕双层莲瓣纹。

主尊右三胁侍菩萨像高41厘米。头、腰腹部、手掌经修补。颈戴珠链。帔帛从左肩绕右肋。下着紧身长裙,阴刻衣褶呈平行下弧形。双臂似合拢于腹前。跣足,立于仰莲台上,表面浮雕仰单层莲瓣。

第11龛:

位置:

位于马相伯像的左侧。

形制:

横长方形单层龛。尖拱形龛楣。龛高72、宽75、进深18厘米。龛壁表面平滑。左壁被一明代题记打破,右壁上半部分被马相伯像打破。龛底被第12龛打破。浮雕一佛二菩萨三尊像(图126,图版117-1)。

造像:

主尊像高34厘米。结跏趺坐,右脚在上。头部比例较大,肉髻高圆。肉髻下头发正中阴刻髻珠一枚。面部经现代补修。发际线平,耳朵较小。身体外侧采用减地做法凿掉一周,近头、躯干处深,外围渐浅,突出头部、躯干立体感。圆肩。颈部较短。内着僧祇支,外着袒右大衣,右侧衣边自身后覆遮右肩,绕腹前上搭于左肩及左臂。右肩、左肩至右肋的衣纹为右斜向平行线刻;左前臂衣纹近横向,断面呈阶梯状。腿上衣纹为竖向,略外斜。双手合于腹前,双掌残损。双足

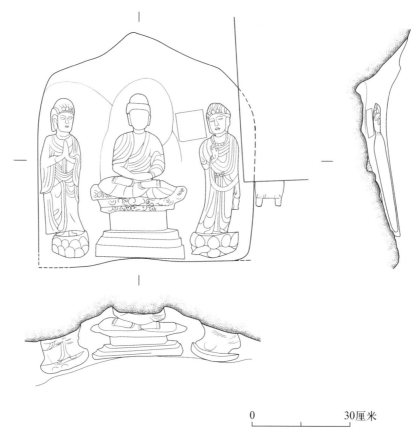

图126　叠彩山第11龛平、剖面图

掌心朝上，脚趾呈大小不一的圆珠状，阴刻掌纹。束腰须弥座通高25、通宽31厘米，分为座基、束腰和座台三部分。座基叠涩三层，束腰方形，其上座台似叠涩两层，下层方形，上层略呈弧形，两端上翘，表面均阴刻细密的如意云纹。

左胁侍菩萨像高43厘米。发髻较宽，梳为数股纵向发辫。戴宝冠，中部饰三颗圆形宝珠。脸方圆。发际线弧平。眉弓不显，眼眶较大。鼻经修补。两颊丰满，嘴角微下撇，嘴窝略陷。耳垂不及肩。颈细长，戴项圈，项圈中部缀3粒宝珠。圆肩。上身不显露肌肤，衣纹繁缛，似有多重帛巾交缠，断面呈圆凸棱状。下着长裙，腰间系带，在腹前打花结，带梢垂于双腿间。帛巾自右肘垂下，缠左腕垂于体侧，在膝前悬垂呈"U"字形。左手提净瓶颈部垂于体侧，净瓶细颈、长腹、圈足。右臂抬肘，前臂屈于胸前，手掌向外微张，大拇指与食指相抵，其余三指伸直。立于圆形仰莲瓣莲台之上，表面浅浮雕两层莲瓣（图版117-2）。

右胁侍菩萨像高44厘米。身体微侧向主尊。发髻宽平，粗刻纵向发辫。戴宝冠，缀一圈宝珠，中间的一颗直径较大，两边逐渐变小。脸方圆，发际线略弧平，额间距离较窄。线刻眉毛，左侧弧圆，右侧平。眼眶大，不刻瞳孔。鼻翼经修补。嘴小。下颌较方，阴刻下颌线。耳郭小，耳垂不及肩。圆肩。上半身衣服或帛巾的层次不清，衣褶细密繁复，截面呈圆凸棱状。下着长裙。双臂屈肘，双掌合十于胸前。跣足。仰莲座表面浮雕两层莲瓣（117-3）。

主尊头部左侧有一方题记框,长10、宽10厘米,真书,内刻:驻泊沂州武/卫第二十七/指挥兵士于/□□佛记/(图版117-4)。

右壁龛外有一浅浮雕造像残余,未开龛。亦被明代题记打破,仅余膝下部分。为善跏趺坐。佛衣下摆竖向的衣纹较为密集,截面呈圆凸棱状。下垂的双足分别踏于圆形莲台上(图版117-5)。

明代题记框高78、宽95厘米。行书,字径5厘米。内容为:风洞元来亦洞天一/尊相对思悠然青山/环列轩楹外白鸟孤/飞夕照边女堞骎骎/传夜柝禅房袅袅尚/炉烟山林任是醒尘/眼何处令人忆稚川/嘉靖丙戌春莫岭南东/岫子卢宅仁偕胡二峰/汪南镵二参伯游次此/(图版117-5)。

第12龛:

位置:

位于第11龛下方。

龛形:

横长方形单层龛。龛楣较平。龛高71、宽110、进深15厘米。左壁打破第13龛,龛顶打破第11龛,故形制不全。龛的进深大于造像的厚度。龛壁光滑平整,龛底平,正中有一横长方形区域略低于周边。浮雕一佛二弟子三尊像(图127,图版118)。

造像:

主尊像高40厘米。结跏趺坐。身体外围采用减地的做法凿掉一圈,近头、身处凿掉的部分

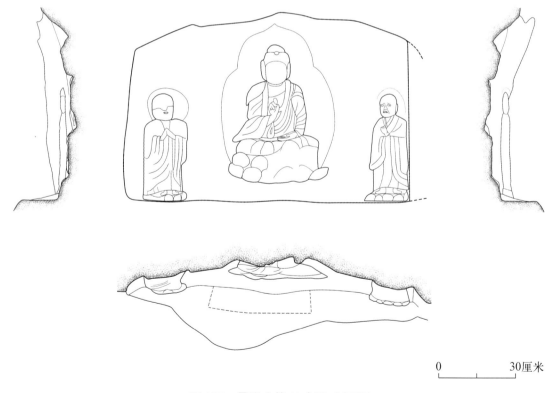

0　　　　　　30厘米

图127　叠彩山第12龛平、剖面图

较多,外围渐浅,突出头部、躯干立体感。头部高14、宽11厘米。肉髻馒头状,其下与发顶之间的中部饰一髻珠。面部经现代修补。圆肩,宽18厘米。内着僧祇支,右肩披覆肩衣,遮覆右臂。外着袒右大衣,右侧衣边自身后覆遮右肩,绕右臂下、腹前上搭左肩,衣边外翻。上身衣纹皆由左上向右下斜,断面呈阶梯状。大衣紧裹双腿,足形不显,衣纹略呈竖向。左臂下垂,左掌置于腹间腿上,掌心朝下。右臂屈肘上抬,右手置于胸前,手心朝外,食指伸直,其余四指屈,握拳状。仰莲座通高12、通宽34、厚2厘米。表面略有残损。浅浮雕两层莲瓣,瓣叶肥厚,中部起棱,瓣尖略外翻。

左弟子像高37厘米。身体略侧向主尊。头部周围减地凿出圆形头光,近头处深,外围渐浅。光头,头顶略鼓凸,额上隐现皱纹。眉弓凸起较宽,眉心微隆起,眼窝较深。鼻翼宽,颧骨微凸,脸颊刻两道法令纹。嘴宽,嘴角下撇。下颌宽而短。颈部不显。圆肩。身着交领僧袍。双臂垂下大袖,线刻竖向衣纹。左臂屈肘,左掌置于胸前;右手姿势不明。跣足,双足外撇略呈"八"字形,立于圆形莲座上,表面浮雕单层仰莲瓣。

右弟子像高38厘米。立姿,身体较直板,身材魁梧。头部周围减地凿出圆形头光,近头处深,外围渐浅。光头,头部较圆。面部经过修补。嘴小,下颌丰圆。颈部不显。肩宽平。身着交领僧衣,双臂垂下大袖,衣褶呈竖向或斜向,断面呈圆凸棱状。略露出下裙的下摆。双手合十于胸前。跣足,双足外撇。莲座表面浮雕仰莲瓣,瓣叶肥厚。

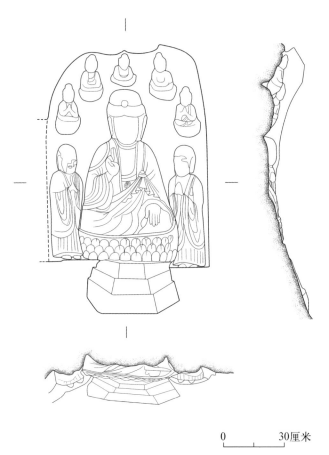

图128　叠彩山第13龛平、剖面图

主尊左侧正壁阴刻"柔顺"二字。

第13龛:

位置:

位于风洞西壁的最北端,右侧紧邻第12龛。

形制:

纵长方形单层龛。龛楣略残。龛高118、龛宽73、进深24厘米。右壁被第12龛打破,龛内各壁较为光滑。龛内上方浮雕尊小五佛,下方浮雕一佛二弟子,共八尊像(图128,图119)。

造像:

主尊像高64厘米。结跏趺坐。头部高24、宽17厘米。头部占全身比例较大。肉髻宽大,不显发纹,肉髻与发顶之间正中刻髻珠一枚。发际线正中向上弧凸,将头发分为左右两部分。面部经现代修补。额间窄。耳郭贴脑,耳垂不及肩部。颈短,刻两道颈线。圆溜肩。内着僧祇支,胸前系带结节;右肩披覆肩衣,覆遮右臂,衣边外翻;外着袒右大衣，右侧衣角自身后绕前覆遮部分右肩，绕腹前上系于左胸前钩钮上，部分大衣搭于左前臂上。右臂覆肩衣衣纹呈弧形纵向平行排列。左侧衣纹自钩钮处呈放射状散发。腿部衣纹较粗疏，近竖向。衣纹断面大致呈圆凸棱状。大衣紧裹双腿，不显足形。左手下垂抚膝，掌心朝下，指节较分明。右臂屈肘上抬，右手置于胸前，掌心朝外，伸直食指、中指，其余手指弯曲，大拇指压无名指、小指。座台通高39、通宽46厘米。佛座可分为座基、坐台两部分。下层座基叠涩三层，每层皆六棱柱状，自下而上逐层收分。上层为仰莲座，浮雕莲瓣三层，瓣中间凸起，瓣尖外翻。

左弟子像高54厘米。立姿。头部较圆，光头，脑门较宽。面部为后补修。耳郭较大，耳垂不及肩部。短颈圆肩。似着交领僧衣，衣袖宽大，长垂过膝。僧衣下露出下身所着长裙，刻竖向平行的衣褶，断面呈圆凸棱状。双手合十于胸前。跣足，双脚分立于龛底。

右弟子像高51厘米。立姿。头部表面残损，经现代修补。嘴唇较厚，嘴窝深。下颌饱满。短颈溜肩，身着交领僧衣，衣袖长大。大衣下露出下身所着长裙，衣纹呈竖向的圆凸棱状。双手合拱于胸前。双足微分，立于龛底。脚着尖头鞋。

主尊头顶有五尊小佛，高17—23厘米。均结跏趺坐。头部和部分手掌经后代修补。衣饰较为漫漶。中间三尊双手叠于腹前，施禅定印。下方最外两尊双手合十于胸前。座均为半圆形座，素面。

第14龛：

位置：

风洞东壁最北面之一龛，与第13龛相对。

形制：

横长方形单层龛。龛楣平。龛高46、宽64、进深10厘米。龛的进深远大于造像的厚度。龛顶形制不全，龛壁较平整。浮雕三尊像（图129，图120）。

造像：

主尊似为菩萨像，高28厘米。结跏趺坐。头部为后补，似为高髻。颈短无颈线，圆肩。上身袒裸，右肩垂下披帛一道，左侧披帛自左肩斜向右腰。腹间、腿部衣纹较密，多呈横向或斜向，断面多呈阶梯状，少量呈圆凸棱状。下裙紧裹双腿，不显足形。双手合十于腹前。莲座由座台和莲茎组成。仰莲台较为宽大，通高16、通宽27、厚3厘米。表面浮雕双层仰莲瓣，莲瓣正中起棱，瓣尖外翻。莲茎底部两侧各浮雕一瓣卷叶纹，并向两侧伸出莲茎和宽大的莲台，承托胁侍菩萨。

左供养菩萨像高26厘米。胡跪姿。身体侧向主尊。高发髻，发辫分五股。束冠正中刻一颗珠饰。面部为后补。颈部较短，圆肩。左右肩均垂下帔帛，上身袒露部分较少。下着长裙。双手合十于胸前。左膝着地，右腿弯曲。仰莲座由主尊座下莲茎伸出，表面浮雕莲瓣两层，瓣尖略外翻。

右供养菩萨像高25厘米。胡跪姿。头顶束五股高发髻，束冠浮雕一圈珠饰。面部经修补。左右肩均垂下帔帛，上身袒露部分较少。腰间系带，下着裙。双手合十于胸前。左腿屈蹲，右膝着地。座为主尊座下莲茎伸出的仰莲瓣莲座，台座较宽大，浮雕双层莲瓣纹。

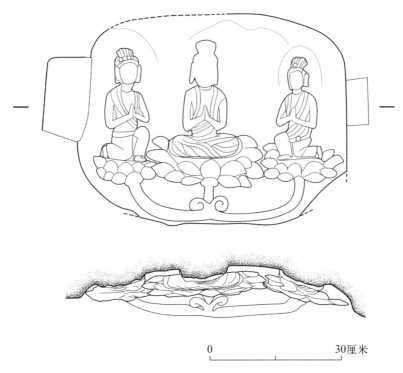

图129　叠彩山第14龛平、剖面图

　　佛龛左右皆刻题记框。左侧题记框高16、宽10厘米，真书。可辨"涂山"二字。右题记框高21、宽10厘米，真书。可辨"鹰□（思？）"二字。

　　第15龛：

　　位置：

　　位于第14的左上方。

　　形制：

　　近方形单层龛，略呈"山"字形。圆拱形龛楣。龛高51、宽52、进深18厘米。正壁主尊头部周围进深较大，其余较浅。龛底被其下的第16龛打破。浮雕一佛二弟子三尊像（图130，图版121）。

　　造像：

　　主尊像高39厘米。善跏趺坐。头部高11、宽8厘米。头部占全部身体的比例略大。高宽肉髻，肉髻与发顶之间正中刻髻珠一枚。面部经现代修补。左肩较圆，右溜肩，不甚对称。内着袒右僧祇支；右肩披覆肩衣，覆遮右臂；外着袒右大衣，右侧衣边自身后绕右腋下、腹前上挂左肩钩钮。大衣下摆呈倒三角形垂于双膝间，腹部及两膝间阴线刻的衣褶略呈"U"字形。腿部露出下裙，衣褶呈平行竖向分布，断面呈圆凸棱形。左手置于左膝上，掌心朝下；右臂屈肘上抬，右手置于胸前，掌心朝外，伸直食指、中指，其余手指弯曲，大拇指压无名指、小指。双腿自座垂下，双脚分开与肩同宽。跣足，五趾分明，各踏于两个圆形小台之上。座式不明。

　　左弟子像高34厘米。立姿。身体侧向主尊。头部表面经现代修补。颈部不显。圆肩。内

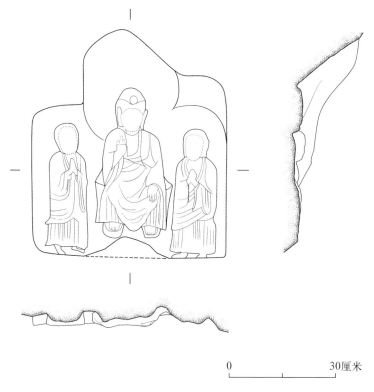

0　　　　　　　　　30厘米

图130　叠彩山第15龛平、剖面图

着交领内衣,外着袒右大衣,右侧衣边自身后绕右腋下、腹前上挂左肩钩钮。僧衣下方露出下裙,衣纹竖向平行排列,断面呈圆凸棱形。双手合拱于胸前。无座,立于龛底。

右弟子像高34厘米。立姿。身体微侧向主尊,头略右偏,表面经现代修补。圆肩。内着交领内衣,外着袒右大衣,右侧衣边自身后绕右腋下、腹前上挂左肩钩钮。僧衣下方露出裙,衣纹竖向平行排列,断面呈圆凸棱形。双手合十于胸前。无座,双足微分,立于龛底。

第16龛:

位置:

位于第15龛的下方。

形制:

横长方形单层龛。尖拱形龛楣。高91、宽111、进深31厘米。龛的进深远大于造像的厚度。龛壁圆弧,龛底平。浮雕一佛二菩萨三尊像(图131,图版121-1)。

造像:

主尊像高45厘米。结跏趺坐。头部高14、宽9厘米。身体周围采用减地做法凿去一圈,近头、身体处减地深,外围渐浅,突出头部和身体的立体感。肉髻较高,馒头状,不显发纹,肉髻与发顶间正中位置刻一圆形髻珠。面部经修补。颈较短。圆肩。内着僧祇支,衣带腹部打结,带梢较短,呈"八"字形;右肩披覆肩衣,覆遮右臂;外着袒右大衣,右侧衣角自身后覆遮部分右肩及右臂,绕腹前上挂左胸上的钩钮,部分搭于左肘,衣边外翻呈荷叶边状。腋下衣纹略呈放射状。右

0 ————————— 30厘米

图131 叠彩山第16龛平、剖面图

臂垂下的衣纹较密,呈竖向平行排列,横断面呈阶梯状。大衣下摆紧裹双腿,不显足形,腿部衣纹呈"八"字形。左手垂于左膝上,掌心朝下。右臂屈肘上抬,掌心朝外,线刻掌纹,施无畏印。束腰莲座通高24、通宽40、厚4厘米。由座基、束腰和台座组成。座基叠涩两层;束腰略呈圆角方形;座台表面浮雕两层仰莲瓣,花瓣正中起棱,瓣尖外翻。

左胁侍菩萨像高49厘米。位于正壁与侧壁之间凿出浅圆拱形小龛内。身体侧向主尊。头部可见经现代两次修补的痕迹。高发髻。颈短。肩宽圆。小腹微鼓。肩披天衣,覆遮双肩、前臂垂于体侧,两条束带垂于胸前。下着长裙,裙腰正中呈"V"字形。其下系霞裙,腰带为丝绦编结而成,于腹前结花节,带梢垂于双腿间。双腿衣纹刻平行的下弧线,断面呈阶梯状。双腕戴腕钏。双手合十于胸前。跣足,五趾分明,立于莲台之上。莲台表面浮雕两层莲瓣纹,下层覆莲凿于龛底,莲瓣三角形,中部凿成三角棱状。上层为单层仰莲,莲瓣中部起棱,部分瓣尖外翻(图版122-2)。

右胁侍菩萨像高50厘米。位于正壁与右壁之间凿出浅圆拱形小龛内。身体侧向主尊。束高髻,发间戴高冠,冠下发际粗刻发纹。发际线弧平。耳大及颈。面部经后代修补。短颈圆肩。肩披天衣,束带垂于胸前,天衣覆遮双肩、双臂下垂于体侧,衣长及座。下着长裙,裙腰正中呈

"V"字形。其下系霞裙,霞裙腰带于腹前打花结,垂于双腿之间。手腕戴钏。双手合十于胸前。跣足,立于圆形莲台之上,表面浅浮雕双层仰莲瓣,瓣叶肥厚,中间起棱(图版122-3)。

主尊与右胁侍菩萨间阳凿一题记框,高24、宽14厘米。上阴刻题记,字共四列,真书,字径2厘米。内容为:本寺尼志华舍衣钵/钱请匠人镌造/释迦佛一堂供养/时号甲辰岁六月日记/(图版122-4)。

第17龛:

位置:

位于第15龛的左侧。

龛形:

横长方形单层龛。圆拱形龛楣。龛高50、宽47、进深8厘米。正壁平整光滑。左壁、龛底不全。浮雕一佛二弟子三尊像(图132,图版123)。

造像:

主尊像高25厘米。结跏趺坐。头部表面残损,经现代修补。颈部不明显,圆肩。内着袒右僧祇支;右肩披覆肩衣,覆遮右肩、右臂;外着袒右大衣,右侧衣角自身后绕右腋下、腹前上挂左胸上的钩钮,部分大衣搭于左肘。大衣紧裹双腿,不显足形。腹部、腿部衣褶自左向右下斜,断面呈圆凸棱形。左手垂置于左膝上,掌心朝下;右臂屈肘上抬于胸前,手掌侧立。座通宽23、高17、

0　　　　　　30厘米

图132　叠彩山第17—19龛平面图

厚2厘米,由座台和莲茎组成。座台浮雕三层仰莲瓣,瓣叶密集,中部起棱隆起,瓣尖略外翻。莲茎圆柱状。

左弟子像高27厘米,身材矮胖。头部经修补。颈部不显,圆肩。身着交领僧衣,大袖下垂。双手合拱于胸前。立于薄圆台之上。

右弟子像高26厘米。身体侧向主尊。光头。脑门较圆。眉弓上挑,眼微闭。鼻、眼略经修补。身着交领僧衣,大袖下垂。双手合十于胸前。双足分立于薄圆台之上。

第18龛:

位置:

位于第17龛的下方。

形制:

龛形不明。左壁被第16龛打破,无明显右壁、龛底。整个范围高约77、宽134、进深6厘米。题材不明,因无明确间隔,将大小不一的十四尊浮雕造像归于一龛(图版124)。

造像:

像高18—45厘米。大致可分为上下两排,上排7尊,下排7尊。其中3尊立像、1尊善跏趺坐像、10尊跏趺坐像。衣着、印相各有不同。

上排右一造像高15厘米。善跏趺坐。头部、右掌经修补。右肩披覆肩衣,外着袒右大衣,右侧衣角自身后覆遮右肩,绕腹前上搭左肩下的钩纽。腹间衣纹由左肩斜向右肋。左手抚左膝,右手上抬于胸前,手掌残。跣足,双脚分踏于半圆台之上。座式不明。

上排右二造像高20厘米。立姿。肉髻高而宽,面部漫漶不清。圆肩。竖向胸廓线较深。衣领呈鸡心形,衣纹较少。左臂于腰侧微屈,左手掌心朝外,施与愿印;右臂屈肘,右手上举至胸前,指尖与肩齐,施无畏印。跣足,立于半圆形座之上。

上排右三造像高21厘米。立姿。头部经修补。颈部不显,圆肩。领部呈鸡心形,露出部分胸部。通体衣纹较少。左臂微屈,左手置于腰侧掌心朝外,施与愿印;右臂屈肘上举至胸前,施无畏印。跣足,立于半圆形座之上。

上排右四造像高15厘米。结跏趺坐。头部经修补。内着僧祇支;右肩披覆肩衣;外着袒右大衣,右侧衣角自体后绕腹前系于左肩下的钩纽。微露胸部。少许衣纹自左肩斜向右肋。双手合叠于腹前腿上。仰莲座表面有浮雕莲瓣的痕迹,莲茎残损。

上排右五造像高41厘米。立姿。头部经修补。颈部不显,圆肩。内着交领内衣;外着袒右大衣,右侧衣角自体后绕腹前挂左肩钩纽。大衣阴刻福田纹,其下露出下裙,衣纹密集,竖向排列,断面呈圆凸棱状。左手微屈于体侧,掌心向外,施与愿印;右臂屈肘上抬,右手置于胸前,掌心朝外,伸直食指、中指,高与肩齐;其余手指弯曲,大拇指压无名指、小指。跣足,右足五趾清晰。立于半圆形座上。

上排右六造像高24厘米。结跏趺坐。肉髻较宽大,覆钵状,肉髻与发顶间正中位置刻髻珠。髻下头发中分为左右两部分。发际线弧平。眉弓略上挑,双目微闭。嘴部小巧。双耳不及肩。颈部短,圆肩。右肩披覆肩衣;外着袒右大衣,右侧衣边自身后覆遮部分右肩,绕右腋下、腹部上搭左肩，微露胸部，胸部中间的胸廓线较深。大衣紧裹双腿，不显足形。衣纹自左肩斜向右肋。手臂下垂，双手叠置腹前，施九品往生印。座为仰莲座，浮雕莲瓣三层，花瓣较厚，部分瓣尖外翻。

上排右七造像高18厘米。结跏趺坐。头部经修补。短颈圆肩。右肩披覆肩衣；外着袒右大衣，右侧衣边自身后覆遮部分右肩，绕右腋下、腹部上搭左肩钩纽。微露胸部。大衣紧裹双腿，不显足形。左肩、腹部衣纹斜向，右臂衣纹多纵向。左手下垂抚膝，右臂屈肘上抬于胸前，掌心朝外，伸直食指、中指；其余手指弯曲，大拇指压无名指、小指。座呈半圆形。

下排右一造像高24厘米。结跏趺坐。头部经修补。高宽肉髻，肉髻与发顶间正中位置刻髻珠。右肩披覆肩衣；外着袒右大衣，右侧衣边自身后覆遮部分右肩，绕右腋下、腹部上搭左肩，微露胸部。胸部中央刻竖向胸廓线。双手合置于腹前，施九品往生印。座式不明。

下排右二造像高25厘米。结跏趺坐。头部经修补。颈部不显，圆肩。内着袒右僧祇支；右肩披覆肩衣，覆遮右前臂；外着袒右大衣，右侧衣角自身后绕身前上挂左肩钩钮。左手抚膝，右臂屈肘上抬，右手置于胸前，掌心朝外，伸直食指、中指，其余手指弯曲，大拇指压无名指、小指。佛座不明。

下排右三造像高25厘米。结跏趺坐。头部经修补。圆肩。胸部较鼓，线刻竖向胸廓线。内着交领内衣，外着袒右大衣，右侧衣角敷搭右肩后自右肋、腹前上搭于左肩钩钮。腹前衣纹为斜向，截面呈阶梯状；右臂衣纹多为竖向，截面呈圆凸棱状。左掌抚膝，略有残损；右臂屈肘上抬，右手置于胸前，掌心朝外，伸直食指、中指，其余手指弯曲，大拇指压无名指、小指。佛座不明。

下排右四造像高27厘米。结跏趺坐。头部残损，仅见高肉髻与髻珠。身体上沉积较多碳酸钙，呈米白色。似着交领佛衣。左手似置于腹前，右臂屈肘上抬，施无畏印。佛座不明。

下排右五造像高30厘米。结跏趺坐。头部比例较大，经现代修补。可见高宽肉髻与髻珠。圆溜肩。胸前刻竖向胸廓线。内着交领内衣，外着袒右大衣，右侧衣角敷搭右肩，绕右腋下、腹前上搭于左肩。双手合于腹前，施九品往生印。座式不明。

下排右六造像高34厘米。结跏趺坐。头部经修补。颈部不显。肩宽平。右肩披覆肩衣，覆遮右臂；外着袒右大衣，右侧衣边搭于左肘。左臂横屈于胸前，左掌似拇指抵中指指尖，其余手指伸直；右臂屈肘于胸前左手之上，右掌拇指与中指相抵其余手指略伸直。座式不明。

下排右七造像高37厘米。结跏趺坐。头部经修补。圆肩，胸部微鼓。内着袒右僧祇支；右肩披覆肩衣；外着袒右大衣，右侧衣边自身后覆遮部分右肩，绕右腋下、腹部上搭左肩，露部分胸部。衣纹自左肩斜向右肋。手臂下垂，双手叠置腹前，施九品往生印。座式不明。

第19龛：

位置：

位于第17龛左侧、第18龛的斜上方。

形制：

纵长方形单层龛。圆拱形龛楣。龛高50、宽26、进深15厘米。龛壁较浅。各壁间转角的地方分界不明显。浮雕单尊坐像（图版125）。

造像：

像高35厘米。结跏趺坐。头部经修补。圆肩。胸部微鼓，刻竖向胸廓线。内着僧祇支，胸腹间似有结带。右肩披覆肩衣，外着袒右大衣，右侧衣边覆遮右肩后从腋下绕腹部上搭于左肩钩钮上。双手合拢于腹前腿上，手掌不显，似施禅定印。双臂阴刻衣纹呈"八"字形。腿部表面残损。仰莲座通高8、通宽27、厚4厘米。表面浅浮雕三层仰莲瓣，部分瓣叶中间起棱，瓣尖外翻。

第20龛：

位置：

位于第19龛的左侧。

龛形：

正方形单层龛。尖拱形龛楣。龛高140、宽140、进深38厘米。龛进深较大而造像的厚度不大。龛壁弧圆。浮雕一佛二菩萨三尊像（图133，图版126-1）。

造像：

主尊像高73厘米。结跏趺坐，右脚在上。头部高22、宽12厘米。线刻桃形背光。身体周围采用减地做法凿去一圈，近头、身体较深，外围渐浅，突出头部和身体的立体感。减地的右侧隐约

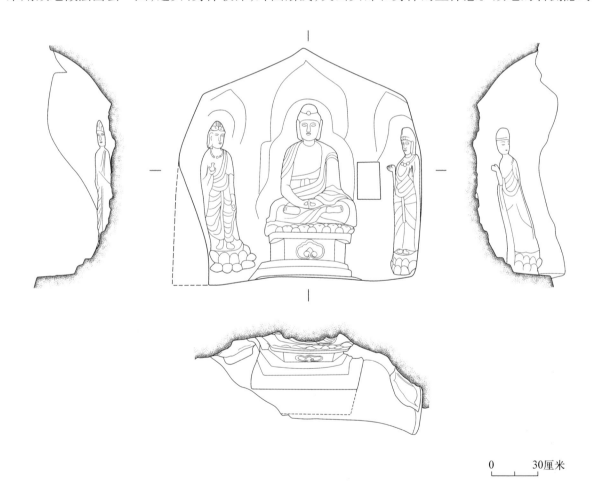

0　　　　30厘米

图133　叠彩山第20龛平、剖面图

残留线刻方形背障痕迹。可知背光和背障均被这种减地凿刻、以突出主尊立体感的做法所打破。肉髻高而宽，呈覆钵状，肉髻与发顶间正中位置刻圆形髻珠。长圆脸，发际线较平缓，额间距离较窄。眉弓弧平，眼眶较小。下颌丰圆。颈略短。宽圆肩。胸部略鼓。内着僧祇支，在胸前系带，带梢末端垂于大衣内；外着袒右大衣，右侧衣角从身后覆遮右肩，自腋下绕腹前上搭左肩，衣边外翻。右肩、腹部衣纹自左向右下斜，左肘衣纹横向，截面呈圆凸棱状。双手叠于腹前，两个拇指尖相触，双手食指弯曲，指背相贴，其余双手三指相叠，施上品上生手印。双足掌朝上，五趾清晰。佛座通高39、通宽60厘米，分为座基、束腰和座台三部分。座基叠涩三层，皆方形。最下一层厚度最大，厚25厘米。第二层厚14厘米，第三层厚12厘米。束腰平面呈内宽外窄的梯形，正面中央开如意纹形壶门，通高17、通宽10厘米。其上叠涩两层座台，下层方形。上层为仰莲瓣座台，表面浮雕双层莲瓣，部分莲瓣瓣尖内凹。

左胁侍菩萨像高79厘米。线刻桃形头光。身体周围采用减地凿去一圈，近头、身体深，外围浅。头光下部被这种做法打破。发髻较高，戴冠，冠饰不清。脸长圆。发际线平，额间窄。眉弓缓弧，眼细长，微闭。小嘴，嘴窝微陷。下颌饱满。颈戴线圈，正中缀三颗宝珠。两道帔帛自左肩斜向右肋，双肘挽帛带垂于腹前，呈"U"字形，两端自肘外垂于体侧。下着长裙，阴刻衣纹略呈"八"字形。左臂屈肘，于体侧立掌，掌心向外；右臂屈肘外举，手掌外撇。立于莲台之上，莲台表面浮雕两层仰莲瓣。

右胁侍菩萨像高79厘米。线刻桃形头光。身体周围采用减地凿去一圈，近头、身体深，外围浅。头光下部被这种做法打破。发髻较高，梳成数股，以冠束之，宝冠中部饰以连珠纹。脑后披发或冠缯垂肩。发际线弧平，额间较窄。眉弓较平，眼细长，微闭。鼻梁略残。嘴角微下撇。下颌饱满。短颈，圆肩。颈戴珠链。两道帔帛自左肩斜向右肋。腹前亦垂下一道帔帛，呈"U"字形。下着长裙，双腿由内向外阴刻平行下弧衣纹。左手下垂于体侧；右臂屈肘上举，手握宝瓶，宝瓶侈口、细颈、鼓腹。跣足，双足足尖外撇，立于莲台之上，莲台表面浮雕莲瓣两层。

主尊与左胁侍菩萨中间开凿一纵长方形题记框，高19、宽14厘米。真书，字径1.7厘米。内容为：当寺尼□□舍衣钵/钱命请匠人镌造/释迦佛一堂供养/甲辰岁闰五月十五日记/（图版126-2）。

第21龛：

位置：

位于第20龛的左侧。

形制：

横长方形单层龛。尖拱形龛楣。龛高57、宽72、进深16厘米。龛的进深远大于造像的厚度。龛正壁有横向的崩裂。浮雕一佛二菩萨三尊像（图134，图版127-1）。

造像：

主尊像高33厘米。善跏趺坐。头部高10、宽7厘米。高宽肉髻，肉髻与发顶间正中刻圆形髻珠。髻下头发中分为左右两部分，不显发纹。面部漫漶不清。颈短、圆肩。内着袒右僧祇支；右肩披覆肩衣，覆遮右臂；外着袒右大衣，右边衣角自身后覆遮部分右肩，经腹前上搭左肩，左肩衣

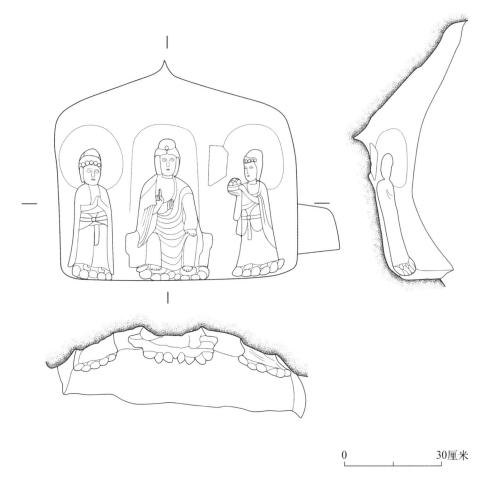

0　　　　　　　　30厘米

图134　叠彩山第21龛平、剖面图

边外翻。腹前及双腿间衣纹呈平行浅弧状。左手垂下，置于左膝上；右臂屈肘上抬于胸前，掌心朝外，伸直食指、中指，其余手指弯曲，大拇指压无名指、小指。跣足，五趾分明，双足分别踏于圆形莲台之上，莲台表面刻单层仰莲瓣。座为方形座，双层，上层座台略大，通高14、通宽26、厚2厘米。

左胁侍菩萨像高36厘米。立姿。身体侧向主尊。似带冠，冠前装饰连珠纹。脸长圆。眉弓微起棱，眼微闭。嘴小唇厚，嘴角微陷。肩披天衣，覆遮双肩及双臂。一道帔帛自左肩斜向右肋。腰系霞裙，腰部系带，带梢垂于双腿间。双手屈肘上举于胸前，托捧一盘，内盛水果状奉物。跣足，立于仰莲台之上，浮雕单层莲瓣，莲瓣肥厚（图版127-2）。

右胁侍菩萨像高36厘米。立姿。似高发髻，带冠。面部漫漶不清。斜溜肩。颈短。肩披天衣，覆遮双肩及双臂，长垂于身后。腰系霞裙，腰间系带，带梢垂于双腿间。下着长裙。双手合十于胸前。跣足，立于仰莲台之上，莲台表面浮雕单层仰莲瓣（图版127-3）。

主尊左侧有一不规则方形题记框，刻"魏溪"二字。右壁上刻真书"□石"二字。右壁外有一方形题记框，高20、宽14厘米，真书，字径1.5厘米。内容为：使院都孔目官邓峥今舍财/镌菩萨二龛永充供养/治平元年六月四日庆/（图版127-4）。

第22龛：

位置：

位于第21龛左下方。

形制：

横长方形单层龛。尖拱形龛楣。龛高66、宽85、进深25厘米。龛进深较大而造像的厚度不大。龛底平。浮雕一佛二弟子二菩萨五尊像。五尊像头部及身躯周围均减地凿开一周，深度1—2厘米，以突出造像的立体感（图135，图版128）。

造像：

主尊像高33厘米。结跏趺坐。头部比例较大。高圆肉髻，肉髻与发顶间正中位置刻圆形髻珠。不显发纹。发际线中部微向上弧凸，髻下头发中分为左右两部分。额间较窄。脸长圆，面部经现代修补。眉弓弧平，眼窝较大。鼻根与眉弓交接处较宽。耳郭较大，耳垂不及肩。肩宽15厘米。内着交领窄袖内衣，外着袒右大衣，右侧衣角自体后覆遮部分右肩，绕腹前上搭左肩。腹前衣纹自左胸向右肋下斜，断面呈阶梯状。大衣紧裹双腿，不显足形。腿上衣纹略呈"八"字形，截面呈圆凸棱状。双手相叠于腹前，左手在上。束腰须弥座通高16、通宽27厘米。由座基、束腰和座台组成。台基单层较宽厚，束腰部分为圆角方形，座台也略呈不规则圆角方形。

左弟子像高27厘米。立姿。头略偏右。身体侧向主尊，面朝外。头长圆，光头。眉粗短，双眼微陷。鼻梁、鼻翼残损。法令纹清晰。嘴唇较厚。左耳大，略及肩部。斜溜肩。颈部衣领呈

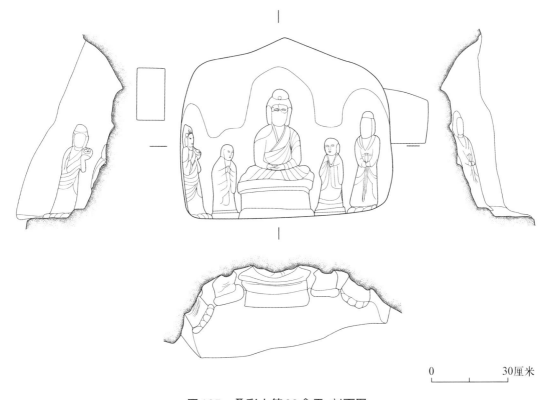

图135　叠彩山第22龛平、剖面图

0　　　　30厘米

"V"字形,似着交领僧衣。从下摆看下身着长裙。双手合十于胸前。立于薄圆柱形座上(图版128-2)。

右弟子像高26厘米。头圆,光头。圆脸。眉弓圆弧,眼睑较大。鼻为后补,嘴较宽。两颊饱满。衣饰不明,双腕有大袖垂下。双手合十于胸前。立于薄圆柱形座上。(图版128-3)

左胁侍菩萨像高35厘米。发髻较高,似戴冠,面部为后修补。颈部不显。圆肩。衣饰不明,似有披肩覆遮双肩,胸前形成"V"字形的领口。下着长裙,腰带末梢垂于双腿间。双手合拢于腹前,捧一宝瓶。宝瓶侈口、细颈、鼓腹。跣足,立于仰莲台之上,莲台表面浅浮雕五片莲瓣(图版128-4)。

右胁侍菩萨像高33厘米。立姿。戴冠,冠缘阳刻连珠纹。长圆脸,面部略有修补。发际线较高,额宽而微凸。两颊、下颌饱满。上身服饰不明,腹间有斜向的帛巾;下着裙,多线刻斜向衣纹。双臂上举,合托一盘,内盛水果状物。立于仰莲台之上,莲台表面粗刻四片莲瓣(图版128-5)。

主尊左右两侧均有一方题名,左侧刻"李里"二字,真书。右侧刻"龟年"二字,真书。龛底下方有一方形题记框,高27、宽20厘米,字已无存。龛外右侧有另一方题记框,高13、宽9厘米,字亦无存。

第23龛:

位置:

位于第22龛的左侧。

形制:

纵长方形单层龛。圆拱形龛楣。龛高140、宽86、进深30厘米。龛的进深较大而造像的厚度不大。龛形不规整,主尊右侧空间较多,似有一尊立像被破坏后余下的长条形凸起石块。浮雕一菩萨一弟子(图136,图版129)。

造像:

菩萨像高70厘米。立姿。采用减地手法在头部、身体周围开凿一圈,靠近头部和躯干开凿较深,离身体越远,开凿越浅,突出身躯的立体感。头略右偏。高发髻,戴冠,冠缘装饰一圈宝珠。脸长圆,额间窄。眉弓较平,双目细长。鼻经修补。嘴小唇厚。下颌丰圆。身体表面剥落较多,上身衣饰不清。由残痕可推知身体右侧肩披天衣,长垂及座。下着裙,腰间系带,腰带垂于双腿间。腰下垂下一道帛巾,右端似从右肘垂于体侧。左手似垂于体侧。右手屈肘于上抬于胸侧。立于仰莲座之上,莲座通高11、宽28厘米。表面浮雕单层莲瓣。

0   30厘米

图136　叠彩山第23龛平、剖面图

左弟子高57厘米。立姿。以减地手法在头部、身体周围开凿一圈。头戴僧帽。面部圆,眉弓圆弧,眼线细长。阔嘴薄唇,嘴角下撇。颈部不显。圆肩。躯干表面剥落严重,上身衣饰不清,僧衣下部有斜向右下的衣纹,衣纹断面呈圆凸棱状。大衣下摆露出下裙,下裙衣纹较浅。双手似合十于胸前。立于仰莲瓣莲台之上,表面粗刻单层莲瓣。

右侧似有立像轮廓,但未采用减地一圈的处理方式。立姿。似与主尊、左胁侍并非同时代。

第24龛:

位置:

位于第25龛的上方。

形制:

纵长方形单层龛。圆拱形龛楣。龛高30、宽25、进深3厘米。龛壁粗糙。浮雕单尊像(图137,图版130)。

造像:

像高20厘米。结跏趺坐。头部较圆。戴僧帽。眉弓较平,五官粗略。不显颈部。宽圆肩。身着交领大衣,露出部分胸部。腹前、双腿衣纹较舒朗,断面呈圆凸棱状。双手隐于衣下,印契不明。长方形座高4、宽25厘米。

第25龛:

位置:

位于第24龛下方。

形制:

图137 叠彩山第24龛平面图

横长方形单层龛。尖拱形龛楣。龛高92、宽100、进深38厘米。龛的进深较大而造像的厚度很小。龛壁较为平整,龛底呈二级,主尊及右胁侍前下方较低,其余两侧相对较高。浮雕一佛二菩萨三尊像(图138,图版131-1)。

造像:

主尊像高43厘米。结跏趺坐,右脚在上。浅浮雕桃形头光,仅余上半部分,下部被采用减地手法在头部和身体周围开凿的一圈所打破,靠近头部和躯干开凿较深,离身体越远,开凿越浅,突出身躯的立体感。高宽肉髻呈覆钵状。肉髻与发顶间正中位置阳刻半圆形髻珠。发际线较平,额间窄。面部残损。眉弓弧平。招风耳,耳郭清晰,耳垂不及肩。颈部略长。圆肩。内着僧祇支;右肩披覆肩衣,覆遮右臂;外着袒右大衣,右侧衣边自身后覆遮右肩,从右侧腋下绕腹前上系左肩的钩钮,部分搭于左肘。右臂衣纹多为平行的圆弧纹,呈阶梯状。腿间的衣纹对竖向,略呈"八"字形。左手垂于膝上,掌心朝下;右臂屈肘上抬于胸前,略握拳,手指残损。佛座通高29、通宽38厘米。由座基、束腰和座台组成。座基似经过改修,最下层为覆莲台,浮雕覆莲瓣,其上叠涩两层略呈弧形的基础。束腰圆角方形,正面中央开如意纹形壶门,座台也呈圆角方形。

左胁侍菩萨像高50厘米。立姿。身体略侧向主尊。线刻桃形头光,形制不全,被减地手法在头部周围所刻的圆形头光所打破。圆形头光近头处较深,外部渐浅。高发髻束为五股,冠带装

0 _____ 30厘米

图138 叠彩山第25龛平、剖面图

饰多颗宝珠。长圆脸。发际线略斜,额间宽。面部经修补。颈部不显。圆溜肩。颈戴项圈,项圈正中断开,两个端口各嵌一宝珠。似着交领大衣,一道帔帛自左肩斜向右肋。下着裙。双手下垂,双掌相叠于腹前,双手拇指相抵。双足外撇,脚跟相对,略呈"八"字形,立于仰莲台之上,莲台表面浅浮雕两层莲瓣(图版131-2)。

右胁侍菩萨像高54厘米。身躯侧向主尊。线刻桃形头光,形制不全,被减地手法在头部周围所刻的圆形头光所打破。圆形头光近头处较深,外部渐浅。高发髻分为五束,冠带上装饰宝珠。发际线弧平,眉弓不显,大眼。面部经修补。颈部细短。圆溜肩。项圈正中断开,两个端口各嵌一宝珠。似着交领大衣,一道帔帛自左肩斜向右肋。下着长裙,腰带垂于双腿间。腿部衣纹略呈"八"字形。左臂屈肘外举,手掌似托一桃。右手垂于体侧,持物不明。跣足,立于仰莲台之上,莲台表面浮雕一层莲瓣,瓣叶肥厚(图版131-3)。

主尊左侧有一方形题记框,高20、宽10厘米。字共两列,真书,字径3厘米。内容为:佛弟子李志用开/佛一堂永保供养/(图版131-4)。

第26龛:

位置:

位于风洞洞口东壁,第25龛左侧。

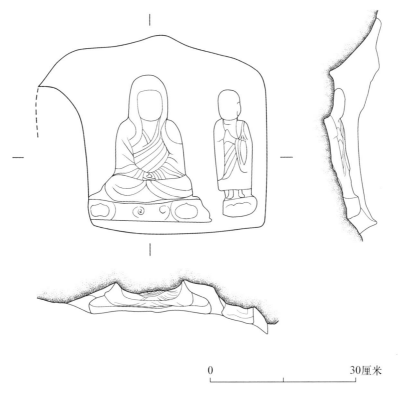

0 —————————————————— 30厘米

图139　叠彩山第26龛平、剖面图

形制：

横长方形单层龛。尖拱形龛。龛高38、宽45、进深14厘米。右壁缺损不存，左壁下半部分被一题记打破。浮雕一高僧一弟子组合（图139，图版132）。

造像：

主尊像高25厘米。结跏趺坐。头部经现代修补，从垂于胸前的飘带推测，可能戴风帽。颈部不显。圆肩。着交领大衣。腹部衣纹自肩左向右肋斜，腿部衣纹呈"八"字形，断面均呈圆凸棱状。大衣紧裹腿部，不显足形。双手叠于腹前腿上，施禅定印。座为横长方形台座，高4、长24厘米。正面开如意纹形壶门三个。

弟子像在其左侧，高21厘米。头部经修补。颈短。圆肩。右肩披覆肩衣，外着袒右大衣，右侧衣边自身后绕右腰上挂左肩钩纽。腹间三道斜向衣褶。双手合十于胸前。立于圆角方形台座之上，表面似刻莲瓣纹。

第27龛：

位置：

位于风洞洞口，第26龛下方。

形制：

横长方形。尖拱形龛楣。龛高46、宽55、进深13厘米。右壁残失。正壁较为平整。龛底向外下斜。浮雕三尊像（图140，图版133-1）。

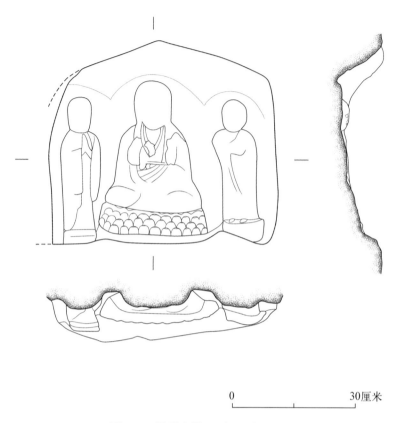

0 ———————— 30厘米

图140　叠彩山第27龛平、剖面图

造像：

主尊像高32厘米。结跏趺坐。头部长圆，高10、宽9厘米，表面残损，未见肉髻痕迹。圆肩。左肩、胸部、手臂均有修补。颈部不显。圆肩。似着交领内衣。外着袒右大衣。腹间衣纹略微呈横向，断面呈圆凸棱状。双手合拢于腹前。座为半圆形，高6、宽26厘米。浮雕仰莲瓣三层，较为密集，瓣叶中部鼓凸，瓣尖外翻。

左弟子像高25厘米。身体略侧向主尊。头部、双肩、手掌残损。衣饰不明。双手似合十于胸前。立于半圆形台座之上。

右弟子像高26厘米。头部经修补。颈部不显。圆肩。服饰不明，手臂大袖长垂。双手合十于胸前。台座略呈方形，中部微有束腰。

龛顶左右各有一方题记框，左上方题记框纵长方形，高12、宽7厘米。刻"李绰"二字，真书（图版133-2）。右上方题记框近正方形，高14、宽13厘米。字迹略残，可辨出为"李奉持"三字，真书（图版133-3）。

三、骝马山

骝马山在桂林市城西，距桂林市中心约1.5千米，距西山东北约1千米，西清湖西面约600米。由于曾经长期被泥土掩埋，保存情况较好。此处共有造像7龛24尊，瘗龛4座（图141，图版134）。

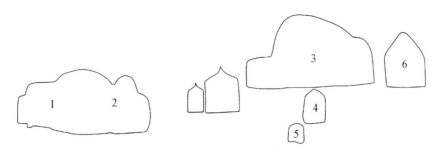

图141　骝马山造像分布图（不完全）

第1龛：

位置：

位于骝马山北麓骝马山北巷路旁岩壁上，此为东头第一龛。

形制：

横长方形双层龛。圆拱形龛楣。全龛高193、宽230、进深34厘米。主尊在内层龛，龛高193、宽104、进深34厘米。胁侍菩萨、供养人等在外层，进深15厘米。左壁略被第2龛打破。各壁平整，龛底略下弧。高浮雕一佛二菩萨二供养人五尊像（图142，图版135）。

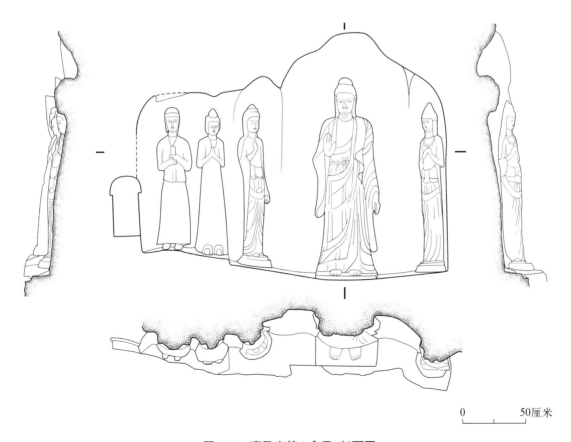

0　　　　　50厘米

图142　骝马山第1龛平、剖面图

造像：

主尊像高150厘米。无头、背光。头部高28、宽16厘米。高圆肉髻，不显发纹。面部经现代修补。颈部刻两道蚕纹。肩部宽平。内着僧祇支，衣边外翻，胸带在腹间打结，胸带勒出密集的衣纹，以带为轴向上下方呈放射状。右肩披覆肩衣，覆遮右臂。外层大衣为袒右式，右侧衣边自身后覆遮右肩，绕腹前上搭左肩。露出较多胸部。左侧衣边呈竖向波浪状。大衣下摆露出下身所着的长裙。左臂衣纹皆自左向右下斜，断面大致呈圆凸棱状。左手下垂于体侧，手指微屈，虎口朝外；右臂屈肘抬于腹前，掌心朝外，手指微屈，施无畏印。跣足，双足微分，立于薄方台上。台座高3、宽47、进深22厘米。

左胁侍菩萨高116厘米。身体略侧向主尊。身材高挑瘦削。高尖发髻，发饰不明。长发披肩。发际线中部向下弧凸较甚。头略低，脸长圆。眉弓不显，眼睛下视。口、鼻小巧，下颌丰圆。阴刻下颌线。颈较长，刻二道蚕纹。戴项圈，项圈下每隔一定距离嵌一宝珠，共可见五颗，正中的一颗直径最大。圆溜肩，胸部平坦。细腰，小腹略鼓。上身袒裸，肩披天衣，长垂身后。下着长裙，裙腰上缘外翻较宽，正中裙腰空隙凹下。裙上线刻纵向的长衣纹。帔帛垂于膝前呈"U"字形。双手屈肘于胸前，手掌为后补。跣足，立于圆形台座上。台座上下两层，上层为较薄的柱状，下层呈覆盘状。

右胁侍菩萨高113厘米。身体侧向主尊。腹部前拱，身体呈"S"字形。身材修长。高尖发髻，发饰不明，长发披肩。面部为现代修补。颈部较长。圆溜肩，细腰，腹微鼓。上身袒裸，肩披天衣，沿体侧垂至小腿。下着长裙，裙腰上缘外翻较宽，中部裙腰空隙内凹。腿部衣褶略呈"八"字形。膝前垂下帔帛一道，呈"U"字形。左手下垂于体侧，手掌直伸，掌心朝龛外。右臂屈肘上抬至胸前，手掌侧立，五指微曲。跣足，立于圆形座台之上。台座上下两层，上层为较薄的圆柱状，下层为覆盘状。

龛右端为两个供养人。立姿。近右胁侍菩萨者为女性，像高109厘米。身体朝外，脸微侧向主尊。微低头。梳高发髻，发顶略残。发际线高而平。额间宽。眉弓起棱弧平，眼微闭。鼻翼小巧。嘴角微抬，嘴窝较深。颈细长，圆肩。身着交领长衫，长及脚面。双手合十于胸前礼拜。脚着云头靴。

外侧供养人为男子，像高106厘米。面朝龛外。头戴便帽。长圆脸，发际线平，额间较宽。眉弓弧长，双眼皮，眼睛较小。鼻根与眉弓相接，鼻梁高直，鼻翼小。人中较长。嘴微闭，嘴窝略深。下颌饱满。圆溜肩。身着交领窄袖袍服，领口呈"V"字形。小腹微凸，腰间系带。双手手持笏板于胸前。脚着尖头靴。

龛外侧有一碑形题记框。分碑额、碑身两部分，通宽24、通高43、厚2厘米。字已无存。

第2龛：

位置：

位于第1龛的左侧，第2龛左侧有2座瘗龛。

形制：

纵长方形单层龛。尖拱形龛楣。高153、宽110、进深18厘米。右壁略打破第1龛的左壁。

正壁、龛底较平。高浮雕一佛一供养人像（图143,图版136）。

造像：

主尊像高126厘米。高圆肉髻,光素无纹。头部高20、宽14厘米。脸长圆,发际线较平,额窄,眉弓不显,眼细长,上下眼睑均双阴线勾勒,眼微闭。鼻翼宽,嘴微闭。双耳紧贴脑后,耳垂及肩。颈部阴刻蚕纹二道。肩宽圆,胸部微鼓。内着僧祇支,于腹间系结,腹带极细,带梢较短。右肩披覆肩衣,覆遮右臂。外着袒右大衣,左侧衣边自左肩垂下,右侧衣边自身后绕右腰搭于左肘。全身衣纹不显。左臂屈于腹侧,掌心朝内,指尖斜下。右臂屈肘抬于胸前,掌心朝外,施无畏印。跣足,双足略微平行分立。台座为较薄的方形。宽39、高1.5、深14.5厘米。

左侧供养人像高85厘米。身材修长。宽平发髻,脸长圆,发际线上弧。小腹微凸。面部经修补。身着圆领窄袖袍服,腰带略下溜。通体不显衣纹。双手掌相叠,合拱于胸前。双足并拢。

第3龛：

位置：

右侧隔2座瘗龛与第2龛相邻。

形制：

全龛略呈"山"字形,主尊之上的龛顶较高。圆拱形龛楣。龛高198、宽360、进深60厘米。侧壁进深较浅,正壁平整。高浮雕一佛二弟子二菩萨二武士三供养人十尊像（图144,图版137-1）。

造像：

主尊高150厘米。善跏趺坐。无头、背光。头部高21、宽13厘米。高圆肉髻,不显发纹。脸方圆。发际线弧平,额间略窄。眉弓不显,眼微闭,眼线细长。鼻根较宽,鼻头略有残损。嘴微闭,嘴角上扬,嘴窝微陷。下颌稍短,阴刻下颌线。双耳贴脑,耳垂及肩。长颈。宽平肩。领口露出的胸部较平坦。内着袒右僧祇支,胸带在腹前打结,两端垂下。右肩披覆肩衣,覆遮右臂。外着袒右大衣,右侧衣边自身后绕右腰、腹前上搭左肩,部分搭左肘,衣边外翻。上身衣纹较舒朗,双腿间不显衣纹。左手下垂抚左膝,掌心朝下。右臂屈肘上抬于胸侧,手掌为后补,似施无畏印。双腿平行垂下,腿部高凸,不显衣形。双脚各踏一个半圆形踏台。跣足。座为"亚"字形束腰须

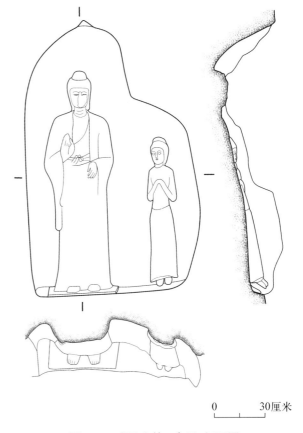

图143 骝马山第2龛平、剖面图

0　　　30厘米

弥座，长86、高50、厚39厘米。单层座基，束腰方正，单层座台，方形。座基两侧、弟子脚前各圆雕一蹲狮，残损较甚，从残痕可辨原皆扭头向主尊，二狮呈回首对视状。

左弟子高89厘米。脸侧向主尊，上身微曲，身体略呈"S"字形。光头，额平。眼窝稍微凹陷。鼻梁高挺，鼻尖略勾。法令纹较清晰。嘴微张。五官似较老成，似着圆领通肩式僧衣，衣纹不显。双掌相叠，合拱于胸前。双足微分，立于圆柱形台座之上（图版137-2）。

右弟子高84厘米。脸部面向主尊。光头。五官较集中。眉弓微凸起，末端斜向转折。鼻梁较低平。嘴微闭。右耳小。面相显年轻。侧身，衣饰不明，通身不显衣纹。双手合十于胸前。立于圆形台座之上（图版137-3）。

左胁侍菩萨高120厘米。立姿。身材较为修长。线刻长圆形头光，梳高发髻，发顶略残。头戴宝冠，冠正中呈"山"字形，长发或宝缯垂肩。脸长圆。发际线中部向下弧凸。额间窄。眉弓略上挑，眼部漫漶不清。鼻翼较宽，嘴微闭。下颌丰圆。颈部较长，戴圆形项圈。圆肩。腰细。上身祖裸，肩披天衣，下着长裙，腰部上缘外翻，不显衣纹。帔帛绕右肘于膝前垂下"U"字形一道，末端绕左腕。左手下垂于体侧，握净瓶。净瓶细颈、鼓腹、圈足。右臂屈肘上抬，手掌抚胸。跣足，双足平行分立。座为双层，上层圆柱状，下层覆盆状。

右胁侍菩萨高121厘米。立姿。梳高髻，戴宝冠。长发或冠缯及肩。脸方圆。发际线弧平。嘴部略大。五官漫漶不清。肩部宽圆，腰部细而平坦。上身祖裸。肩披天衣，长垂于体后。下着长裙，裙腰上缘外翻。帔帛于膝前垂下一道，呈"U"字形。左臂屈肘，手掌抚胸。右手垂于体侧，手握帔帛。跣足，立于半圆形台座上。

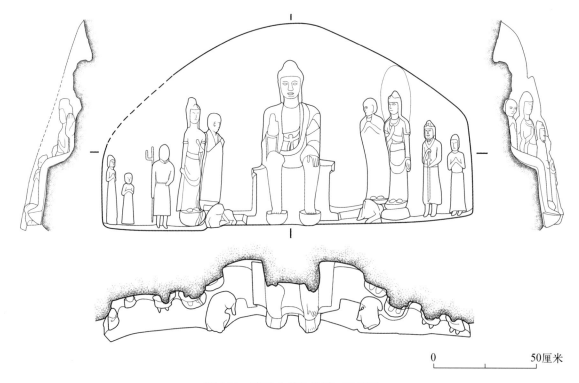

0   50厘米

图144 骝马山第3龛平、剖面图

左侧武士高87厘米。戴三角形尖帽,帽缘近眉毛。深目高鼻,嘴部微张,络腮胡。似胡人面像。身着交领窄袖大衣,衣领外翻,腰间系带。袍裾较短,仅及膝下。左手屈臂于腹前握一宝剑剑身,右手于胸前按剑柄。脚蹬尖头长靴(图版137-4)。

右侧武士高75厘米。头部为后补。身着窄袖长袍,领部窄,微立。腰间束带。宽肩细腰,不显衣纹。左臂屈,手掌于腹前扶腰带,右手下垂反握一长戟,长及龛底,顶部略与头顶齐。脚蹬尖头长靴。

左武士外侧有一个供养人,高71厘米。立姿。头戴幞头。五官漫漶不清。圆肩。身着圆领窄袖长袍,小腹鼓凸,腹下系腰带。双手合拱于胸前。

右武士外侧有两个供养人,内侧的一尊为一儿童,高47厘米。头部比例略大。似光头。圆脸。眉弓圆弧,眼似微闭。细颈。圆肩。着交领窄袖长袍。双手合拱于胸前。外侧供养人似为成年妇女。高65厘米。身材修长,高发髻,着圆领窄袖长袍。双手合十于胸前。

第4龛:

位置:

位于第3龛的正下方。

龛形:

纵长方形单层龛。尖拱形龛楣。龛高94、宽70、进深30厘米。龛进深与佛座的厚度相当。正壁与侧壁角度较陡直。高浮雕单尊像(图145,图版138)。

造像:

像高50厘米。结跏趺坐,右脚在上。无头、身光。肉髻馒头状,无发纹。脸微圆,发际线平,额间略窄。眉弓平缓,上下眼睑清晰,不显瞳孔。鼻翼较宽,嘴轮廓较小,嘴窝较深。下颌丰圆。大耳垂肩。肩部宽圆浑厚。内着袒右僧祇支,衣边外翻。右肩披覆肩衣,覆遮右臂。外着袒右大衣,右侧衣边自体后绕右腰、腹前上搭左肩。露部分胸部。肩部阴刻数条斜向衣褶。左手垂搭于左小腿上,掌心朝下,施触地印。右臂屈肘上抬于胸侧,手掌残断,似施无畏印。座为半圆形台座。通高22、通宽43、厚23厘米。

第5龛:

位置:

位于第4龛的右下方。是骝马山造像中位置最低的一龛。

形制:

纵长方形单层龛。圆拱形龛楣。龛高54、宽43、进深14厘米。顶部略有残损。正壁弧圆

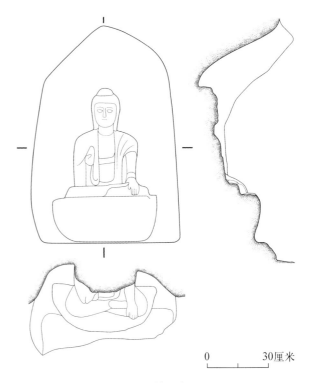

图145　骝马山第4龛平、剖面图

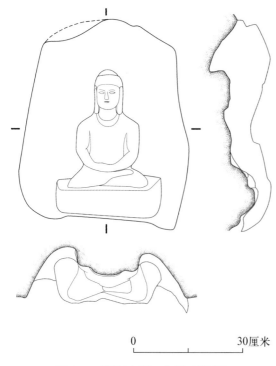

图146　骝马山第5龛平、剖面图

光滑。高浮雕单尊像（图146，图版139）。

造像：

像高30厘米。结跏趺坐，右脚在上。头部高10、宽7厘米。肉髻宽圆，馒头状。圆脸，发际线弧平。眉弓较平，眼眶较大。鼻尖挺拔，嘴小而微闭；双耳大而及肩。宽圆肩，肩部宽16厘米。腰部宽与胸齐。着圆领通肩式大衣，不显衣纹。双手合于腹前腿上，不显手掌形状，似施禅定印。座为圆角方形台座，通高7、通宽27、厚11厘米。

第6龛：

位置：

位于造像区的最西端，第3龛的左侧。

形制：

纵长方形单层龛。尖拱形龛楣。龛高140、宽130、进深32厘米。顶部略有崩损。正壁面较平。高浮雕一佛二菩萨一供养人像（图147，图版140）。

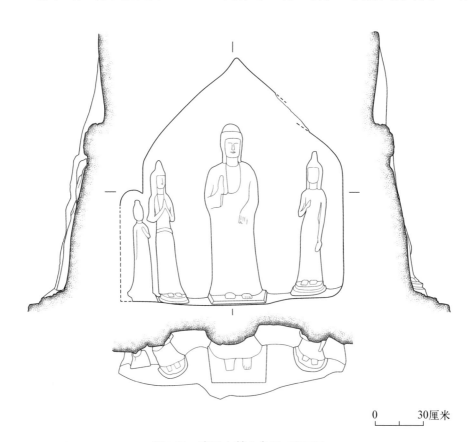

图147　骝马山第6龛平、剖面图

造像：

主尊像高105厘米。头部高24、宽15厘米。高圆肉髻，馒头状。脸长圆，发际线较平，面部风蚀严重，漫漶不清。嘴较宽，嘴角微陷。双耳贴脑后，耳垂及肩。颈部较长。圆肩。右肩披覆肩衣，外着袒右大衣。通体不显衣纹。左肘微屈于腹侧，手掌外翻，施与愿印。右臂屈肘上举于胸前，手掌朝外，施无畏印。跣足，双足分立，左脚五趾清晰。台座方形，较薄，通高2、通宽31、深21厘米。平面呈内宽外窄的梯形。

左侧胁侍菩萨高78厘米。立姿。身材瘦削，右胯微提，躯体呈"S"字形。高发髻，发带垂肩。小嘴，面部略残，其余五官不清。溜肩，细腰，小腹微鼓。衣饰不明。左手下垂于体侧，持物不明，右臂屈肘，手掌抚胸。跣足立于双层圆台上。

右胁侍菩萨高78厘米。立姿。身形瘦削。束高髻，长发或缯带垂肩。身体右侧可见身披天衣，长垂及座。圆肩，小腹微鼓。袒上身，下着长裙，腰间系带。双手合十于胸前，跣足立于双层圆形台座上。

右端为一供养人，像高50厘米。立姿。身材修长，似为妇人。发髻高平，五官不明。身着圆领窄袖长袍，下摆较宽，不显衣纹。左臂屈肘，手掌置于胸前，右手垂于体侧。

第7龛：

位置：

位于骝马山北麓路旁一岩石上，西距第1龛造像约100米。

形制：

未见明显开龛痕迹。浅浮雕单尊像（图148，图版141-1）。

造像：

造像为立像，高54厘米。浅浮雕一圈近圆形头光。头似戴冠，面部较小，表面残损。肩宽平。小腹鼓凸，肚脐凹陷。背上生双翅。上身着对襟上衣，衣领呈"V"字形。腹胸间有一飘带，两端在体侧横向飘荡。下着及膝短裙，腰间系带，下摆宽大。裙上衣褶呈平行的"U"字形。左手叉腰，右臂屈肘上抬，执一长物。膝以下部分裸露，小腿壮硕。脚掌似鸟足，三趾。双足分立，各踏一片祥云，祥云尾部合于一处。造像左侧有一方题记，方框高42.5、宽29厘米。真书"西霞洞境"四字，字径5厘米。左有"□□书"三字落款。（图版141-2）。

四、伏波山

伏波山位于桂林市中心东北方向的漓江西岸，东面临漓江，山北麓有一低一高相邻的两个山洞。下方为还珠洞，上方为千佛岩。该区域摩崖造像大都分布于这两个洞内。另有3龛位于南麓的听涛阁内的崖壁上，1龛在山北麓江畔元代堤岸上。为表述方

0　　　　　　　　30厘米

图148　骝马山第7龛平面图

便,将伏波山造像分为还珠洞、千佛岩、洞外等三个区,共有造像50龛,279尊。

(一)还珠洞

还珠洞为天然岩洞。古时游人进洞游览只能乘坐小船自漓江水路登临。抗战时期为应对日军空袭,在山的西南面开凿了一个通道,与还珠洞相连接,因此不再需要乘船前往。还珠洞造像共12龛23尊,编号为伏波山第1—12龛,分布于两侧崖壁及一西北—东南走向的支洞两壁(图版143)。

第1龛:

位置:

位于还珠洞东侧南壁上方,距现地面2.5米左右。

形制:

横长方形单层龛。尖拱形龛楣。龛高168、宽205、进深40厘米。龛形规整,各壁光滑,龛底平。近圆雕一佛二菩萨二力士五尊像(图149,图版143-1)。

造像:

主尊像高85厘米。结跏趺坐。浅浮雕竖椭圆形双层头光,内层素面,外层内刻十一片莲瓣。头光外侧浮雕连弧纹组成身光:主尊身后每侧各有三条连弧纹,每两条连弧纹连接处装饰一枚宝

0　　　50厘米

图149　伏波山第1龛平、剖面图

珠,正中的两条相交于龛顶,饰三瓣莲花瓣。右端与佛座的背障相接,左端及背障漫漶不清。头部表面残损,经现代修补。脸方圆,眉弓起棱弧平,眼细长,微闭。鼻梁高直,与眉弓接。人中轮廓清晰。双唇微闭,嘴角略深。下颌丰圆。双耳贴脑后,耳垂较大贴肩。肩部宽圆浑厚,胸部健实,胸廓线清晰。

　　内着袒右僧祇支,系衣带于胸前,打结后带梢垂于大衣外。右肩披覆肩衣,覆遮右臂。外着袒右大衣,右侧衣角自身后披右肩、右前臂一角,绕右腋下、腹前上搭左肩,于肩头外翻。大衣紧裹双腿,不显足部轮廓,下摆悬于座上,衣纹较密集。上身衣褶集中在左臂,多为竖向。腿部的衣褶多为横向,二者的断面略呈圆凸棱状。左臂下垂,左掌置于小腹前双腿间,掌心略凹,施禅定印。右臂屈肘上举,手掌残断,似施无畏印。座为束腰须弥座,通高58、通宽70、进深40厘米。分为座基、束腰和座台三部分。座基叠涩三层;束腰平面呈"凸"字形,内大外小;座台较为宽厚,裳裾悬座立面。两外侧各圆雕一蹲狮,上半身均残损,前肢伸直,支撑身体,后肢屈蹲,身体朝向龛外。正中有一"山"字形物体,已损毁,当为香炉。

　　左胁侍菩萨高108厘米。立姿。浅浮雕双重头光,内重为圆形,外重为桃形。面部、颈部、手臂等处有残损,经现代修补。圆形项圈较为硕大。圆溜肩,胸部略鼓,腰细,腹部平坦。肩披天衣,悬于身后,衣长及座。上身袒裸,一道帔帛从左肩绕右肋。右肘垂下帛带悬于膝前呈"U"字形,搭左腕垂于体侧。下着长裙,裙腰上缘外翻,右侧翻出裙幅略长。腰带裹于外翻裙腰中,带梢垂于双腿间。双臂戴臂钏,双腕皆戴手钏。左手下垂于体侧,拇指和食指捏住净瓶口沿,净瓶细颈、鼓腹、圈足。右臂屈肘置上抬,手掌置于胸腹间。跣足,台座为双层,上层呈圆柱形,下层呈覆盆状(图版143-2)。

　　右胁侍菩萨高105厘米。立姿。浅浮雕双重头光,内重为椭圆形,外重为桃形。头部、颈部、右臂等处经修补。圆肩。肩披天衣,长垂座下。袒上身,一道帔帛从左肩斜向右肋,右肘垂下帔帛,于体前呈"U"字形,末端缠于左腕。下着长裙,裙腰上缘外翻,腰带裹于其中,带梢垂于双腿间。双臂臂钏不明显,皆戴腕钏。左臂上举,手掌抚胸。右手垂于体侧,掌心外翻,拇指外其余四指微屈,托一小净瓶。肩披圆口长颈,腹部上大下小,似圜底。跣足,立于双层座台之上,上层为圆柱形,下层为覆盆状(图版143-3)。

　　胁侍菩萨外侧各雕一力士。左力士相对完好,高60厘米。浮雕圆形头光。头部、左小臂已残损不存,肩宽平。胸部鼓凸,腰部较细,腹部紧实。胸部、双臂、双腿肌肉遒劲。上身袒裸,下着短裙,有一长圆形带扣。左手上举过头顶,右手按于右胯上。左腿略微向前迈出,右腿向外撇,微屈。座为圆形,下部外侈。

　　右侧的破损严重,仅余右小腿、脚掌和左脚掌。五趾分明。立于圆形座上。

　　龛内外有三方题记打破龛壁。

　　主尊左侧的正壁上,有一方题记,未刻边框。高30、宽18厘米。真书,字径3厘米。内容为:聊城宗国器大梁郭子舟/河间何浚之侍亲辟地南/来八桂张真宜同游伏波/岩时绍兴癸丑(1133年)清明日/(图版143-4)。

　　左壁外的宋代石刻略微打破左壁。高100、宽85厘米。行书,字径7厘米。内容为:黄冈徐

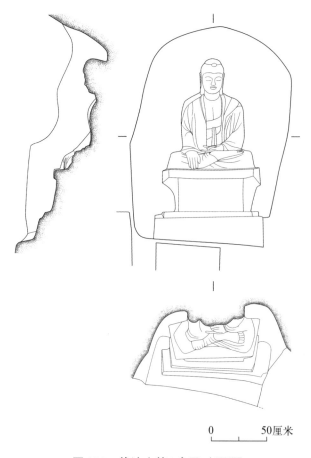

图150　伏波山第2龛平、剖面图

0　　　50厘米

敏子衔/命措度南州馆縠岩/侧客四明戴炎长沙/韩梦发宝婆周翦/星渚冯粥外孙上/饶尤日新侍行淳/祐丙午年（1186年）中春下□/。

龛底右下方宋代石刻打破龛底。高93、宽76厘米。真书，字径8厘米。内容为：建安陈倩彭次云/历阳齐谌吴/兴刘谊元丰三/年（1080年）十二月廿四/日同游伏波岩/后二日大梁和斌独游/。

第2龛：

位置：

位于第1龛右侧。

形制：

纵长方形单层龛。圆拱形龛楣。龛高190、宽114、进深60厘米。正壁较平整，龛顶、侧壁壁面陡直，龛底微斜。此龛在开凿左侧龛壁时，有意避开第1龛右壁，向内收缩，故左壁略显局促。圆雕单尊坐像（图150，图版144）。

造像：

单佛高105厘米。结跏趺坐，右脚在上。无头光、身光。头、颈部为现代所补。肩宽平，胸部健实，可见竖向胸廓线。内着僧祇支，衣边外翻，胸腹间系带，带梢垂于大衣外。右肩披覆肩衣，覆遮右臂。外着袒右大衣，右侧衣角自身后覆遮部分肩部、右上臂，从右腋下绕腹前上搭左肩，覆遮左臂，在肩头外翻。上半身双臂线刻衣纹较集中，多呈竖向；腿部衣纹多为横向。左手微屈置于小腹前双腿间，掌心向上，中指、无名指弯曲，其余三指伸直；右臂微屈，手掌垂于右腿，指尖朝下，施触地印。大衣紧裹双腿，露出右脚掌。脚掌朝上，五趾几乎等长。座为束腰须弥座，通高65、通宽90、进深60厘米。座基叠涩两层。束腰方形，座台平面略呈外小内大的梯形。

龛底亦被上述"元丰三年十二月廿四日"石刻略微打破。

第3龛：

位置：

位于第2龛右侧。

形制：

横长方形单层龛。尖拱形龛楣。龛高165、宽192、进深30厘米。形制规整，侧壁、正壁光滑，龛底平。近圆雕一佛二菩萨三尊像（图151，图版145-1）。

造像：

主尊像高85厘米。结跏趺坐。浅浮雕圆形背光；其外为连弧纹组成的身光：身后两侧各有三条连弧纹,每两条连弧纹连接处装饰一枚宝珠,正中的两条相交于龛顶,略有残损,饰物不明。下端与佛座的方形背障相接。头经现代修补。肩宽平厚实。胸部略鼓,胸前中部胸廓线清晰。内着袒右僧祇支;右肩披覆肩衣,覆遮右臂;外着袒右大衣,右侧衣角覆遮部分右肩,绕右腰上覆左肩、左臂,衣边外翻。左肩、左臂的衣褶较为密集,向腹部斜弧,断面呈尖凸棱状。大衣下摆紧裹双腿,不显双足轮廓,腿间衣褶呈横向。一片近倒三角形的衣角铺于座台表面及立面的莲瓣上。左手垂于左腿上,掌心向下;右臂屈肘上举,手掌为后补,施无畏印。佛座通高110、通宽86、进深30厘米,由座基、束腰、座台和背障四部分组成。座基叠涩两层。束腰部分为八棱柱形,正面阴刻真书“炼丹”二字。座台为三层仰莲瓣组成的莲台,花瓣饱满,瓣尖略外翻。座台上以双线阳刻方形背障,高46、宽86厘米。

左胁侍菩萨高61厘米。浅浮雕双重头光,内外重均为竖椭圆形。头经修补。肩宽圆。胸部微鼓。腰部细,小腹平坦。颈戴项圈。颈戴双层圆形项圈。上身袒露。肩披天衣,长垂座后。右肘垂下帛带握于左手,在膝前呈“U”字形,末端垂于体侧。下着长裙,裙腰上缘外翻较宽,腰带裹于其中,带梢长垂双腿间。左臂垂于体侧,手腕戴钏。右臂屈肘上举,右掌抚胸。跣足立于仰莲台之上,莲台由莲座和莲茎组成(图版145-2)。

0　　　　　　50厘米

图151　伏波山第3龛平、剖面图

右胁侍菩萨高57厘米。阳刻双重头光,内外重均为竖椭圆形。头经修补。肩宽圆。胸部微鼓。腰部细,小腹平坦。颈戴双层圆形项圈。肩披天衣,长垂及座。上身袒露。双肘挽帔帛垂于膝前,呈"U"字形。下着长裙,裙腰外翻较宽,腰带裹于其中,带梢垂于两腿间,末端浮雕竖波浪形。双臂戴臂钏,双掌为后补,合十于胸前。跣足,左脚五趾清晰,右脚略有残损。台座为仰莲座,其下莲茎较粗(图版145-3)。

莲台束腰部分纵向阴刻"炼丹"二字,真书,字径7厘米。

龛底下方有一宋代题记打破龛底,题记框高40、宽95厘米,真书,字径5厘米。内容为:起居舍人龙图/阁待制知桂州/曾布子宣转运/使尚书度支郎/中直集贤院陈/倩君美副使殿/中丞苗时中子/居提点刑狱太/常博士刘宗杰/唐辅提举常平/秘书丞齐谌子/期管勾常平前/江山县臣刘谊/宜父元丰二年(1079年)/六月初三日自/风洞游伏波岩/。

第4龛:

位置:

位于第3龛的右侧。

形制:

纵长方形单层龛。圆拱形龛楣。龛高176、宽120、进深25厘米。龛形规整,龛壁弧圆。龛的进深与佛座的厚度相当。近圆雕单尊立像(图152,图版146)。

造像:

造像高145厘米。立姿。无头、背光。头、颈部为后补。肩宽平,胸部微露,胸廓线略呈"人"字形,胸肌较为健实。腰身略细,平坦。右肩披覆肩衣,遮覆右臂并长垂至膝侧。外着袒右大衣,左肩领部略微外翻。通体不显衣纹。左手下垂于体侧,右臂屈肘上抬,手掌未雕凿,所留位置基本与龛外岩壁齐平,当施无畏印。跣足,双足平行分立,未细凿。座为方形台座,平面呈内大外小的梯形。造像下半身较为粗糙,凿痕密集,双掌均未细凿,全龛未最后完成。

第5龛:

位置:

位于第4龛右上方近洞顶之处,距地面近8米。

龛形:

单层龛。尖拱形龛楣。龛高88、残宽86、进深约10厘米。部分龛顶、右壁被宋代石刻打破,正壁有较多的碳酸钙沉积。高浮雕单尊像(图153,图版147)。

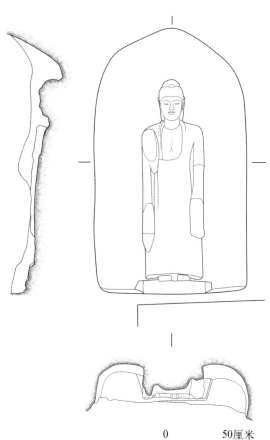

0　　　　50厘米

图152　伏波山第4龛平、剖面图

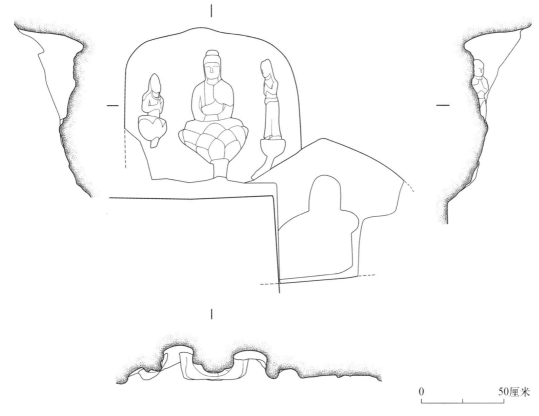

图153　伏波山第5、6龛平、剖面图

造像：

像高40厘米。造像未最终完成。仅得头、肩部轮廓，似为坐姿。

龛右壁被一方形题记打破，题记框高80、宽94厘米。真书，字径8厘米。内容为：朝请大夫直龙图阁知桂州/兼经略安抚胡宗回醇夫朝/奉大夫转运副使程节信叔/朝散郎提点刑狱梁子美才/甫奉议郎提举常平谭掞文/初累会伏波东岩兹岩胜绝/在桂林洞穴之上上其蒙亭/之本末景物之交会已载经/略司管勾机宜文字黄邦彦/之记云绍圣三年（1096年）十月二十/二日管勾书写机宜文字胡/义修奉命题/。

第6龛：

位置：

位于第5龛的右上方，距地面高近8米。

形制：

横长方形单层龛。尖拱形龛。龛残高92、宽110、进深10厘米。龛顶进深较大，正壁弧圆，龛底被第5龛和上述宋代题刻打破。高浮雕一佛二菩萨三尊像（图版148）。

造像：

主尊像高48厘米。结跏趺坐。无头光。肉髻宽圆，覆钵状。脸方圆，发际线较平，额间窄。五官漫漶不清，大耳垂肩。左肩、左胸残损。圆肩。右肩披覆肩衣，外着袒右大衣，不显衣纹。大衣包裹双腿,不显足部轮廓。双手合拢于腹前,施禅定印。仰莲座表面浮雕三重莲瓣,莲茎底部略有残损。

左胁侍菩萨高50厘米。立姿。侧向主尊。似高发髻,长发或缯带披肩。五官漫漶不明。肩、胸部残损,腹部微鼓。下着长裙,腰间系带,裙腰似略微外翻。通体不显衣纹。双手合十于胸前。跣足,所立莲台的莲茎似与主尊台座的莲茎相连。

右胁侍菩萨高26厘米。结跏趺坐。头部表面残损,束高发髻,长发或缯带披肩。颈戴项圈。宽圆肩,细腰,腹部略鼓。袒上身,左肩似有一道帔帛斜向右肋。下着裙。双手合十于胸前。所坐的莲台较左胁侍菩萨大,表面浅浮雕莲瓣纹,莲茎较短。

第7龛:

位置:

位于还珠洞东头的北面崖壁上,与第1龛相对。

形制:

纵长方形单层龛。尖拱形龛楣。龛高115、宽110、进深40厘米。龛顶进深较大,龛壁较圆滑。龛底平。石壁裂隙较多,不太适合雕凿大中型造像,可能因此而改刻小型造像。圆雕两尊造像(图154,图版149-1)。

造像:

面对面坐着两尊造像。似经过改刻,二者所坐的方形台座由束腰须弥座座台改制而来,将座台中部凿去,留出两侧作为造像的台座。

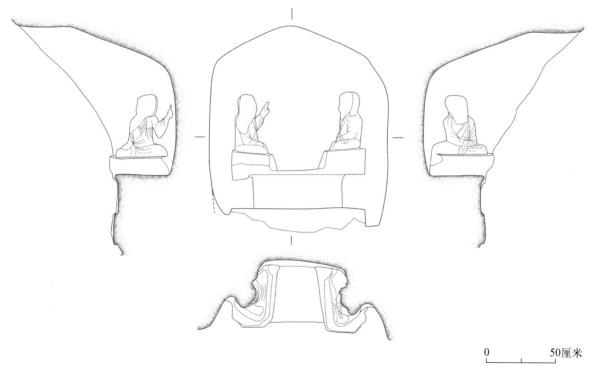

0　　　　　　50厘米

图154　伏波山第7龛平、剖面图

左像高40厘米。结跏趺坐。头戴风帽,帽巾披于肩后。头部经修补。头微仰。内着袒右内衣,外着袒右大衣,右侧衣边自身后覆遮部分右肩、右臂,绕腹前上搭左肩,部分搭于左肘,延至座面,衣边外翻。双腿间垂下一幅倒三角形衣边。大衣紧裹双腿,不显足部轮廓。双手合于腹前腿上。座为方形台座(图版149-2)。

右像高42厘米。结跏趺坐。头戴风帽,帽巾披肩。头部、右肩为后补。内着交领内衣,外着袒右大衣,右侧衣边自身后绕腹前上搭左肩。腹部衣纹以右肘为中心呈放射状,双腿间衣纹呈下弧形。大衣紧裹双腿不显足形。左手外举过肩,握拳,食指、中指伸出。右手下垂抚右膝。座为方形台座(图版149-3)。

龛下方中央有一题刻,高30、宽70厘米。真书,字径6厘米。内容为:戏题/日日青菜/羹夜夜黄/梁梦若问卫/生术只此/是珍重/嘉定乙亥(1215年)/岁季夏下/瀚前七日/。

第8龛:

位置:

位于第7龛的左侧。

形制:

单层龛。平龛楣。龛残高74、残宽148、进深13厘米。龛右壁、下半部分缺损严重,龛底不存。正壁平整光滑。高浮雕一佛二菩萨三尊像(图155,图版150)。

造像:

主尊残高46厘米。无头光。头部表面残损,经过现代修补。肩宽平。内着袒右僧祇支,右肩披覆肩衣,外披袒右大衣,右侧衣角自身后覆遮部分右肩,绕腹前上搭左肩,肩头衣边外翻。露部分胸部。坐姿、印相、佛座等情形不明。

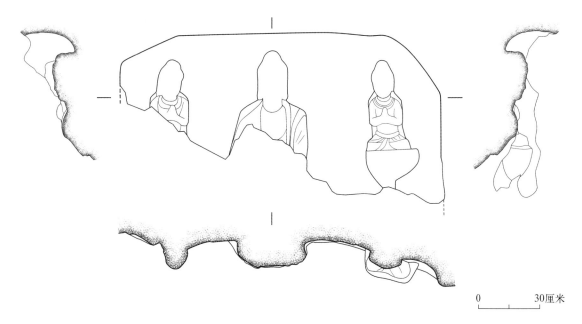

0　　　　　30厘米

图155　伏波山第8龛平、剖面图

　　左胁侍菩萨像残高41厘米。结跏趺坐。头部、左前臂为后修补。长发或缯带披于肩后。颈戴两层圆形项圈,小腹微鼓。袒上身,下着裙,裙腰上缘外翻,腰带裹于其中,带梢垂于双腿间及座面,呈"八"字形。下裙紧裹双腿,不显足部轮廓。双手合十于胸前。座为莲座,座下莲茎至龛底残损无存。

　　右胁侍菩萨像残高35厘米。头部为后补。左肩后披长发或缯带。宽圆肩。戴圆形项圈。上身袒露,腹部以下残损无存。双手合十于胸前。

　　第9龛:

　　位置:

　　位于还珠洞东头北端崖壁上,面向漓江。

　　形制:

　　纵长方形单层龛。平龛楣。龛高120、宽115、进深15厘米。龛底、龛顶、侧壁与正壁的分界明显,龛壁平滑。高浮雕单尊坐像(图156,图版151)。

　　造像:

　　单尊弥勒像高95厘米。善跏趺坐。肉髻高,顶部略尖,肉髻与发顶正中浮雕一枚髻珠。头发、面部经后代修补。耳郭较大,耳垂及肩。颈部较短。肩宽圆而厚实。腰较细,腹部平坦。外

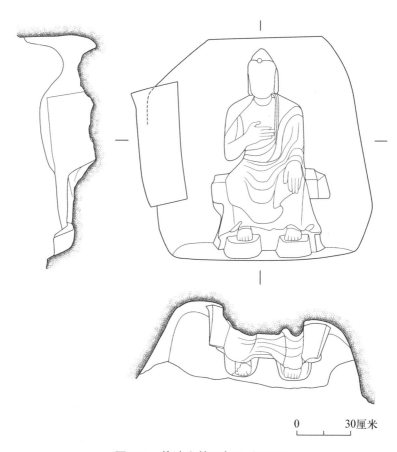

0　　　　30厘米

图156　伏波山第9龛平、剖面图

着袒右大衣,右侧衣角自身后覆遮部分肩部,绕腹前上搭左肩,衣边外翻,部分搭于左肘。大衣下摆垂于双腿间,略呈倒"山"字形。腹间及左臂衣纹平行下弧呈"U"字形,断面呈阶梯状。左手下垂置于左膝上,掌心朝下;右臂屈肘上抬,手掌横置于胸腹间。跣足,左足五趾分明,右足略残。双足分别踏于圆角方形台座上。佛座通高36、通宽60、进深15厘米。分为座基、束腰和座台三部分,座基方形,束腰下大上小呈梯形,座台为方形。

右壁被一石刻打破,石刻高61、宽43厘米。行书,字径8厘米。内容为:淳祐丙午(1246年)立冬后/七日庐陵刘受祖/之横槎惠祖之苍/梧舸舟伏波岩下/。

第10龛:

位置:位于第8龛左侧的一个支洞东侧洞壁上。

形制:

横长方形单层龛。龛楣弧平。龛高94、宽110、进深37厘米。各壁凿痕粗犷。高浮雕单尊像,未完工,仅有大致形状(图157,图版152)。

造像:

像高65厘米。结跏趺坐。头部、颈部和部分胸部表面残损。右手抚膝。束腰须弥座高36、宽58厘米。

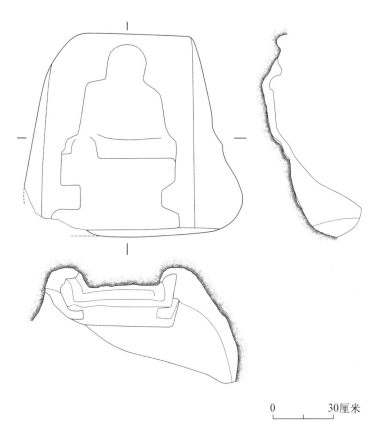

0　　　　30厘米

图157　伏波山第10龛平、剖面图

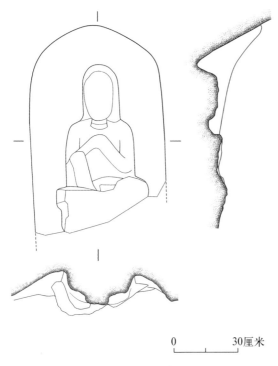

图158　伏波山第11龛平、剖面图

第11龛：

位置：

位于第10龛的右侧。

形制：

纵长方形单层龛。圆拱形龛。龛残高110、宽70、进深20厘米。正壁圆弧，凿痕较密。龛侧壁下方残损，龛底不存。高浮雕单尊像，表面粗糙（图158，图版153）。

造像：

像高60厘米。头部、双腿及座残损较甚。头部为后补。所余部分可见并未完工。颈部阴刻一道蚕纹。双手合拱于胸前，但也留出了雕凿施无畏印的右手位置。服饰、座式不明。

第12龛：

位置：

位于还珠洞支洞尽头，第11龛的右侧。

形制：

纵长方形单层龛。龛楣略平。龛残高100、宽90、进深8厘米。龛壁凿痕密布，龛底被一方题记打破。高浮雕单尊像，未完工（图159，图版154）。

造像：

像高56厘米。仅雕凿出头部和上半身的大体轮廓。左手下垂抚膝，右肘上举。服饰、坐式、座均不明。

佛座立面被一石刻打破，题记框高42、宽93厘米。真书，字径2厘米。内容为：□底石间得枯木□□/花叶咸无焉而枝干□/拔如岘山晋柏盖石之/精英凝结而成光泽莹/洁不减冰玉扣之其声/铿然珊瑚不足道以是/知海物惟错其中亦何/所不有但世人未之见/耳因成鄙句刻之八桂/堂下岩石间以识岁月/云庆元改元（1195年）小春吉日/新安朱希颜/。

天教海若效珍祥不与千/林春竞芳掷地遗音清夐/玉凌云直干凛凝霜谁浮/鲸海星槎到犹带蟾宫月/桂香冶叶浮花扫除尽坚/高直欲共天长/。

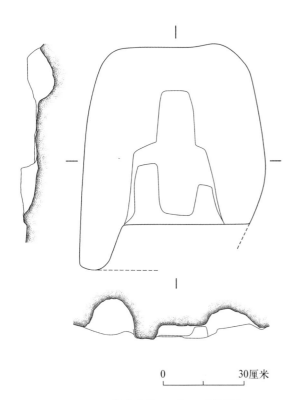

图159　伏波山第12龛平、剖面图

0　　　　30厘米

（二）千佛岩

千佛岩与还珠洞紧邻，洞顶距地面超过30米，新中国建立后就地势在洞的中部修建了一层水泥平台。整个千佛洞分成上下两层，有两条阶梯与还珠洞相连。该区域共有造像34龛249尊，编号为伏波山第13—46龛。千佛岩的造像全部位于千佛洞上层两侧崖壁上（图160、161，图版155）。

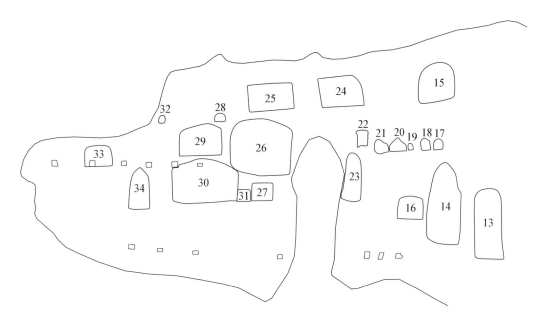

图160　伏波山千佛洞西壁造像分布图

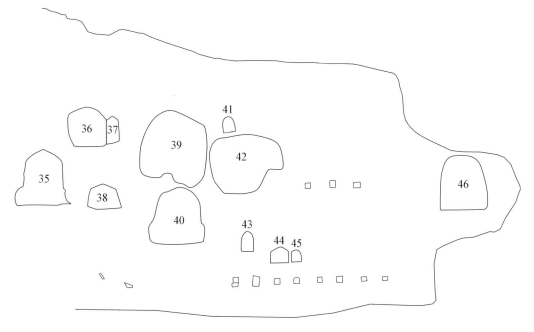

图161　伏波山千佛岩东壁造像分布图

第13龛：

位置：

位于千佛洞东侧北壁临江悬崖上,距还珠洞地面12米左右。

形制：

纵长方形单层龛,上小下大略呈梯形。龛楣较平。龛高212、宽122、进深10厘米。龛正壁较平,龛顶、侧壁与正壁角度较陡。高浮雕观音单尊立像(图162,图版156-1)。

造像：

立像高152厘米。头部、上身略向右扭。右胯微上提,身体微呈"S"字形。刻内外双重圆形头光,以两圈凸起的弦纹为边界。头光外浮雕云纹,云脚起于左肩,沿外重头光向右侧伸展,止于

0　　　　30厘米

图162　伏波山第13龛平、剖面图

头顶右上方,覆盖整个圆形头光周长的近三分之二。梳高髻,脑后长发披肩。头戴宝冠,冠底齐额为一圈带饰,正中饰一枚如意纹宝珠,两端为蝴蝶状帽翅,帽翅垂下连珠坠饰于耳后。宝珠之上为葫芦形饰牌,上浮雕化佛。化佛结跏趺坐,左腿压右腿。右手下垂,左手施无畏印。化佛周围装饰密集的唐草纹。宝冠下缘发际线呈几股月牙形,粗刻发丝。头偏向向右侧,呈四分之三脸。脸较清瘦,额间较窄。眉间白毫相。眉弓较短而微上翘。眼窝较低,双目微睁,眼线细长,上下眼睑清晰。鼻根与眉弓相接,鼻梁长而直挺,鼻翼较窄。人中较长,与上唇接。上下嘴唇较薄,轮廓清晰,嘴微张。左侧嘴窝较深。嘴下阴刻下颌线。左耳较大而不及肩,耳垂戴一珠型耳钉。

颈部较细长。圆肩。胸前璎珞细密繁复,长垂过膝。上身着天衣,左侧衣带绕前臂后飘于身体外侧,右腰部有多重帛巾结节。腹部略鼓。下着长裙,裙裾呈波浪形翻卷。腰部正中系带,腰带打结呈蝴蝶结状,带梢垂于双腿间,底部外侈较宽。双肘挽一道帔帛,中部垂于膝前,呈"U"字形。两端自肘外垂于体侧,边缘浮雕连珠纹。

左手下垂,微屈于左腿前,手腕戴手镯,边缘缀珠饰。手掌上翻,食指、中指夹净瓶的颈部,净瓶撇口细颈,长腹,高圈足外侈。右臂屈肘外抬,屈无名指、中指与拇指微触,食指、小指略直。跣足,双足外撇,脚跟相对。分别立于一个仰莲瓣莲台之上。莲台呈半圆形,外饰四层仰莲瓣。各层瓣尖不外翻。

右龛边缘有一方题记,宽22、高33厘米。隶书,字径3厘米。内容为:壹切尘中能成于忍以是/义故我常归依雕琢岩石/胜前菩萨毫光照水永福/桂人/大中□年□□□□/(图版156-2)。

第14龛:

位置:

位于第13龛的右侧。

形制:

纵长方形单层龛。尖拱形龛楣。龛高240、宽114、进深17厘米。龛正壁平整。浮雕单尊观音像(图163,图版157-1)。

造像:

像高185厘米。浮雕内外两重背光。内层为圆形,外层为桃形。梳高发髻。头戴宝冠,底缘中部饰5粒珠饰,两侧伸出蝴蝶状帽翅。珠饰之上的葫芦形饰牌浮雕化佛。化佛结跏趺坐,双手似合于腹前施禅定印。牌饰周围满饰唐草纹。脸较清瘦,发际线平,额间窄。眉间无白毫。眉弓弧平起棱,尾部上翘近太阳穴,与上眼睑的距离较宽,眉弓间距极近,几乎相连,与鼻根接。鼻梁高直。上下眼睑轮廓清晰。嘴唇与鼻翼等宽,人中短。上唇较薄,下唇较厚,嘴窝微陷。脖子较长,圆肩。

身着短袖天衣,长垂至腰。上身璎珞珠饰较繁密,垂于膝前。络披遮部分腹部。下着长裙,腰间系带,于腰部正中结蝴蝶结,带梢垂于双腿间。长裙裙脚较宽,边缘呈横"S"状,较富于动感。一道帔帛绕双臂垂于膝下,呈"U"字形,两端于肘外略撇开,飘于体侧。

左臂屈肘外举,手掌外撇,掌心向上,五指微曲,掌上似有托物。右手下垂于体侧,腕上戴串珠手链。掌心朝外,食指、中指夹净瓶的颈部,净瓶圆腹矮圈足。跣足,左足五趾分明,右足略残。

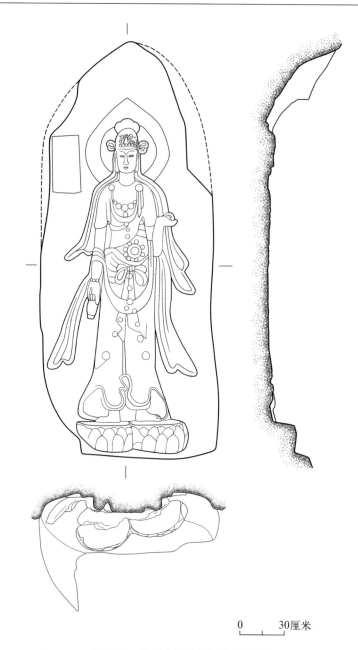

0 ⊢—⊣ 30厘米

图163　伏波山第14龛平、剖面图

双足分立,脚尖外撇,脚跟相对,各立于一个仰莲台之上,两个莲台相连。莲台均呈半圆形,表面浮雕三层仰莲瓣。

观音像头部右侧有一题记框,高35、宽18厘米。真书,字径2.5厘米。内容为:桂管监军使赐绯鱼袋宋伯康/大中六年(852年)九月廿六日镌/(图版157-2)。

第15龛:

位置:

位于千佛岩东侧接近洞顶之处,第14龛的上方。

形制：

纵长方形单层龛。圆拱形龛楣。龛高104、宽92、顶部进深约40厘米。离地较高，在倾斜的崖壁上开凿，顶部进深较大，龛底进深小。凿痕粗犷，无明显龛底。高浮雕单尊像（图164，图版158）。

造像：

像高55厘米。为未完工的半成品。仅凿出头部和上半身轮廓，座、姿态、衣饰、手印等不明。

第16龛：

位置：

位于第14龛的右侧。

形制：

单层龛。尖拱形龛楣。龛残高76、宽82、进深16厘米。龛顶、侧壁与正壁的分界较明显，龛底残损。浅浮雕一佛二菩萨三尊像（图165，图版159）。

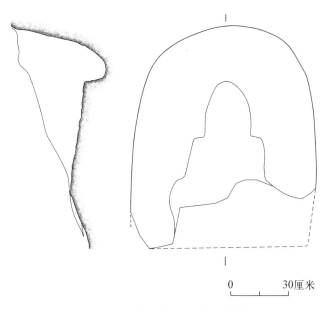

图164　伏波山第15龛平、剖面图

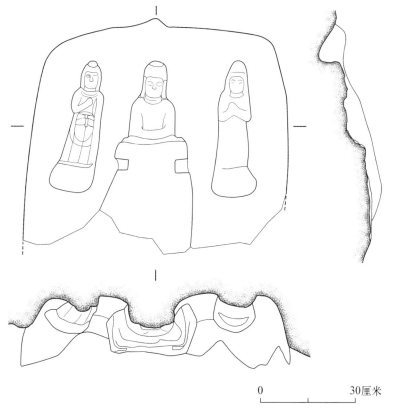

图165　伏波山第16龛平、剖面图

造像：

主尊高29厘米，胸部以下未完成过细打磨，较为粗糙。结跏趺坐。无背光。肉髻略宽平，不显发纹。脸方圆，发际线中央略微向下弧凸，额间较窄。眉弓起棱弧平，眼眶较大。鼻梁短。嘴小而唇厚，嘴窝微陷。下颌宽而饱满。圆溜肩，胸部较鼓。胸部以下凿痕粗犷，未完成即停工。似着通肩式大衣，不显衣纹。双手相叠于下腹前腿上。座为束腰须弥座，通高33、通宽24、进深16厘米。座基较高，略呈正方形；束腰窄，高4、宽14厘米；座台单层，长方形。

左胁侍菩萨像高33厘米。立姿。未完全制作好，面部和脖子经现代修补。其余部分粗糙不平。发髻较高，长发或宝缯披于肩后。圆肩。双手合于胸前。立于近圆形台座之上。

右胁侍菩萨像高32厘米。立姿。发髻圆，长发或宝缯披于肩后。脸方圆，发际线平，额间窄。眉线弧平，眼眶略大。鼻、嘴残损经修补。颈短而粗，宽圆肩。戴圆形项圈。胸部略鼓，腰部较细。身后披天衣，长及座后。上身袒裸，下身着长裙，裙腰外翻。腰间系带，带梢较短。左肘垂下帛巾一道，绕右腕垂于体侧，在体前呈"U"字形。左手下垂于体侧；右臂上抬屈肘，手掌抚胸。立于圆柱形台座之上。台座表面粗糙，当未完工。

第17龛：

位置：

位于千佛洞东侧北壁较高位置，第15龛下方，第13龛上方。

形制：

纵方形单层龛。圆拱形龛楣。龛高约22、宽约19、进深1厘米。龛壁粗糙。龛内减地留出两块凸起的纵长条形石块，准备制作两尊造像（图166，图版160）。

造像：

未完成制作。两尊似为立姿。左像残高19.5厘米，右像残高19厘米。其余不详。

第18龛：

位置：

位于第17龛的右侧。

形制：

纵长方形单层龛。尖拱形龛楣。龛高24、宽20、进深约3厘米。龛底不明显。龛壁粗糙。未完成制作。龛内减地留出一块凸起的上小下大的石块，准备制作一尊坐佛（图167，图版161）。

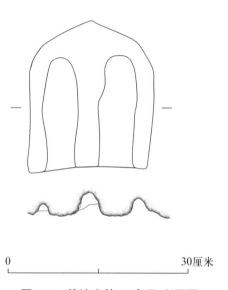

0 ⸺⸺⸺⸺⸺ 30厘米

图166　伏波山第17龛平、剖面图

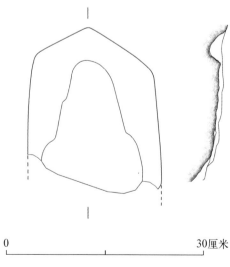

0 ⸺⸺⸺⸺⸺ 30厘米

图167　伏波山第18龛平、剖面图

造像：

造像残高19厘米。

第19龛：

位置：

位于第18龛右侧。

形制：

单层龛。龛楣残。左侧龛壁及龛底不存。龛高25、残宽13、进深2厘米（图168，图版162）。未完成制作。似制作一尊坐佛。

造像：

像残高21厘米。

第20龛：

位置：

位于第19龛右侧。

形制：

横长方形单层龛。圆拱形龛楣。龛高约49、宽约62、进深约2厘米。龛壁粗糙。未完工，似制作一尊二菩萨题材的三尊像（图168，图版162）。

造像：

主尊仅可见头和上半身的轮廓，残高约15厘米，座下似是长莲茎，左、右胁侍菩萨仅见坐姿的轮廓。

第21龛：

位置：

位于第20龛的右侧。

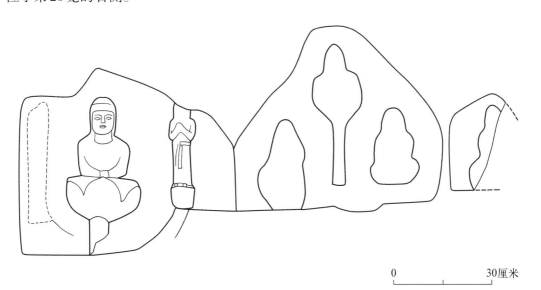

0 ———————— 30厘米

图168　伏波山第19—21龛平面图

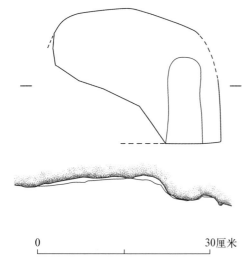

图169　伏波山第22龛平、剖面图

形制：

横长方形单层龛。尖拱形龛楣。龛高约50、宽55、进深5厘米。龛顶、龛底部分残损，正壁表面较为光滑。浮雕一佛二菩萨组合（图168，图版162）。

造像：

主尊高20厘米，宽平肉髻。发际线较平。眉弓弧平，双眼微闭。鼻根与眉弓相接。嘴微闭，下唇较厚，嘴角微陷。下颌丰圆。颈部较粗。肩宽平。衣饰不清。双手叠合于小腹前。制作时似计算失误，下半身的空间没有预留，因此只能上半身直接凿于仰莲瓣莲座之上。莲座表面浮雕三瓣仰莲瓣，瓣尖略外翻，莲茎圆柱状。

左胁侍菩萨残高26厘米。头、颈部残损。上身袒露，下着长裙，腰间系带，两腿间腰带垂下。双手合十于胸前。立于近圆柱形台座之上。座下莲茎似与主尊莲座的莲茎相连。

右胁侍菩萨破损严重，已基本不辨。

第22龛：

位置：

位于第21龛右侧。

龛形：

横长方形单层龛。圆拱形龛楣，侧壁、龛底形制不全。龛高26、残宽31厘米、进深约2厘米。单尊造像，未制作完成（图169，图版163）。

造像：

略有一凸起的长条形，残高15厘米。

第23龛：

位置：

位于第22龛的下方。

形制：

纵长方形单层龛。圆拱形龛楣。龛高150、宽50、进深22厘米。龛壁四周均有崩损（图170，图版164）。

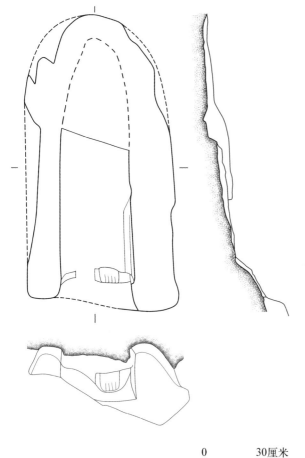

图170　伏波山第23龛平、剖面图

造像：

像残高70厘米。应为立像。残损严重，头部、上半身、双臂无存。下身大衣或裙下摆垂于足面。跣足，左足五趾平齐。右足仅存内侧边缘。

第24龛：

位置：

位于下还珠洞的门道上方，第23龛的右上方。

龛形：

横长方形，单层龛。四壁边框痕迹较为明显。龛高131、宽约225、进深约3—5厘米。浅浮雕千佛题材（图171，图版165），可辨者125尊。

造像：

中央一佛体量相对较大，高26厘米。身体表面残损严重。从残痕仅能辨认双手合十于胸前，腿部不明显，似结跏趺坐于半圆形莲台之上。莲座高13、宽26厘米。

小佛大致分为9列，能辨认者124尊。中尊大像左侧的小佛皆有界格，分为8列。界格呈纵长方形龛状，内刻结跏趺坐小佛。主尊右侧的小佛之间无界格，分为9列。皆结跏趺坐。所有小佛衣饰、印相不明。

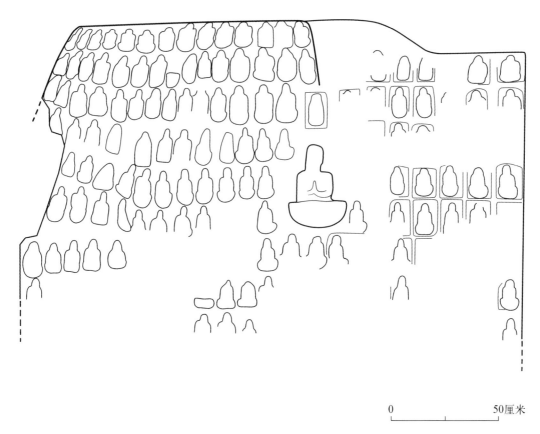

0　　　　　　　　　50厘米

图171　伏波山第24龛平面图

第25龛：

位置：

位于第24龛的右侧。

形制：

横长方形，单层龛。平龛楣。龛顶、左壁的边框较为清晰。龛高约143、宽约238、进深约3—5厘米。浅浮雕千佛题材（图172，图版166），可辨者51尊。

造像：

风化和崩损较严重。龛顶中部为一佛，体量稍大，残高35厘米。仅余头、胸部相对完整，胸部以下残损，难以辨认。肉髻高而宽。面部方圆。发际线弧平。眉弓弧长，眼窝较深。鼻、嘴漫漶不清。下颌丰圆。大耳垂肩。颈部不显。衣饰、姿态不明。

中尊左侧的小佛数量较多，大致能见7列，较完整者42尊。中尊右侧最上方两排完整者稍多，共8尊。所有小佛皆为跏趺坐。

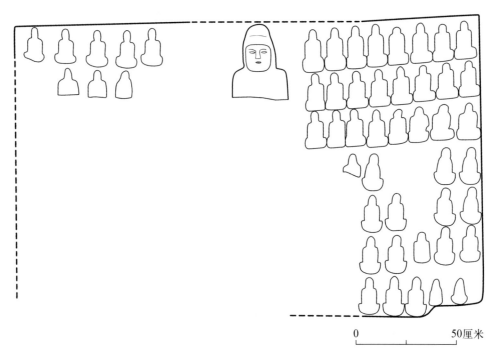

图172　伏波山第25龛平面图

第26龛：

位置：

位于第25龛的下方，第27龛的上方。

形制：

横长方形单层龛。圆拱形龛楣。龛高212、宽234、进深约46厘米。正壁较平整，主尊与左胁侍之间凿纵长方形孔,高约10、宽约5厘米。左侧龛壁残损较甚。高浮雕一佛二菩萨三尊像（图173,图版167）。

造像:

主尊高70厘米。结跏趺坐。高圆肉髻,脸方圆。发际线较平,眉弓短而平。眼部不清。鼻根较宽,鼻翼高直。微刻人中。薄唇,嘴微闭。下颌饱满。耳郭贴脑后,耳垂大及肩部。宽平肩,胸部微鼓。内着袒右僧祇支,右肩披覆肩衣,遮覆右肘。外着袒右大衣,右侧衣角自身后覆遮部分右肩,绕腹前上搭左肩,衣边外翻。露部分胸部。腹间斜向短弧衣纹断面呈阶梯状,双腿的衣纹呈"八"字形,自正中向两侧外撇,断面呈圆凸棱状。大衣紧裹双腿,不显双足轮廓。衣摆悬垂于座面。左手置于小腹前,掌心朝上,施禅定印;右臂屈肘上抬,施无畏印,手指部分残断。座略呈方形,通高56、通宽95厘米。座底部两侧有两个方形孔洞,为开凿造像而搭设架子的卡口,佛座被这些卡口打破。

左胁侍菩萨像残高68厘米。身体表面基本不存,仅余少许腿部和莲座。

右胁侍菩萨像残高65厘米。结跏趺坐。身体略侧向主尊。面部、腿部、座残损。似高发髻。

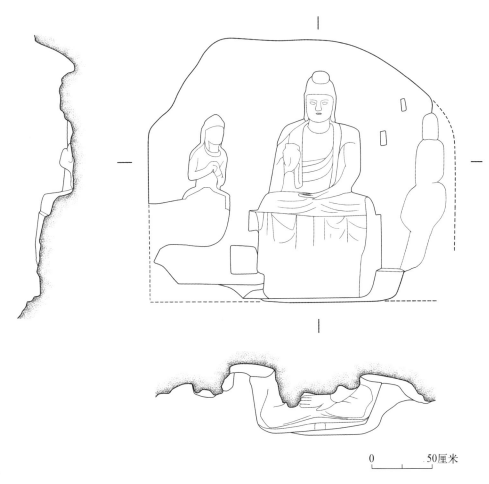

0　　　　　50厘米

图173　伏波山第26龛平、剖面图

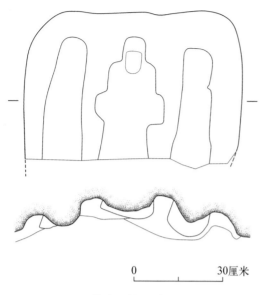

图174　伏波山第27龛平、剖面图

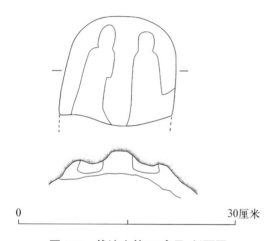

图175　伏波山第28龛平、剖面图

长发或宝缯披肩。颈戴圆形项圈。肩宽平厚实,胸部略鼓。腰部略细,腹部平坦。上身袒裸。左手戴手镯。双手合拱于胸前。

第27龛:

位置:

位于第26龛下方。

形制:

横长方形单层龛。平龛楣。龛高47、宽72、进深5厘米。龛壁粗糙,龛底崩损不存。浮雕一佛二菩萨三尊像(图174,图版168)。

造像:

全龛没有最终完成。主尊高12厘米。结跏趺坐。面部残损,衣饰、印相、台座不明。

两胁侍菩萨仅可见2个长条形凸起岩块,左像残高31厘米,右像残高33厘米。

第28龛:

位置:

位于第25龛的右下方、第26龛右上方。

形制:

近正方形单层龛。圆拱形龛楣。龛高15、宽16、进深约3厘米。浮雕2尊造像,题材不明。全龛似没有最后完成。龛壁及造像表面粗糙(图175,图版169)。

造像:

两尊造像似为立姿。左像残高12厘米,右像残高13厘米,余皆不明。

第29龛:

位置:

位于第26龛右侧。

形制:

横长方形单层龛。圆拱形龛楣。龛高37、残宽46、进深约7厘米。浮雕一佛二菩萨三尊像。龛正壁较平整,右壁、龛底残损无存(图176,图版170)。

造像:

造像表面损毁严重。主尊残高23厘米。仅余大致轮廓,似结跏趺坐。

左胁侍菩萨像仅余少许轮廓,残高17厘米。右胁侍菩萨像残高22厘米。可辨头、上半身,应为坐像。

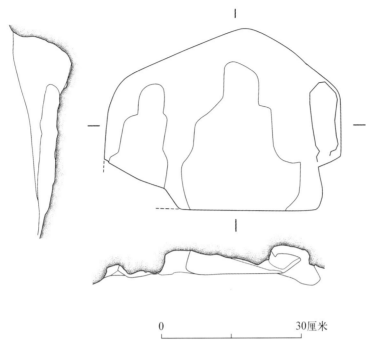

图176 伏波山第29龛平、剖面图

第30龛：

位置：

位于第29龛下方。

形制：

横长方形单层龛。圆拱形龛楣。龛高129、宽215、进深26厘米。龛底平。高浮雕一佛二菩萨二力士一供养人像（图177，图版171）。

造像：

主尊像残高74厘米。结跏趺坐。头部表面残损。肩宽平厚实，胸部微鼓。内着袒右僧衹支，系花结于腹前，带梢两端垂下。右肩披覆肩衣，外着袒右大衣，右侧衣边自身后遮覆部分右肩，绕腹前上披左肩。大衣包裹双腿，不显双足轮廓。上身衣纹较少，腿部衣纹呈"八"字形，断面呈圆凸棱状。双手叠置于腹前，左手在上，施禅定印。束腰莲座通高34、通宽61、进深18厘米。分上下两部分。束腰方形，上层座台为仰莲座，浅浮雕两层莲瓣，瓣叶肥厚。龛底圆雕两尊蹲狮，头部及部分躯体残断不存，两狮之间佛座正中为一残损的圆形香炉。

左胁侍菩萨像残高73厘米。表面残损严重。肩披天衣，垂于体后。下着长裙，较为紧身。左手似下垂体侧，右臂屈于胸前。帛带垂于膝前，呈"U"字形一道。跣足，立于仰莲座上莲茎粗短。

右胁侍菩萨像基本不存，龛壁略有凸起。从最下方莲茎可知立于仰莲座之上。

左力士像残高50厘米。身体表面残损。左手上举过头，似握拳；右手叉腰。其余细节不详。

右力士像已基本不存，仅余龛壁略有凸起。

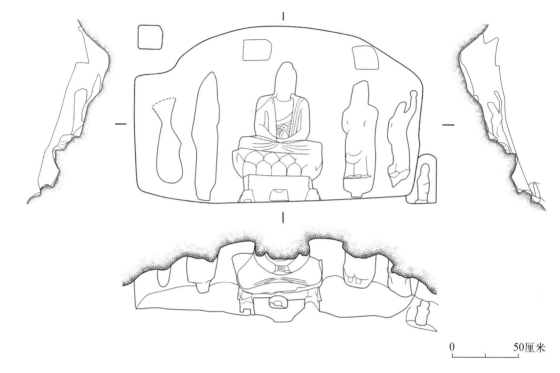

图177　伏波山第30龛平、剖面图

造像上方开凿有三个孔洞，其中两个位于龛内，另一个在左侧龛顶外侧。边长约16—22厘米。三者位置基本在同一水平线上。为开龛造像搭设支架所凿。

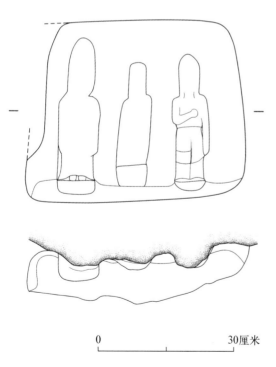

图178　伏波山第31龛平、剖面图

第31龛：

位置：

位于第27、30龛之间。

形制：

横长方形单层龛。龛楣平。龛高39、宽48、进深8厘米。左壁打破第27龛，右壁打破第30龛，正壁较为平整。浮雕一佛二菩萨三尊像。损毁严重（图178，图版172）。

造像：

主尊像残高24厘米。似立姿。头部、身体表面残损。服饰、印相皆不明。座似为圆柱形。

左胁侍菩萨像残高27厘米。立姿。头部、左肩残损。下着裙，裙腰系带。膝前垂下一道帛巾，略呈"U"字形。左手垂于体侧，右手屈于胸前。座为半圆形。

右胁侍菩像残高30厘米。立姿。上半身残损严重。下身可见天衣痕迹。下裙垂于脚面。跣足，双足并拢，左足五趾清晰。座为半圆形。

第32龛：

位置：

位于千佛洞西侧接近洞顶的位置，第29龛的右上方。

形制：

纵长方形单层龛。龛楣平。龛高10、宽8、进深2厘米。浮雕单尊像（图179，图版173）。

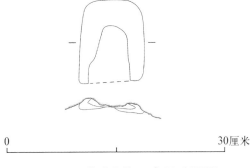

图179　伏波山第32龛平、剖面图

造像：

像高8厘米。似未完工，略有其形。似为坐姿，服饰、印相、台座皆不明。

第33龛：

位置：

位于千佛洞北壁最里侧，第29龛的右侧。

形制：

横长方形单层龛。尖拱形龛楣。龛高90、宽106、进深15厘米。正壁平滑，龛底部分残损。浮雕一佛二菩萨三尊像（图180，图版174）。

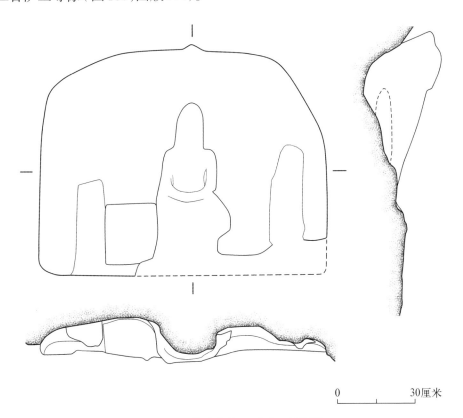

图180　伏波山第33龛平、剖面图

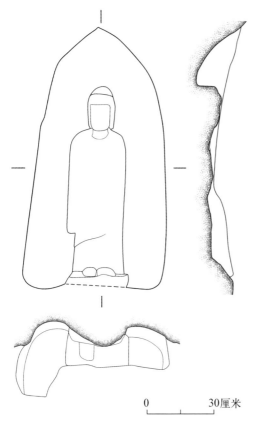

图181 伏波山第34龛平、剖面图

造像：

主尊像高42厘米。结跏趺坐。除胸、腹部外，其余躯干及座表面残损。圆肩。腰与胸部近乎等宽。胸部微鼓。佛衣不明，不显衣纹。双手合置于腹前腿上。座式不明。

左右胁侍菩萨均已损毁，正壁仅余少许凸起部分，左像残高36厘米，右像残高30厘米。其余细节不明。

主尊右侧有一为开龛搭设的支架而开凿的方形孔洞，边长约20厘米。打破主尊台座。

第34龛：

位置：

位于千佛洞北壁西侧，第30龛右侧。

形制：

纵长方形单层龛。尖拱形龛楣。龛高105、宽59、进深10厘米。正壁平整，龛底平。浮雕单尊像（图181，图版175）。

造像：

像高约60厘米。肉髻较圆，似雕螺发。发际线较平。面部表皮剥落，五官不清。双耳郭紧贴脑后，耳垂略不及肩。颈部较长，无蚕纹。肩宽圆。衣饰、印相等不明。膝下可见阴刻一道斜向衣纹。跣足，双足并立，左脚残损，右脚五趾清晰。座为方形。

第35龛：

位置：

位于临江洞口的东侧崖壁的最北端。

形制：

横长方形单层龛，整体略呈"山"字形。尖拱形龛楣。龛高92、宽约126、进深60厘米。正壁弧圆，各壁分界部明显。龛底平。高浮雕一佛二弟子二菩萨二供养人七尊像。保存较为完好（图182，图版176-1）。

造像：

主尊像高66厘米。结跏趺坐，右腿在上。头部近乎圆雕，脑后中部以下与正壁连接。浅浮雕三重头光。内重圆形，直径较小，藏于脑后，从龛外正面难以看到这重头光。中间一重为竖椭圆形，表面线刻卷草纹。外重桃形头光，中间以两道线刻双弦纹将桃形头光间隔成三部分。第一道弦纹之外为外圈，线刻繁复的火焰纹；两道弦纹之间为中圈，线刻卷草、缠枝花卉纹，第二圈弦纹之内为内圈，略大于浅浮雕的竖椭圆形第二重头光，二者之间素面（图版176-2）。

肉髻覆钵状。脸方圆，发际线略平。眉弓圆弧，眉尾略上扬，眼部微鼓凸，上下眼睑重合，似闭

0 　　　　30厘米

图182　伏波山第35龛平、剖面图

目。鼻梁与眉弓相接处较宽,鼻梁短而高挺。嘴与鼻翼等宽。嘴角微陷。双耳贴脑,耳郭清晰,耳垂不及肩。颈略短,无蚕纹。肩宽圆,胸部微鼓。内着袒右僧祇支,衣边外翻呈衣领状,系结于胸前,带梢垂下。右肩披覆肩衣,覆遮右臂。外着袒右大衣,右侧衣边自身后包裹部分右肩,绕右腋下、腹前上搭左肩。上身衣纹多为线刻,较浅。左腿平行斜向衣纹3道,断面呈阶梯状。左手下垂置于左小腿上,掌心朝下。右臂屈肘上举,掌心斜向外,施无畏印。座为仰莲座,浮雕三层仰莲瓣,叶瓣较厚,瓣尖略外翻。座下两侧各圆雕一卧狮,左狮体形略大。头部略抬。头顶浮雕数缕卷曲鬃毛,眼部鼓凸,鼻与吻部突出,阔嘴。平卧于龛底,前肢前伸,后肢屈蹲。右狮姿态基本相同。

　　左弟子像高72厘米。立姿。身体略侧向主尊。光头,头部宽圆。光头,头部圆。眉弓起棱弧平。鼻尖略勾。人中短,嘴微闭。下颌较宽。耳小,耳郭贴脑后。着交领长袍,左侧衣袖线刻纵向和斜向平行衣纹。双手屈于胸前捧物。立于仰莲座上,表面浅浮雕两层仰莲瓣(图版176-3)。

　　右弟子像高62厘米。立姿。身体侧向主尊,头略朝外。光头,头部较圆。眉弓斜平。身着交领长袍,双手屈于胸前捧一圆形物。脚着云头履,立于圆形仰莲座上,表面浅浮雕两层仰莲瓣。

　　左胁侍菩萨像高84厘米。立姿。线刻两层头光,内层为圆形,外层单线阴刻桃形,两层之间以双弦纹分隔。内外重之间线刻蔓草、缠枝花卉纹。戴宝冠,冠部正中有一近圆形牌饰,中似有化佛。头部比例略大。发际线弧平。脸长圆。眉弓缓弧,眼部漫漶不清。鼻翼较宽。嘴角微上扬,嘴窝较深。耳大不及肩。颈部粗短,戴圆形项圈。肩宽平。腰细,小腹平坦。肩披天衣,长垂体后。上身袒裸,帛巾自左肩斜向右肋。下着裙,腰间系带,中部有圆形带扣。右肘垂下帛巾,握于左手,末端垂于体侧,于膝前呈"U"字形。左手下垂于体侧握帛巾。右臂屈肘上抬,手掌微屈于胸前。似握一宝珠。跣足,立于圆柱形仰莲台上,表面浮雕两层莲瓣(图版176-4)。

右胁侍菩萨像高82厘米。立姿。身体侧向主尊。线刻两层头光,内层为圆形,外层为桃形,以双弦纹为间隔。内重素面,外重线刻火焰纹、蔓草、缠枝花卉纹。戴宝冠,正中有三角形牌饰。冠下缘带饰两端各缀一宝珠。粗刻发纹。脸方圆,发际线弧平。眉毛微上扬,眼微闭。鼻短。嘴小,嘴窝深。颈粗短,似刻一道蚕纹。戴圆形项圈。宽圆肩。肩披天衣。上身袒裸,帛巾自右肩下斜左肋。下着长裙,腰间束带,正中为圆形扣饰,带梢垂于双腿间。裙上阳刻衣褶呈"八"字形。自左肘垂下帛巾,握于右手,末端垂于体侧,于膝前呈"U"字形。左臂屈肘上抬,手掌抚胸。右手下垂于体侧握帛巾。跣足,立于圆柱形仰莲台上,表面浮雕三层仰莲瓣(图版176-5)。

两侧龛角各圆雕一个供养人,左侧的为女性,高19厘米。头部比例大。梳高髻,着长裙,双手于胸前合十,右腿屈,左膝着地,胡跪于方形台座之上。右侧为男性,高20厘米。身材壮硕,头戴幞头。腹部微鼓,腰间系带。双手合拱于胸前。胡跪于方台座上,左腿屈,右膝着地。

第36龛:

位置:

位于第35龛的左上方。

形制:

横长方形单层龛。尖拱形龛楣。高81、宽约90、进深18厘米。正壁弧圆,左壁被第37龛略微打破。高浮雕一佛二菩萨三尊像(图183,图版177)。

造像:

主尊像高43厘米。结跏趺坐。肉髻宽平。圆脸,发际线较平。眉弓浅弧,似闭目状。鼻梁短而鼻翼宽,嘴小微闭。下颌宽圆,刻下颌线一道。大耳垂肩。肩宽圆。胸部微鼓,隐现胸廓线。内着袒右僧祇支,右肩披覆肩衣,衣边外翻。外着袒右大衣,右侧衣边自身后覆遮部分肩部,绕腋下上搭左肩。大衣下摆包裹双腿,不显足部轮廓。通体衣纹极少。双手合置于下腹前,似右手在上,施禅定印。座为仰莲座,表面浮雕3层仰莲瓣。

左胁侍菩萨像高46厘米。立姿。发髻高圆。发际线弧平。长发或缯带披肩。面部方圆。眉弓弧平,眼部微鼓,似闭眼状。鼻尖残损,嘴部不明。颈戴圆形项圈。胸部微鼓。腰细。肩披天衣。上身袒裸。帛巾自左肩绕腹前。下着裙,裙腰系带。左手垂于体侧,握一净瓶。净瓶鼓腹、圜底。右臂屈肘于腹前。跣足,立于仰莲瓣莲台上,莲茎向右弯曲。

右胁侍菩萨像高48厘米。立姿。头部比例较大。发髻高。发际线较平。长发或缯带披肩。额间窄。眉弓短平。眼、鼻尖、嘴部不清。溜肩。胸部略鼓。上身袒裸,下着裙,腰间束带,束带长垂于双腿间。左手垂于体侧,右臂屈肘于腹前。跣足,立于仰莲台上。

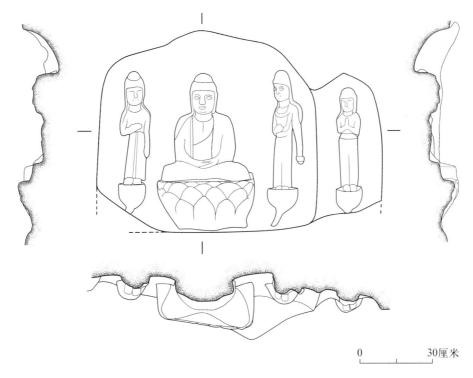

0   30厘米

图183　伏波山第36、37龛平、剖面图

第37龛：

位置：

右壁紧邻第36龛。

龛形：

纵长方形单层龛。尖拱形龛楣。龛高58、宽25、深8厘米。正壁光滑，右壁略微打破第36龛左壁。龛底残损。浮雕单尊菩萨像（图183，图版177）。

造像：

菩萨像高41厘米。头似戴冠，发髻较平。长发或缯带垂肩。脸方圆，眉弓弧平。鼻梁直挺，鼻翼微宽。眼、嘴似未雕凿。下颌丰满。圆溜肩。胸部健实。腹部平坦。上身袒裸，下着紧身长裙。双手合十于胸前。跣足，双足并拢。立于圆形莲台之上。

第38龛：

位置：

位于第36、37龛下方，第35龛左侧。

形制：

横长方形单层龛。尖拱形龛楣。高66、宽约108、进深21厘米。正壁平整光滑，龛底右侧略高。浮雕一佛二菩萨三尊像（图184，图版178）。

造像：

主尊像高37厘米。结跏趺坐。头部比例较大。宽平肉髻，不显发纹。面相方圆，发际线弧

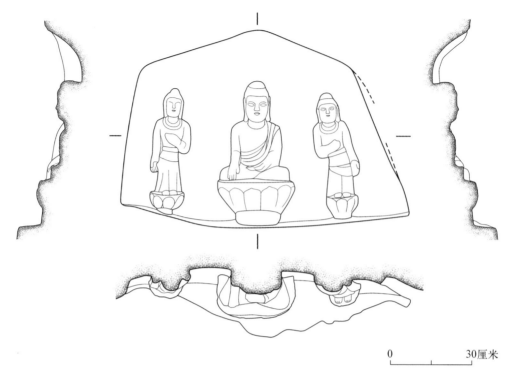

0　　　　　　　30厘米

图184　伏波山第38龛平、剖面图

平。额间较宽。眉弓弧平。鼻梁较短,唇与鼻翼略等宽,嘴唇较厚。下颌饱满丰润。双耳紧贴脑部,耳垂大而贴肩。肩宽圆厚实,胸腹部较健壮。内着袒右僧祇支,外着袒右大衣。衣纹自左肩斜向右腹呈平行的弧形,截面呈阶梯状。大衣紧裹双腿,不显足形。左手垂置于腹前双腿间,掌心朝上,施禅定印;右手下垂于右膝上,掌心朝下施触地印。仰莲台表面浮雕单层仰莲瓣。座下莲茎短而粗硕。

　　左胁侍菩萨像高35厘米。立姿。髋部向左扭动较大。高发髻,头部比例较大。面部饱满。眉弓弧平,双目微闭。鼻短,嘴部小巧。大耳垂肩。颈戴圆形项圈。圆肩。上身袒裸。腰系霞裙或裙腰外翻。下身着长裙。膝前垂下帛巾一道。左手下垂于体侧,似有持物;右臂屈肘,手掌置腹前。跣足,双足微分,五趾清晰。立于仰莲座上,表面浮雕单层仰莲瓣。

　　右胁侍菩萨像高35厘米。立姿。高发髻,发际线平,额间宽。长圆脸。五官漫漶不清。颈戴项圈。宽肩细腰。上身袒裸,腰着霞裙或裙腰外翻,下穿长裙。左臂屈肘,手掌抚胸。右手垂于体侧,似有持物。跣足,立于圆形莲台之上,外饰单层仰莲瓣。

　　第39龛:

　　位置:

　　位于第37龛左侧。

　　形制:

　　纵长方形单层龛。尖拱形龛楣。高120、宽90、进深31厘米。龛壁密布凿痕,左壁外高内低呈阶梯状。龛底外斜,边缘不规则。高浮雕单尊像,未制作完成(图185,图版179)。

造像：

像高58厘米。似为坐姿。主尊脸方圆，面部只凿刻出眉眼、鼻子大略。右手上抬，似施无畏印。服饰、台座等皆不明。

第40龛：

位置：

位于第39龛正下方。

形制：

纵长方形单层龛。尖拱形龛楣。高160、宽约150、进深30厘米。正壁弧平，龛顶、侧壁与正壁分界明显，龛底平。高浮雕二菩萨二供养人像（图186，图版180）。

造像：

左菩萨像高112厘米。发髻较高，不显发纹，长发或宝缯披肩。脸长圆。发际线平，额间较宽。眉弓微凸起弧平。眼微闭，上下眼睑

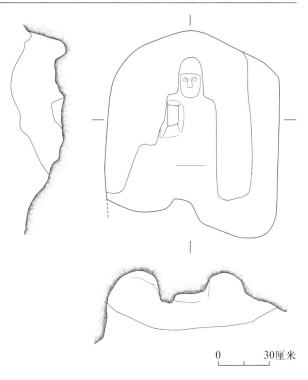

图185　伏波山第39龛平、剖面图

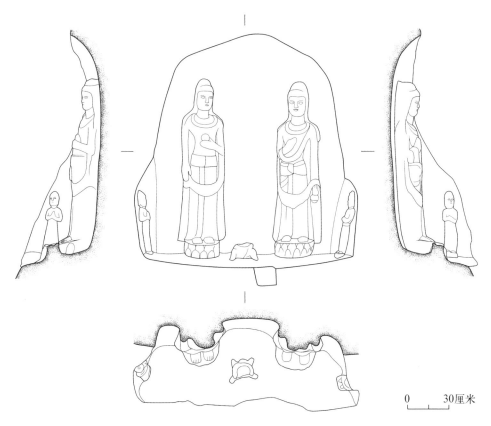

图186　伏波山第40龛平、剖面图

呈一条线。鼻根较宽。唇厚,嘴角微陷。面颊、下颌饱满。颈部细长,戴圆形宽项圈。肩宽圆,细腰,髋部略往右提。肩披天衣,长垂及座。上身袒裸,帛带自左肩斜向右腰,缠右肘于膝前垂下一道,呈"U"字形,另一端缠左腕后垂于体侧。下着长裙,裙腰上缘外翻,腰带裹于其中,带梢垂双腿间。有少许衣纹,横断面呈圆凸棱状。左手持净瓶垂于体侧,净瓶长颈,圆腹,圈足;右臂屈肘上抬,手掌抚胸。跣足,脚趾分明,双脚分立。圆形柱莲座表面浮雕两层仰莲瓣。

右菩萨像高112厘米。身体微向左侧。发髻较高,长发或缯带披肩。长圆脸,发际线平。额间宽。眉弓平缓,眼部不清。鼻、嘴略经修补,嘴角较深。颈细长,戴圆形项圈。肩宽平,细腰而平坦。肩披天衣。上身袒裸。下着长裙,腰部上缘外翻,裹腰带,带梢垂于双腿间。左肘右腕间垂下帛带,在膝前呈"U"字形一道。左臂屈于胸前,左手捏一宝珠;右手下垂握帛带。跣足,双脚分立。圆柱形莲座表面浮雕两层仰莲瓣。

左右龛角略向外扩,各浮雕一供养人,皆立姿。左供养人高45厘米。崩裂较严重。面部经修补。腰间系带,似是男子,双手合拢于腹前。立于一圆形台座之上。右供养人高42厘米。当为女性,高发髻。面、颈部经修补。身着交领窄袖长袍。双手合十于胸前。足蹬云头履。

龛底中央圆雕一圆形四脚香炉,外侧略有残损,中部内凹。

第41龛:

位置:

位于第39龛的左上角。

形制:

近正方形单层龛。圆拱形龛楣。龛高14、宽约15、进深3厘米。单尊造像,未制作完成(图187,图版181)。

造像:

像高约13厘米。似为坐像。面部、印相、衣饰等皆不明。座略呈方形。

第42龛:

位置:

位于第39龛左侧,第41龛下方。

形制:

横长方形单层龛。圆拱形龛楣。高63、宽101、进深14厘米。正壁弧平,龛底未经修整。造像及龛上半部分雕凿较为精细,下半部分粗凿痕密布,似未完工。高浮雕一佛二菩萨三尊像(图187,图版181)。

造像:

主尊像高约43厘米。结跏趺坐。肉髻宽圆,馒头状。面部饱满。发际线较平,中部微微下弧,额间窄。眉弓略上挑,眉梢下弧。眼眶较大。鼻梁高直,鼻翼较宽。嘴微闭。下颌饱满,阴刻一道下颌线。颈部较粗。肩宽平厚实。内着袒右僧祇支,胸前系带,带结成一圆圈状,带梢较短,呈"八"字形垂下。右肩披覆肩衣。外着袒右大衣。双手合置于腹前腿上,不显手掌轮廓。座当为束腰莲座。束腰之下部分未最终完成。

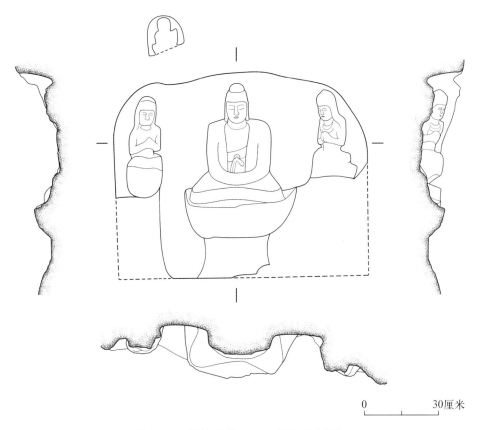

图187　伏波山第41、42龛平、剖面图

左胁侍菩萨像高24厘米。结跏趺坐。身体侧向主尊。头部比例较大。头戴宝冠。发际线弧平。脸方圆。眉弓较平，眼细长微闭。鼻梁高直。嘴部不清。耳部不显。颈上戴圆形项圈。肩宽平。上身袒裸，下身衣饰不明。双手合拱于胸前。座台呈半圆形。

右胁侍菩萨像高24厘米。结跏趺坐。仅面、颈部经过细凿打磨，其余部位布满凿痕。头戴宝冠。脸长圆，五官漫漶不清，可见鼻翼较大。上身似袒裸。双手合拱于胸前。下身服饰、座台形制不明。

第43龛：

位置：

位于第42龛下方。

形制：

纵长方形单层龛。圆拱形龛楣。高61、宽38、进深6厘米。正壁平，侧壁角度较陡。高浮雕单尊像（图188，图版182）。

图188　伏波山第43龛平、剖面图

造像：

像高38厘米。头似戴方形帽。脸方圆，面相稚嫩。发际线较平，额间窄。眉弓短而平。眼似微闭，嘴小。颈部不显。身着圆领窄袖长袍，腰间系带。左臂屈肘外举，手掌似托一净瓶。右手屈于腹前扶腰带。脚似着尖头长靴。立于一圆角方形台座之上。

第44龛：

位置：

位于第45龛的右侧。

形制：

横长方形单层龛。圆拱形龛楣。高45、宽54、进深5厘米。高浮雕一佛二菩萨三尊像（图189，图版183）。

造像：

主尊像高29厘米。结跏趺坐。肉髻较高。头部经修补。下颌饱满。双耳及肩。宽圆肩，胸部微鼓。似着通肩式大衣，紧裹双腿，不显衣纹、足形。双手叠置于小腹前，施禅定印。座呈半圆形。

左胁侍菩萨像高30厘米。身躯直板。头部经修补。发髻较高，似戴冠。衣饰不明。双手合十于胸前。立于圆柱形台座上，座表面残损。

右胁侍菩萨像残高27厘米。头部、颈部表面残损。衣饰不明。双手似合十于胸前。台座呈圆形柱。

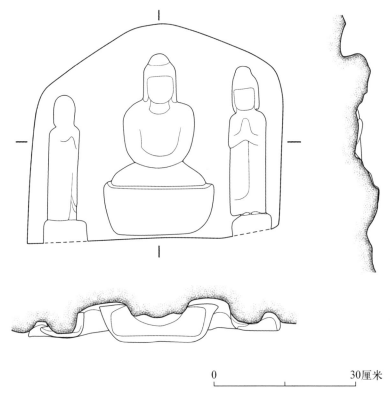

0   30厘米

图189 伏波山第44龛平、剖面图

第45龛:

位置:

位于第44龛的左侧。

形制:

纵长方形单层龛。龛顶残,龛楣不明。残高25、宽约20、进深约3厘米。左壁及龛底残失。浅浮雕单尊造像(图190,图版184)。

造像:

像高约20厘米。正壁仅余凸起的轮廓,其余不明。

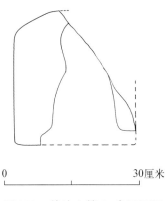

图190　伏波山第45龛平面图

第46龛:

位置:

位于千佛洞东壁最深处,难以攀爬靠近。

形制:

纵长方形单层龛。圆拱形龛楣。高约100、宽约66、进深约30厘米。浮雕一佛二菩萨三尊像,未制作完成(图191,图版185)。

造像:

主尊像高约60厘米。仅有大体轮廓,似为善跏趺坐,右掌置于胸前。由于岩隙渗水,经常年侵蚀,表面胶结碳酸钙,较为光滑。

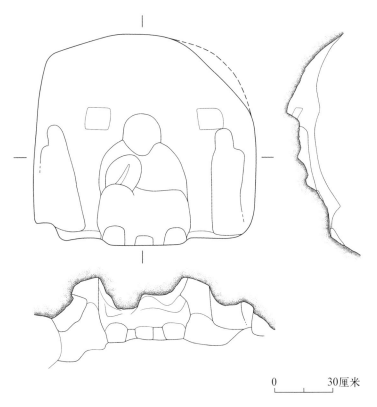

图191　伏波山第46龛平、剖面图

二胁侍菩萨像均高56厘米。立姿，其余不明。

主尊头部两侧各有一个方形小孔，边长10—12厘米，为搭设造像支架而开凿。

（三）洞外

伏波山除还珠洞、千佛岩两个区域之外，在洞外伏波山南麓听涛阁内有造像3龛5尊，另外在伏波山北麓的漓江西岸石砌堤坝上有未开龛造像2尊（计为1龛）。

第47龛：

位置：

为听涛阁内3龛中最西者。

形制：

纵长方形单层龛。龛楣平。高123、宽79厘米、进深4厘米。四面刻方形边框，边框宽9.6—10.5厘米，其上线刻缠枝花卉纹，主藤呈波浪形。正壁平。浅浮雕三尊像（图192，图版186）。

造像：

中尊高47.5厘米。游戏坐。浮雕圆形背光。头部、右肩经现代修补。圆肩，似披肩甲。腹部较鼓。身着交领长袍，左侧衣领略外翻呈三角形。腹部束甲，胸部、腰部的甲带较宽，胸带中部镶嵌宝珠。下身服饰不明，长袍覆遮右腿，露出脚掌。腰部两侧有衣带垂于座下。双手下垂，分置于两膝上。左腿垂下，左足外撇，踏于座基上；右腿侧屈于座面，足掌垂下，足心向外。座通宽48、通高27厘米，由座台和座基组成。座基略呈"凸"字形，宽44、高12厘米。座台呈方形，长48、宽15厘米。座基之下浅刻水波纹和云纹。右侧龛底浮雕一玄武图案，打破边框。玄武头部高昂，尾部呈长三角形。龟壳上线刻密集的六角形龟甲。蛇身缠绕龟颈及龟身，表面刻鳞状纹饰。

主尊两侧后方及头顶浮雕云纹。各有一造像从云中探出上半身。左像残高17厘米。头部残损。上身衣饰不明。帛巾绕于身侧。双臂戴护臂。双手于左胸前擎一旗杆，左手握杆底，右手握杆身。旗呈长三角形，两侧为火焰形的边缘，顶部幡条呈"n"字形。

右侧造像残高17.5厘米。头部残损。颈部似扎领巾。衣饰不明。双臂戴护臂。双手

0　　10厘米

图192　伏波山第47龛平面图

合于右胸前,似捧一圆形物。

右框下方凿一纵长方形的题记框,高31.5、宽17厘米。可分为上下两部分,上部约占总体四分之三,刻六列行楷文字,每列9—16字。下部约占总体四分之一,刻4列文字,每列3字,字迹较上方文字略小,且位置错开,不在同一直线上。下部当为补刻。上方自左向右内容为:杨兴记钱德兴游泳全/郁顺其郁祥源郁祥龙/黄新臣余洪记张祥利/倪锦臣李云山复兴酱园/沈志良谭昇龙鲍先生/中华民国三十八年九月十五日全补修/。下部补刻四个名字:涂学林/张赓堂/胡远臣/袁业济/。

第48龛:

位置:

位于第47龛的左侧。

形制:

纵长方形单层龛。四面刻边框,外框高63、宽52厘米、进深8厘米。右框略宽。框内顶部刻尖拱形龛楣。正壁平。浮雕单尊像(图193,图187)。

造像:

造像高39厘米。结跏趺坐,右足在上。浮雕圆形头光和圆形身光,二者内部皆线刻缠枝花卉纹。馒头形肉髻。发顶正中刻髻珠。发际线较平,额间窄,眉弓弧平,双眼微闭。鼻翼较宽。嘴角深。下颌丰圆。颈短。圆肩较宽厚。内着袒右僧祇支。外着袒右大衣,右侧衣边自身后绕前,覆遮右肩,由腹前上搭左肩,部分搭左肘。左臂、右肩、腹部及双腿衣纹较密,断面呈圆凸棱状。大衣裹双腿,露出右脚掌。左臂屈肘横于胸前,手掌经修补。右臂下垂,右手搭于右膝上,掌心向外。座分为上下两层。上层为仰覆莲座,通高13、通宽43厘米。表面浮雕仰覆莲瓣各一层。其下座基为圆形,外缘有三个支撑足,其间空隙宽1—2厘米,底缘呈荷叶边状。下层为束腰须弥座,右端形制不全。通高38、通宽60厘米。由座台、束腰、座基组成。座台横长方形,表面刻7个方形壶门,中心浮雕莲花,外围装饰一圈连珠纹。束腰叠涩两层,上层正中开如意形壶门,下层表面浮雕莲瓣纹。座基叠涩两层,上层表面开7个方形壶门,内部似也刻莲花。下层表面刻莲瓣纹,较为凌乱,底缘似也呈荷叶边状。

束腰和座基表面有刻铭。共刻8列文字,左边3列与右边5列相隔的距离较宽。左右文字皆

0　　　10厘米

图193　伏波山第48龛平面图

图194　伏波山第49龛平面图

真书，但笔迹不同，字径不一，当为二则题记。左侧高24、宽10厘米，字径2.3厘米。内容为：寄名女孩韩三元今更名/福山保名于今皈石将军/位前寄名保养长命富贵/。

右侧高24、宽20厘米，字径2.5厘米。内容为：信士徐士显敬为/男长保命寄/石位前取名石生保/惟愿长命富贵/康熙十二年十一月□日/。

第49龛：

位置：

位于第48龛的左侧。

形制：

纵长方形单层龛。边框外侧高78、宽40厘米、进深2厘米。边框内空间高62、宽32厘米、进深4厘米，顶部呈圆拱形。正壁平。浮雕单尊像（图194，图版188）。

造像：

像高55厘米。立姿。浅浮雕圆形头光。头戴兜鍪，正中刻一珠饰，两侧有护耳。发际线平，额间窄。双目圆睁。似有髭须。肩宽平。上身着长袍，对襟衣领微立。两侧胸甲上各有一护心镜。腰系护腰，带扣呈圆形。左肘一道弯曲的帛巾垂至台面。右臂屈肘上抬，右手握一长条形物的柄部，左臂横于胸前托长物另一端。前臂均戴护臂。足蹬长靴。双足分立，踏台略呈上大下小，通高8、通宽32厘米，立面浮雕火焰纹。

龛外下方凿一横长方形题记框，高14、宽40厘米。下方残损，字迹漫漶不清。左侧5列较难释读，自左向右大致为：□□□□□□□□/□富广西□□府□□□□/同妻李氏敬为花男命带/将军前今寄□□□□/□女山寄名泰山保□□/。右侧4列，下方残损，自左向右大致为：信女王门冯氏□/寄名石柱保□/求长命百□□/□二年六月/。当为2方题记。

第50龛：

位置：

位于伏波山北麓漓江西岸元代所建的堤岸上。堤岸为青石块垒砌。

形制：

元堤自下而上第3行青石中的两块表面各浅浮雕单尊像，不雕龛形。青石边长36—38厘米（图195，图版189-1）。

图195　伏波山元代堤岸题刻及浮雕造像平面图

造像：

左侧造像高33厘米。似为立像。浮雕圆形头光，头部较圆。衣饰、印相不明（图版189-2）。

右侧造像高30厘米。结跏趺坐。圆肩，似双手合置于腹前（图版189-3）。

两像之间有12块四方青石，尺寸相当，边长35—39厘米之间。每块表面阳刻一字，自左向右为：至正十六年十月十八日朔建/。真书，字径28—32厘米。

五、国家森林公园

桂林国家森林公园位于市南郊，造像分布地点有两处，一处为金山龙泉寺遗址周围，共有4铺13尊，其中3铺离龙泉寺较近，1铺稍远。另一处在岭脚底村，造像5尊，像前为唐代幽泉寺遗址（图196）。两处地点相距约1000米。

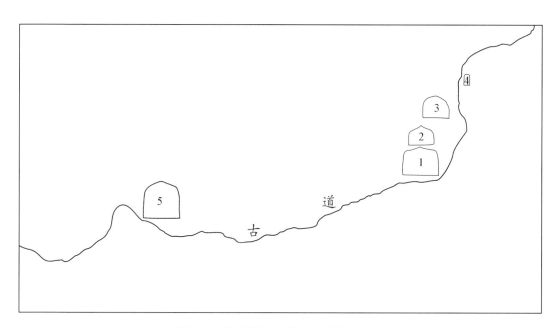

图196　桂林国家森林公园造像分布图

第1龛：

位置：

位于桂林南郊森林公园金山唐代龙泉寺遗址西南的一岩石上。

形制：

横长方形单层龛。尖拱形龛楣。龛高148、宽200、进深48厘米。正壁平整，龛顶及侧壁角度较陡直。高浮雕一佛二菩萨二弟子五尊像（图197，图版190-1）。

造像：

主尊像残高76厘米。结跏趺坐，右脚在上。头、颈部及四肢均有残损。浅浮雕双重背光，内重为圆形，外为桃形。上身较修长。肉髻、五官情况不明。肩宽平厚实。胸部鼓凸，胸廓线清晰。腰细，腹部平坦。身着袒右大衣，通体不显衣纹。左手置于下腹前腿上，掌心朝上；右臂残断，但残存的右肘下有镂空的痕迹, 似应为触地印(图版190-2)。身体背后浅浮雕方形背障, 两侧自下而上浮雕宝瓶、立狮、摩羯鱼等装饰(图版190-3)。装饰通高59厘米, 对称分布。座为束腰须弥座, 通宽65、高35、深45厘米。可分为座基、束腰和座台三部分。座基叠涩两层, 束腰方正, 座台叠涩两层。

左弟子高57厘米。头、颈部残损。浅浮雕圆形头光。头部较圆。肩部宽平。内着僧祇支, 外衣左侧衣边下垂, 右侧衣边披右肩右臂, 衣角搭于左前臂上。双手合十于胸前。跣足, 双足微分, 立于仰莲台上。仰莲台由台座和莲茎组成。

右弟子高58厘米。头部残损, 浅浮雕圆形头光。内着袒右僧祇支。外披大衣, 大衣左侧衣边自左肩垂下, 右侧衣边绕右肩握于左手中。腰下斜刻三道平行的衣纹, 略呈阶梯状。左臂屈于腹前, 手握衣襟; 右手垂于体侧, 似有持物。左脚残, 立于仰莲台上, 表面刻莲瓣。

左胁侍菩萨像高74厘米。头略偏左。头、颈部表面残损。浅浮雕双重头光, 内重为圆形, 外重为桃形。肩宽圆。胸部较鼓, 胸廓线清晰。颈戴圆形项圈, 项圈下缘缀五粒宝珠。细腰, 腹部平坦。肩披天衣, 长垂座后。上身袒裸。腰系霞裙, 下着长裙。腰下悬垂两重 "U" 字形帔帛, 末端绕左腕垂于体侧。左手垂下持净瓶, 上臂戴钏。净瓶侈口长颈鼓腹。右臂屈肘上抬, 手掌置于腹前。跣足, 立于仰莲台上。莲台表面浮雕莲瓣, 台下莲茎中部饰两片外翻的卷叶(图版190-4)。

右胁侍菩萨像高75厘米。头、颈部残损。浅浮雕双重头光, 内重为圆形, 外侧桃形。肩宽平, 胸部较鼓, 胸廓线清晰。戴项圈, 项圈下缘缀五粒宝珠。细腰, 腹部平坦。肩披天衣, 长及座

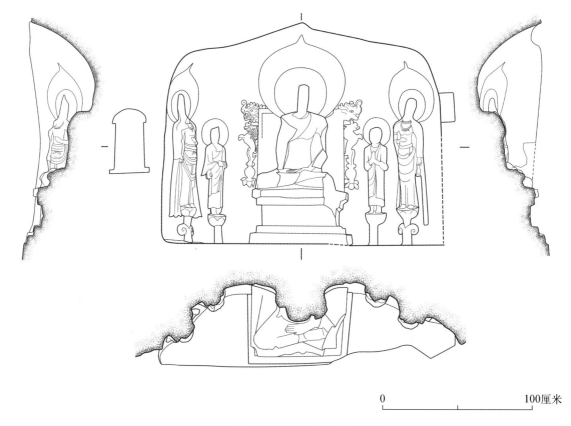

0　　　　　　　　　　　　　　　100厘米

图197　森林公园第1龛平、剖面图

后。上身袒裸。腰系霞裙,裙上有带饰,打结后末梢呈"八"字形。下着长裙。膝前、腹部有双重"U"字形帔帛。左臂戴钏,屈肘抚腹部。右手握帛巾下垂于体侧。跣足,立于仰莲座之上。座与左侧同(图版190-5)。

右侧龛外浮雕一碑形题记框,通高42.5、宽29厘米。由碑额、碑身、碑座组成。字已无存。左侧龛外边缘有一凿平的题记框,高21、宽11厘米。亦无字迹。

第2龛:

位置:

位于第1龛的左侧。

形制:

横长方形。尖拱形龛楣。龛高64、宽86、进深17厘米。正壁与龛顶、侧壁的角度较陡。龛底前缘残损。浮雕一佛二菩萨三尊像(图198,图版191)。

造像:

主尊像高27厘米。结跏趺坐,右足在上。阴线刻桃形背光。头部、颈部残损。肩宽圆厚实,胸部微鼓,腹部平坦。身着袒右大衣,不显衣纹。左手置于腹前腿上,掌心朝上;右臂残,手掌置于膝上施触地印。座为束腰须弥座,通高13、宽25厘米。由座基、束腰和座台三部分组成,三部分平面都呈内宽外窄的梯形。

0 30厘米

图198 森林公园第2龛平、剖面图

左胁侍菩萨像高29厘米。线刻桃形头光。头、颈部残损，整体风化较甚，漫漶不清。宽肩细腰，胸部略鼓。肩披天衣，长垂及座，衣裾外侈。袒上身，下着长裙。左手下垂于体侧，右手屈肘，手掌抚腹部。跣足。座为两层，上层为圆柱形，下层为覆盆形。

右胁侍菩萨像高30厘米。线刻桃形头光。头部残损。腰部较细。肩披天衣，垂于身后。上身袒裸，下着长裙，腰间系带。左手屈肘，手掌置于腹部，右手垂于体侧。跣足，立于双层座台上。座的形制与左侧同。

右壁外侧有一不规则四边形的题记框，左高27、右高22、上宽18、下宽10厘米。字已无存。

第3龛：

位置：

位于龙泉寺遗址后山石上，二者相距20米左右。距第1、2龛近40米。

形制：

近正方形单层龛。圆拱形龛楣。龛高133、宽134、进深18厘米。侧壁与正壁基本垂直，正壁平整，龛底平。高浮雕一佛二菩萨一供养人像（图199，图版192-1）。

造像：

主尊像高44厘米。善跏趺坐。头部残损。双弦纹刻圆形头光，弦纹内阴刻芒纹，弦纹外饰火焰纹，顶部正中火焰内线刻一摩尼宝珠。身后双弦纹刻椭圆形身光，其内亦刻芒纹。颈部刻两

图199　森林公园第3龛平、剖面图

道蚕纹。肩宽平。内着袒右僧祇支。右肩披覆肩衣。外着袒右大衣。覆肩衣和僧祇支的衣边皆刻"S"字形纹饰。衣纹从左肩斜向右肋,断面呈阶梯状。双腿高凸,腿间衣纹呈竖向。左手置于腹前左腿上,施禅定印;右手前臂手掌残断。跣足,踏于须弥座方形座基上。须弥座通宽41、通高19厘米。由座基、束腰和座台组成,座基较宽大。

主尊右侧正壁上线刻净瓶一只,通高20厘米。侈口细颈,圆腹,圈足外撇。净瓶内插两枝莲蓬和一枝莲蕾,莲蕾居中,莲茎细长,莲蓬之上13厘米处,线刻一朵盛开的重瓣莲花。(图版192-2)。

左胁侍菩萨像残高56厘米。髋部向右侧微提,身体呈"S"字形。头、颈部表面残损。以双弦纹刻圆形头光和椭圆形身光。溜肩。胸部略鼓。细腰,腹部微鼓。颈戴项圈,项圈正中下缘缀五路宝珠,正中一路穿两粒宝珠,其余皆一粒。肩披天衣,长垂及座。上身袒裸,下着长裙,腰部上缘外翻。左手垂于体侧,五指伸直,手心向外。右臂屈于胸前,手掌抚胸。跣足,双足分立。圆柱形莲台表面浮雕一圈仰莲瓣(图版192-3)。

右胁侍菩萨像高56厘米。髋部向左侧微提,身体呈"S"字形。头、颈部表面残损。以双弦纹刻圆形头光和椭圆形身光。溜肩。细腰,腹部微鼓。颈戴项圈,项圈正中下缘缀五路宝珠,正中一路穿两粒宝珠,其余皆一粒。肩披天衣,长垂及座。上身袒裸,下着长裙,腰部上缘外翻。左臂屈肘上抬,左手抚胸。右手垂于体侧,五指伸直,掌心向外。跣足。座的形制与左侧同(图版192-4)。

左壁上浮雕一供养人,高50厘米。头部表面残损,线刻两侧帽翅上翘。宽平肩。小腹略鼓。身着圆领窄袖长袍,腰间系带。双手合十于胸前。

右侧壁浮雕一碑形题记框,通高35、宽25厘米,其中碑额宽23.5、碑身宽21、碑座宽25厘米。碑下仍有石刻,真书,字径2厘米。碑额正中线刻结跏趺坐小佛一尊,碑身四周饰蔓草纹一圈。碑座下有方形题记框(下残),高21、宽24厘米。与碑内石刻内容连贯,字迹一致,实为一方题记。内容为:维大汉国乾和十一年(953年)岁次癸/丑十二月丁未十八日为国重镌/造题记监寺比丘惠果寺主僧/义聪僧义光僧咸正僧师镜僧惠钦/僧师训僧义真僧道钦/弟子昭武步阙副指挥使管甲勾当三/十里铺御侮校尉左监门卫率府/郎将同正员武骑尉赐紫涂万雄/。下方题记框刻:弟子十将勾当龙/□□□□弟子/中军十将□□从众二弟子讨□/十岭状和展/弟子防城都十将/刘森/弟子康师进/女弟子王十四娘/同妻女弟子/孙氏二十五娘/(图版192-5)。

第4龛:

位置:

位于第1龛东北方向,古代道路的东侧。

形制:

纵长方形单层龛。圆拱形龛楣。龛高50、宽30、进深3厘米。龛顶、侧壁与正壁分界较明显,正壁平。浮雕单尊坐像(图200,图版193)。

造像:

造像高44厘米。善跏趺坐。头部表面残损。圆溜肩。衣饰不明。腹间有斜向衣纹。腰间

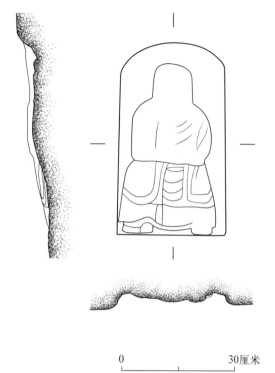

0 —————— 30厘米

图200　森林公园第4龛平、剖面图

系短裙，略微覆遮两膝。下身着长裙。双腿间衣纹呈平行的浅弧。手印不明。双腿轮廓较宽。双足踏于龛底。座式不明。

第5龛：

位置：

位于森林公园岭脚底村边一岩壁上，前有寺院遗迹。

形制：

横长方形龛单层龛，尖拱形龛楣。龛高105、宽108、进深13厘米。龛壁较平整。高浮雕一佛二菩萨二飞天五尊像。整龛有涂彩。正壁涂朱红色，主尊衣饰、飞天、宝瓶等涂宝蓝色。部分衣饰、躯干、装饰涂成黑色（图201，图版194-1）。

造像：

主尊像高69厘米。善跏趺坐。头部表面残损。内外共三重头光。内层为圆形，内刻莲瓣纹。内层头光之外双弦纹刻圆形头光为中层，素面。外层浅浮雕桃形，两侧各有7个宝珠，以宝珠为中心升出火焰纹。上部正中刻盛开的莲花一朵，中有圆形莲蓬。三重头光与方形背障相接，背障外侧浅浮雕装饰：下层为高领长腹宝瓶，底为方形座。上层为摩羯鱼头，嘴张开，上吻上扬卷曲。上吻顶一化生童子。两侧化生童子略有不同，左侧的为正面，面朝龛外；右侧的为侧面，面向主尊。

肩宽平厚实，腹部微鼓。身着袒右大衣，右边衣角搭于左肘，小腿间垂一片衣角。衣角下有四条竖向衣褶，断面呈圆凸棱状。通体显得薄而贴体。左手置于左膝上，手心朝上；右臂屈肘上举于胸前，掌心向外，施无畏印。跣足，二足分踏于圆形仰莲台上，表面刻莲瓣纹。座为束腰须弥座，可分为座基、束腰、座台、背障四部分。座基平面呈"凸"字形，束腰、座台及背障均为方形（图版194-2）。

左胁侍菩萨高55厘米。立姿。头、颈部残损。浮雕圆形和桃形两重头光，圆形头光内刻莲瓣纹，桃形头光内饰宝珠升出的火焰纹。宽圆肩。胸部较鼓。细腰。颈戴桃形项圈。袒上身，一条帛带自右肩斜向左胁。左腕右肘间垂下帛带一道，于膝前呈"U"字形，两端下垂于体侧。腰系霞裙，下着长裙。双腕均戴腕钏。左手垂于体侧；右臂屈肘上举于身侧，掌上托一瓶，敞口、细颈、圆腹，内插莲蓬、莲叶和莲蕾各一枝。跣足，五趾分明。立于仰覆莲台上，下层刻双子瓣覆莲纹（图版194-3）。

右胁侍菩萨头已不存，残高55厘米。立姿。髋部略向右提，身体呈"S"字形。头、颈部表面残损。浮雕圆形和桃形两重头光，圆形头光内刻莲瓣纹，桃形头光内饰火焰纹。肩宽平。颈部戴项圈。腰部较细。袒上身，左肘右腕间垂下帛带一道，于膝前呈"U"字形，两端垂于体侧。腰系霞裙，下着长裙。双腕戴钏。左臂屈肘上举，手掌置于左肩前；右手垂于体侧。跣足，台与左侧同(图版194-4)。

主尊桃形头光两侧各有一天人。左侧天人头部较圆,发式不明。左手前伸,似持一乐器;右臂向后伸直。左腿前伸,屈小腿;右腿向后伸直。两腿几乎呈"一"字形。手臂缠绕的衣带飘向龛顶。右侧天人头下脚上呈斜向,发饰不明。面部饱满。双目圆睁,俯视下方。双臂张开,左臂齐肩伸直;右臂上举,肘微屈。下身直,双腿隐于裙内。裙裾、衣带亦飘向龛顶。

龛底外正中有一方形题记框,高26、宽18厘米。刻界格,真书,字径2厘米。内容为:如来具足大神通/所得大悲无能胜/以佛功德严十方/我今敬礼无与等/无寻智慧无有边/善解众生三世事/一心能知无量心/是故稽首礼无上/(图版194-5)。

下层有一石板,宽148、高54厘米,上刻一方题记,自左向右共24列,真书,字径2.5厘米(图版194-6)。内容为:大唐咸亨三年岁次壬申谨/录司同施此田入幽泉寺永为/常住供养人□□□用□□/僧贞莲僧□□僧□吉/僧□□僧□□僧□□/僧□□僧□□僧□□/僧□□僧□□僧道玄/僧□□僧□□僧□□/僧□□僧□□僧□□/僧□□僧智□僧弘绰/僧守云僧守寂僧法绪/僧道廉僧法慧僧弘览/僧僧僬僧罗汉僧行敏/僧慧果僧弘捷僧辩璋/僧道庄僧慧灯僧玄赈/□州录事参军董斌/清信佛弟子董依让/滕州安基县令荣寿/□州录事参军董元/□州□□令成□茂/□州□□□司宋敏/□□府校尉米□/□□南府校尉□林/□车祠□田□□/。

图201 森林公园第5龛平、剖面图

六、象山

象山公园内的造像分布于云峰寺内和水月洞东口附近。其中云峰寺内共3龛,水月洞旁1龛。

第1龛:

位置:

位于象山南麓云峰寺内岩壁上。离地约5米。

形制:

纵长方形。尖拱形龛楣。高约250、宽230、进深40厘米。龛顶、侧壁、正壁之间交界明显,各龛壁平整。高浮雕观音菩萨1尊,浅浮雕供养人2尊,高浮雕供养人2尊(图202,图版195-1)。

造像:

观音造像高约120厘米。结跏趺坐,右脚在上。浅浮雕和彩绘四重头光,从内到外,层层叠压。内重为圆形,以白色画出圆圈,内涂金色。第二重大致呈葫芦形,以金边勾线,由外至内涂2圈颜色,外圈涂宝蓝色;内涂朱红色。第三重为圆形,下半部分不完整,白色为底,内绘金色缠枝花卉纹。最外重桃形,该重顶部有下凹痕迹,似为原有造像头部位置。金边勾出轮廓,内涂朱红色打底,以金色粗绘火焰纹。各层均与背障顶部相接。

身体两侧绘两重舟形身光,尖顶部因头光遮盖而不显。外重勾金色边线,内涂朱红色。内重涂白色,止于背障两侧。

0 ————— 30厘米

图202　象山第1龛平、剖面图

从头光、背障、观音头部的位置及正壁上的残痕观察，观音像经过一次改刻的过程。改刻之后，造像体量有所缩减，故距离原头光、背障较远，采用彩绘形式弥补补刻凿掉的空间。

观音头顶似戴包头巾，可见发髻较高，头巾垂于脑后。束带上有如意云状的牌饰，中间凸起，其上浮雕结跏趺坐的化佛。牌饰之下粗刻斜向发纹。头微低垂。面相长圆，发际线较平，额间白毫相。眉弓起棱弧平。双眼微闭。鼻梁高而窄。嘴小微合，嘴角微上翘，嘴窝深。下颌刻弧形颌线。颈较短，圆肩。双肩披天衣，内衣边平，外着双领下垂式大衣。下着裙，脚踝上可见裙边。双臂间衣纹较密集，断面呈圆凸棱状。横抱婴儿于腹间。婴儿面部朝外，粗刻五官。座为束腰莲座，可分为座基、束腰、座台和背障四个部分。座基叠涩两层方形，与龛的进深一致。束腰为方形，厚度有所内收。座台为仰莲台，浮雕两层莲瓣，瓣叶肥大，瓣中略起棱，部分瓣尖外翻。背障方形，略宽于座面，内涂朱红色，两边绘火焰纹，以宝蓝色为底色衬托。两角浅浮雕缠枝卷叶纹的障架，垂下钟形的帷幔。

左右侧壁下方各浅浮雕一礼拜像。左像似为男性，头侧向中部，上身微前倾。圆形头光。圆脸。腹部微鼓。身着交领长袍，腰间束带。左手似置于腹前，右臂上举，手掌侧立。脚着长靴。造像上方浅浮雕一花瓶，颈部细长，带双耳，圆肩，腹部束腰，高圈足外侈。瓶内插花枝。

右像为女性，侧身向龛中部。头梳高髻。下颌较尖。身着长裙，裙摆外侈。双手似置于胸前。脚穿翘头鞋。造像上方浅浮雕一鸽子，头先后扭向龛中部，双足并立。双翅略张，尾羽较长而上翘。

两侧壁中部龛缘棱角处各开一尖拱形小龛，高浮雕一造像。左像立姿。身体微躬。头戴帽冠。圆脸。身涂蓝彩，上身服饰不清。长袍下摆在左侧开叉，体前的一幅呈半圆形。双手合拱于胸前。

右像低头，身体前倾。头戴官帽。额间窄，眉弓起棱弧平，眼睛下视。鼻短，嘴唇不清。身着长袍，体前下摆呈半圆形。双手合置于胸前，似托一方形物。跪姿，双膝着地。

相关题记三方：

观音座下束腰部分的正面涂金彩，上方居中刻字一行，自左向右刻"晋庵祖师"。其下刻三列字符，左侧刻"□治百病"。中间刻道符。右侧刻"感应灵符"。

左壁上方龛外有一方形题记框，高25、宽50厘米，内容为：释子照庆共沐/浙江杭州府仁和县信/商弟子徐时同缘李氏/寓广西漓山仙境偶见/吉祥送子观音菩萨/善财龙女三尊金像/古迹时即触目发心捐/资重修置造香炉晨/昏供养祈保安宁福/有所归谨此勒石以为/永远奉献云耳/崇祯丁丑岁秋月吉旦书/石匠孙会愍莫庆恒/佛子普缘写一□/。

右侧龛外有一方题记框，高134、宽80厘米。真书，额字径6.5厘米，文字径4厘米，内容为：重建云峰寺碑。（题额）

神之为神昭昭也福国庇民无往莫非神力人岂可漠视而不之敬耶/况乎南海大士救苦难大慈悲而普天率土凡有血气莫不尊之敬之/予于辛卯仲春抵任迄今七载于兹偶于秋初闻文昌门外所谓象鼻山/者可以涤烦襟远尘俗遂经历其地见大士之像独坐山岭并无片椽/予不禁恻然曰何斯地之人亵佛慢神至于斯之极耶乃求其野老/而询之曰其寺原名云峰自唐宋至今千载房舍虽倾礼祀不绝斯地之/空皆欲重修而力不逮予曰是诚在我即于孟秋朔八购材鸠工建楼房/暨僧舍数间不数月工竣募僧主侍奉香灯犹虑不能经久是以复捐/薄俸赎回寺内旧地为之开垦筑垣并给牛只使僧自食其力但

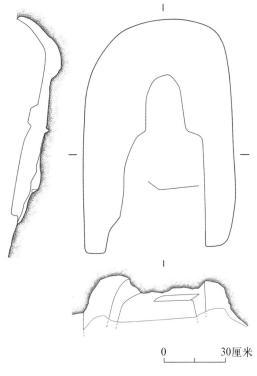

图203　象山第2龛平、剖面图

恐日远/人遐或为强暴所侵是以述其始末而为之记/广西抚标右营中军守备加一级胡保本姓名潘瑚同缘徐氏率男广振庆林熏沐撰/弟潘成本营马步领旗百队兵丁彭可定黄日升罗会朱琪余彪袁义马尚德黄灿等/时康熙五十六年岁次丁酉（年）十月吉旦敬勒/木匠湛魁刘剑刘君贵董文瑞竹匠王国胜油漆匠李门杨国裕石匠莫桥学/计开地基四至分明东北至江南至大路西至塘后园象山/本寺住持僧定越立/（图版195-2）。

第2龛：

位置：

位于象山南麓云峰寺西大门边的岩壁上。

形制：

纵长方形单层龛。圆拱形龛楣。高112、宽72、进深14厘米。龛壁凿痕较密集，龛底不明显。高浮雕单尊像，未最后完成（图203，图版196）。

造像：

像高70厘米。仅可辨为坐姿，余皆不明。

第3龛：

位置：

位于象山南麓云峰寺西大门边的夹墙里，第2龛右下方。

形制：

纵长方形单层龛。尖拱形龛楣。龛高220、宽200、进深40厘米。龛壁较为平整。高浮雕一佛二菩萨三尊像（图204，图版197）。

造像：

主尊像高184厘米。善跏趺坐。浅浮雕头光和身光。头光圆形，右侧轮廓残缺。连弧纹背光有两层，左右各三段连弧纹，相邻两段相交形成尖拱，右侧已漫漶不清。两者下部皆与佛座上的方形背障相接。身体表面残损严重。圆肩较为宽厚。衣饰不明，腹上及小腿间可见平行的浅弧衣纹，腿部衣裙下摆细密繁复，多呈横"S"字形。双手似抚膝。双足踏于方形台座上。座为束腰须弥座，分为座基、束腰、座台、背障四部分。座基呈上小下大的梯形；束腰方正；座台为单层方形。背障仅余左侧顶部。

左、右胁侍菩萨损毁严重，表面漫漶不清，仅有大致轮廓。立于圆形仰莲座上。莲台下莲茎偏向佛座座基。

龛下方左侧有一方形题记框，高53、宽70厘米。真书，字径3厘米。内容为：□山门伏蒙/□□□昭州都监杨忠训宅孺人李氏二娘舍/□□壹佰柒拾贯文市收置临桂县西乡曹/□□田二十亩入亡夫坟所寺内永充常住/□□善利追荐/□□都护忠训杨公超生/□界仍祈氏身富清吉禄算增

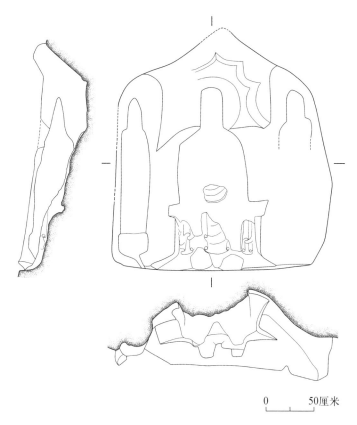

0 50厘米

图204 象山第3龛平、剖面图

崇者/□□淳祐元年十一月吉日当代住持僧妙官谨志/古籍云峰寺所遗地界列明于后东至江西至/塘南至大街北至象山四至分明着落常住/永远管顾为业后辈不得失业刊石为记/(图版197-2)。

第4龛：

位置：

位于象山东麓水月洞口南侧的岩壁上。距现今地面约2米。

形制：

纵方形单层龛。龛顶平。龛高150、宽114、进深5厘米。两壁岩壁崩塌，形制略不全。浮雕单尊像（图205，图版198）。

造像：

像高40厘米。结跏趺坐。头戴方冠，正中有一椭圆形牌饰。帽缘有花边、珠饰。帽后有披巾垂于身后。帽下前额露部分头发，发际线波浪状，正中

0 30厘米

图205 象山第4龛平、剖面图

向上弧凸。额间窄。圆脸，眉弓平，与眼距离近。眼眶细长。鼻翼较宽，鼻尖、嘴部残损。耳朵较小，耳郭贴脑后。颈部短。圆肩。身着交领大衣，广袖，大衣紧裹双腿，不显足形。部分衣摆悬于座面，边缘呈波浪形。双手合握于胸前，手指微屈。方形座右侧略残，高24、残宽69厘米。立面衣摆下方线刻莲瓣纹。

龛外下方有一长方形题记框，高34、宽60厘米。残留有一些细凿的绘图线条，细节不明。

七、虞山

虞山位于叠彩山以北1000米左右的漓江西岸，孤峰耸立。山的东面崖壁开凿观音像1铺。

第1龛：

位置：

位于虞山东面临江的岩壁上，离现地面约3.5米。

形制：

纵长方形单层龛。龛楣平。龛高188、宽80、进深10厘米。高浮雕单尊观音像（图206，图版199）。

图206　虞山第1龛平、剖面图

造像：

观音像高135厘米。立姿。右胯略提，身体微呈"S"字形。内外双重头光均为圆形，以两圈凸起的弦纹为边界。头光外浮雕卷云纹，云脚起于头光左侧，沿外重头光向右侧伸展，止于头顶右上方，覆盖整个圆形头光周长近半。梳高髻，脑后长发披肩。头戴宝冠，冠底齐额为一圈带饰，带饰上方似装饰宝珠、牌饰等物，周围装饰唐草纹。两端为蝴蝶状帽翅。宝冠下缘发际线呈三股月牙形，粗刻发丝。脸微侧向右侧。眉弓弧平，双目微眄，眼线细长。鼻根与眉弓相接，鼻梁窄长而高挺，鼻翼下刻鼻孔。人中较长与上唇接。嘴小，下唇厚。下颌较圆。左耳位置较靠下，耳郭、耳蜗清晰，耳垂及肩。戴一珠型耳钉。右耳不见。

颈部较短。圆肩。胸前璎珞装饰较为繁复，长垂及膝。颈部戴双层珠链。珠链下部正中垂下十字连珠形饰，与腹部一直径最大的宝珠相接。宝珠周边有一圈小珠。两侧与胸部两侧垂下穿有珠饰的丝带相连。宝珠下方缀一珠链，长垂至膝间，末端饰物呈倒三角形。

肩披天衣，长及座下，束带自双肩垂下。在右腰堆叠多层帛巾，结节，末端较短，垂于体侧。腹部略鼓。下着长裙,裙裾呈波浪形翻卷。腰部正中系带,腰带系花结,带梢垂于双腿间。

左手下垂,腕戴圆形手钏,上缘缀一圈珠饰。微屈于左腿前,食指、中指夹净瓶的颈部,净瓶细颈,长腹,圈足略外侈。右臂屈肘外举,屈无名指、中指与拇指微触,食指、小指略直。握一柳枝。跣足,脚趾分明。双足脚尖外撇,脚跟相对,分别立于一个莲台之上。莲台呈半圆形,浮雕两三层仰莲瓣。

八、轿子山释迦岩

轿子山在桂林城西翠竹路南侧高架铁道东侧约100米。半山有一个洞口朝西的天然洞穴,百姓俗称释迦岩。西壁近顶部雕凿弥勒坐像1铺。

第1龛:

位置:

位于临桂区轿子山释迦岩接近顶部朝西的岩壁上,距洞内地面高约10米。

形制:

纵长方形单层龛。圆拱形龛楣。龛壁细较光滑,正壁与侧壁间缓弧形,无明显分界。龛高135、宽105、进深约26厘米。高浮雕单尊像(图207,图版200)。龛外造像头部正上方线刻小佛一尊,高约15厘米。结跏趺坐。线刻圆形头光、背光。头髻宽扁。身着交领大衣。施禅定印。莲座刻六瓣花瓣。座下与龛顶之间刻火焰纹。两侧下方各刻一朵盛开的莲花。

造像:

像高约105厘米。善跏趺坐。无头、背光。无明显肉髻,螺发呈珠形,正中阳刻髻珠一枚。脸长圆。发际线较平,额间较窄,刻白毫相。眉弓弧平,眼细长,内刻瞳仁。鼻根较宽,与眉弓相接。鼻翼圆润。人中较长。上下唇不显。下颌刻弧形下颌线。招风耳较小,耳垂不及肩,线刻耳郭和耳蜗。颈部粗短。溜肩。内着交领内衣,胸腹间系细带。在腹前打结呈"X"状,带梢较短。外披袒右大衣,部分衣边搭于左肘。大衣表面双线刻福田纹。大衣下摆呈弧形,其下露出下身所着长裙的裙边。阴刻竖向平行的衣纹,较密集。左手置于左膝上,指尖朝下;右臂屈肘上举,手掌竖于胸前,掌心朝外,无名指、小指弯曲,其余三指伸直。跣足,二足分别踏于圆形仰莲瓣台之上。座台莲蓬状,上刻莲子,立面浮雕双层莲瓣,莲瓣略呈长圆形。莲台下莲茎相连,呈"Y"字形,伸出龛底。佛座呈方形,宽88、高20厘米。

右壁外侧有一方形题记框,表面平整。宽38、高33厘米,楷书。内容为:

夫密契情畋已圆心愿谬叨主维获睹华/岩此山者以几代劫来镇临彼土往过坛/信大备兴隆创建立于福田即先任陇西道/鸿之置也巍峨绝境布/十六□之圣人正座金仪乃/释迦之慈父□遇幸观精妙堪种善芽□欲/心诚镌装一像未经数月俄及毕工号/慈氏之下生写龙花之正相弟子以志心专/贮□品六通遂于寝之中遇一/婆罗圣者赞言功果指示缘由一云弘遇有亡/爱妹见在幽关地狱乃三禅间内其中苦趣/极是难闻承此善因还须自在二得本身之内/薄获福芽三已圆弟子之愿心四则遍□□□/来往其工既□□聊伸碑之词时甲辰岁大晋/开运初年金上乃/□主临朝之号漓水是/楚王(扶风)霸业之都闻十二月二十六日弟子/知十五里铺务秦弘遇记/

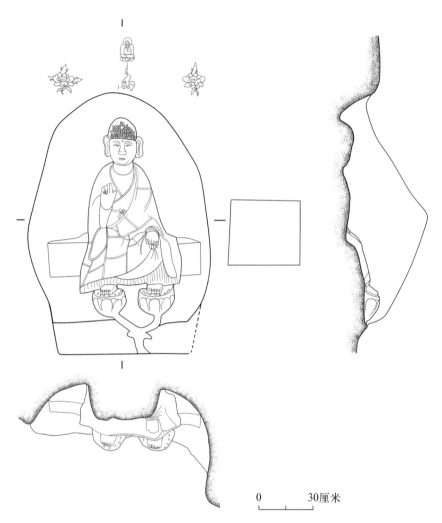

图207　释迦岩第1龛平、剖面图

九、临桂青岩崴

青岩崴位于桂林临桂区会仙镇新立村委,其间有一东西向的古道,1铺浅浮雕的造像刻于一石板表面。石板被置于道旁,附近岩壁上刻题记1方。

第1龛:

位置:

位于桂林南郊临桂县青岩崴,被置于一山间小路路旁。

形制:

未开龛,直接在一块略呈梯形的石板上减地雕凿。石板高49.5、宽40、厚17厘米,浅浮雕一僧人像(图208,图版201)。

造像:

像高29.5、厚度2厘米。结跏趺坐。头部圆,面部漫漶不清。招风耳。宽圆肩,似着袒右大

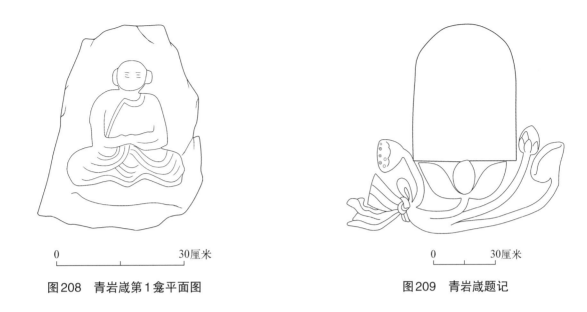

图208　青岩咸第1龛平面图　　　　　　　　　图209　青岩咸题记

衣,右肩袒裸。下摆覆遮腿脚,不显足部轮廓。腿部衣褶呈左中右三股,衣纹平行下弧3—4道,截面略呈圆凸棱状。双手叠置于腹间,不显手掌轮廓。无座。

在造像出土点附近的崖壁上,有一方题记框。通高90、通宽120厘米。阴凿圆拱型框。其正下方浅浮雕横放的一束莲花,包括莲蓬、莲花、荷蕾及莲叶。莲蓬表面刻圆形莲子。盛开的莲花位于题记框正下方,刻莲瓣三瓣。莲蕾表面细刻莲瓣纹。最外侧为卷曲的荷叶。圆拱型框内刻7列字,楷书,字径4厘米。自左向右内容为:□□寺住持比丘□□/谨抽衣资命匠补砌清/穴上大厄路道一径垣/平今既完成殊利上答/四恩普资三友者/淳熙六年己亥岁十月日/干缘比丘永坚海裕谨题/(图209,图版202)。

一〇、七星公园

七星公园位于桂林市漓江东岸,由七座山峰组成,形似北斗七星,故名。造像主要分布于瑶光峰下的龙隐洞和辅星山西麓。两处各有2龛造像。另外天权峰上的三圣上岩中有瘞龛1座。

第1龛:

位置:

位于龙隐岩近顶端。

形制:

通高42、宽104、进深1厘米。在两个圆形龛中分别浅浮雕日光、月光菩萨,圆形龛的直径为42厘米(图210,图版203)。

造像:

左菩萨像高28厘米。结跏趺坐。头戴宝冠,装饰细节不清。帽缘两侧有帽翅,宝缯垂于肩后。长圆脸,微向左倾。五官较为模糊,下颌丰圆。颈部较短,戴圆形项圈。圆肩。肩披天衣。内着袒右僧祇支,外着双领下垂式大衣,胸腹部领口宽大。双肩外各有两条衣带飘飞。前臂袒

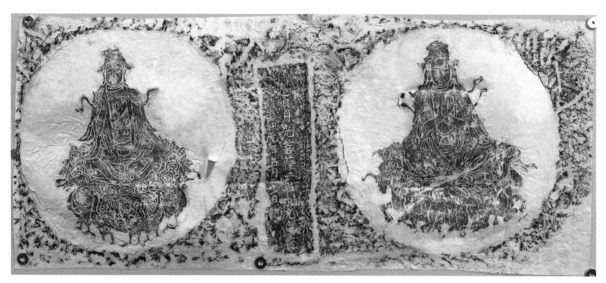

图210　七星公园第1龛拓片

露,戴腕钏。双手合十于胸前。莲座上层饰莲瓣一周,每片莲瓣表面似刻结跏趺坐化佛。下层由一圈动物承托,数目不详。动物种类难辨,可见角状物和蹄子。

右菩萨像高28厘米。结跏趺坐。头戴宝冠,两鬓有帽翅,不见宝缯垂肩。圆脸,面部较左侧菩萨小,大耳垂肩,其余五官不清。颈部较短,戴圆形项圈。圆溜肩。内着袒右僧祇支,衣边较宽。外着双领下垂式大衣,肩部外侧各有一条衣带飘于肩外。双前臂袒露,戴腕钏。左手下垂置于左膝上,掌心向下;右臂屈肘上举于肩前,掌心稍外翻。莲座表面刻单层仰莲瓣,瓣面似刻化佛。莲座由众多颈部较长的鸟类承托,数目不详。可辨鸟之长颈和三叉形足,粗刻羽毛。

中部有一题记框,高38、宽10厘米。阴刻文字3列,真书,字径2厘米。内容为:本州坊南厢左界通波坊女弟子区氏八娘舍钱/镌造日月光菩萨二躯永充供养/时至和元年五月二十一日记/。

第2龛:

位置:

位于龙隐洞崖壁上。

形制:

纵长方形方框,高150、宽107、进深0.5厘米。四面刻边框,框宽8厘米,其上线刻缠枝花卉纹。框内线刻男相观音半身像(图211,图版204)。

图211　七星公园第2龛拓片

造像：

像高120厘米。头部细刻发丝，长发披于两肩。发中戴宝冠，周围密布珠串、莲花、璎珞等装饰。宝冠正中嵌三尊观音像。三像皆高发髻，戴宝冠，冠上满饰璎珞。面部丰圆，额正中刻一纵目，上唇留"八"字髭，下唇留须，其中上方一尊的宝冠中有舟形牌饰，上刻化佛，化佛似立姿。

面部丰圆，侧向左边。发际线呈波浪状。面部丰圆。额间较宽，正中刻一纵目。眉毛弧圆，眼微睁双眼皮，眼细长。鼻翼微刻法令纹。嘴小，上下唇留髭须。下颌饱满。右耳耳郭清晰，耳垂大，戴圆形耳环，环下悬垂长璎珞链。鬓角下方饰一珠花。颈刻三道蚕纹。颈戴项链，中部坠饰为圆形连珠纹环绕3粒宝珠，其下缀三粒带镶嵌的圆形坠珠。似着圆领衫，衣领上点缀较多的璎珞饰品，正中为一四门塔似的装饰。胸下布满云纹。

像下有一横长方形题记框，高15、宽83厘米，真书，字径约2厘米。内容为：佛弟子李化龙书（该列在边框之外）/昔唐文宗太和年/间京都信士王仁/奉佛甚笃忽有/僧至其家曰吾善/画观音像可置一/室七日勿令人看/仁遵其语才三日/儿童无知凿壁争/窥僧即随隐惟写/圣容如许始悟大/士化身亲手所/画也是镂板盛/传于世自唐迄今/岁月迭更不可胜/纪兹曾国僧信晓/寓桂林龙隐构造/提万众阁于其间/一日有遗唐大士/像者阅之而瞿然/恐真迹不能传久/欲镌之石崖以垂/后而未得适/督院屈尽美抚/院金光祖将军/线国安藩司李/迎春王原臕/都统王永年举人/潘弘树各捐帑欣/助不日而碑告成/庶几使后之人睹/圣像之尊巍普报/四恩同证佛道/时大清康熙乙巳/岁七月万众阁持/菩萨戒住持比丘/僧信晓全立/石匠莫琼刻/。

第3龛：

位置：

位于辅星山西麓。

形制：

横长方形单层龛。龛楣平。高53、宽73、进深3厘米。浮雕三尊像（图212，图版205）。

造像：

中尊高30厘米。结跏趺坐。头部表面残损。肉髻、五官、印相、服饰不明。颈部不显。肩宽平。双手合叠于腹前。座通高14、通宽16厘米。分上下两层，上层为横长方形，下层为仰莲座，表面浮雕仰莲瓣。

左像高30厘米。结跏趺坐。面部残损。五官、印相、服饰不明。颈部不显。肩宽圆。座通高9、通宽25厘米，浮雕仰莲瓣和莲茎。

右像高28厘米。结跏趺坐。面部残损。五官、服饰不明。肩宽圆。双手合十叠于腹前，双掌被一圭形衣角覆盖。座通宽21、高11厘米，分为上下两层。上层似横长方形座，下

0   30厘米

图212 七星公园第3龛平面图

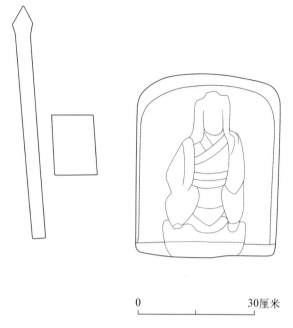

图213　七星公园第4龛平面图

图214　青秀山第1龛平、剖面图

层浮雕仰莲瓣。

龛底下方62厘米处有一方形题记框，高32、宽29厘米。似有5列文字，大部分字迹已被凿掉。真书，字径2厘米。内容大致为：杨□□小平/来山石舍/□□□□/□□□□/□□□□/。

第4龛：

位置：

位于第3龛的左下方。

形制：

纵长方形单层龛。圆拱形龛楣。高45、宽39、进深5厘米。浅浮单尊造像（图213，图版206）。

造像：

像高34厘米。似为善跏趺坐。头部表面残损。肉髻低平。五官不清。颈部短。内着交领内衣，衣边较宽。似外着双领下垂式大衣。腰部系带。双腿间的大衣下摆呈倒三角形。双手下垂置于膝上。座为圆角方形，高9、宽22厘米。

左侧龛外有一纵长方形题记框，高16、宽12厘米。共5列文字，字迹模糊难辨。真书，字径1.2厘米内容大致为："□□□□□□/□□□□□/食门□□□/□□□□□/□□熙十□/。"

题记框左侧阴刻一矛形物，高55、宽3，进深0.5厘米。

一、青秀山

青秀山位于桂林市西北肖家村后，半山腰有一洞口朝北的山洞，洞口的东壁开凿造像1龛。

第1龛：

位置：

位于洞口东壁，龛顶距地表3米左右。

形制：

纵长方形单层龛。尖拱形龛楣。龛残高110、宽56、进深5厘米。凿痕密布，龛及造像未最终完工。浅浮单尊半身像（图214，图版207）。

造像：

像残高106厘米。头戴花冠，冠上有较多的圆珠形装饰，冠中间的牌饰呈桃形，上似有化佛。脸方圆。发际线正中向下弧凸。额间较窄，正中白毫相。眉弓弧圆，眼线细长，微闭目。上唇较厚，唇上似有"八"字胡。颈短。左肩圆、右肩平。大体轮廓只雕凿到上半身，领部、腹前粗刻衣纹。衣饰、印相、姿态、座等详情不明。

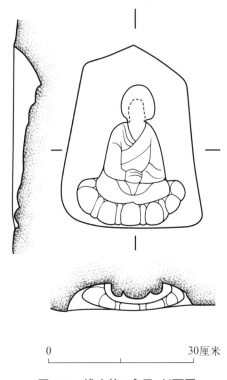

0   30厘米

图215 雉山第1龛平、剖面图

一二、雉山

雉山在在桂林市城南宁远河西岸。1铺造像开凿于雉山西麓一岩洞外，周围有多方宋代摩崖石刻。

第1龛：

位置：

位于供电局宿舍大院内，雉山西麓山脚一山洞洞口南壁。周围有较多宋代题记（图215，图版208）。

形制：

纵长方形单层龛。尖拱形龛楣。高36、宽28、进深6厘米。正壁较平。浅浮雕单尊像。

造像：

像高24厘米。结跏趺坐。浅浮雕圆形头光。颈部略短。圆肩。身着交领右衽僧衣，领部线条较多，内外似有2—3层。双臂粗刻衣纹，截面呈圆凸棱状。双手合拢于腹前腿上。大衣紧裹双腿，不显足形。莲座弧圆，通高8、通宽22厘米，表面刻单层仰莲瓣。

一三、芙蓉山

芙蓉山为桂林市区西北芦笛路南侧、桃花江东面的一座孤峰，有造像1铺。

第1龛：

位置：

位于桂林市区西北芦笛路尾芙蓉山南麓，开凿于距地表近8米高的峭壁上。

形制：

纵长方形单层龛。圆拱型龛楣，高177、宽137、进深50厘米。各壁面较为粗糙，造像之外的区域密布凿痕。侧壁较弧圆，与正壁无明显分界。龛低有一道自然裂隙，右高左低，未做精细加工。高浮雕一佛一供养人像（图216，图版209）。

造像：

佛像高90厘米。结跏趺坐。头光两重，以一圈凸起的椭圆形弦纹为分界。内重阳刻9瓣莲瓣。外重桃形，由火焰纹和卷草纹组合而成。肉髻宽平，几乎与头等宽，阳刻圆形螺髻，最下一圈

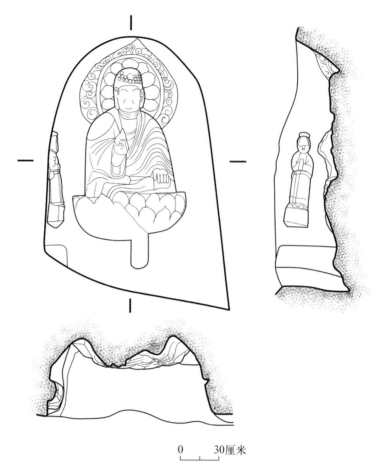

0　　　30厘米

图216　芙蓉山第1龛造像平、剖面图

直径略大。脸长圆,表面残损。双耳紧贴后脑,耳郭清晰,耳垂略残,长不及肩。下颌饱满。颈部较短,印刻二道蚕纹。肩部圆厚。内着袒右僧祇支,衣边外翻较宽呈衣领状。右肩披覆肩衣,衣边外翻,右臂衣纹成平行的圆凸棱状。最外层大衣左侧衣边不明显,右侧衣边自身后覆遮右肩和部分右臂,绕肋部上搭左肩、左臂,左肩、左臂衣纹密集,呈圆凸棱状。大衣下摆裹双腿,衣纹稀疏。左手下垂抚左膝,右臂屈肘上举,手掌残损,五指无存,当掌心朝外,施无畏印。座为仰莲座,通高50、宽88厘米,由座台和莲茎组成。座台高30厘米,表面略有残损,浮雕两层莲瓣,莲瓣肥厚。莲茎较粗。

右侧龛壁浮雕一供养人,高52厘米。头部略有残损。戴幞头。圆脸,五官漫漶不清。人中较短,鼻、嘴之间距离近,嘴角微陷。短颈圆肩。身着圆领窄袖长袍,腰间束宽腰带,右侧腰带上挂有配饰,应为蹀躞七事。腰下两道竖向衣褶贯穿外袍,平面呈阶梯状。双手合置于腹前,似执一笏板。足蹬圆头鞋。双足略分,立于方形台座之上。台座高11、宽18、进深14厘米。

一四、全州

全州造像开凿于全州县城南部20千米的石塘镇石塘中学附近,共有造像2龛1尊。

第1龛：

位置：

位于全州县石塘镇第一山面东北的崖壁上，距县城约20千米。

形制：

横长方形单层龛。圆拱形龛楣。高116、宽153、进深10厘米。龛壁平整（图217，图版210）。高浮雕单尊观音像。

造像：

像高73厘米。结跏趺坐。浅浮雕舟形身光，饰火焰纹。造像为近代水泥补塑。上着双领下垂式大衣，双手合握于腹前。座为方形，高24、宽52厘米。裳裾悬座，未覆裳裾之处呈"M"字形，内部浮雕莲瓣纹，可能是最初雕凿的遗痕。方座之下的龛外，浮雕一个半圆形仰莲台，高24、宽52厘米。浮雕双层莲瓣。座面与方座的底部重合。

左边浮雕一鸽子，立于圆柱上，柱面似刻缠枝纹。右边立一宝瓶，通高24、宽14厘米。长颈，鼓腹，高圈足外撇。

龛顶外有3个方孔，呈"品"字形排列，边长为11—13、深10厘米。为原来依岩壁搭建屋檐所遗留的残痕。

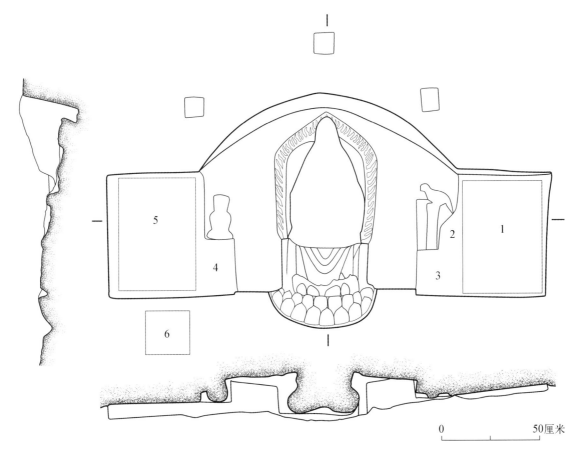

图217　全州第1龛平剖面图（图中数字代表题记序号）

两壁及下方共有6方题记,左右各3方。

题记1在龛外左侧。

高71、宽53厘米。四周浅刻边框,框内浅刻缠枝花卉纹。真书。内容为:

众建舍资凿刻观音碑记(题额)

信士朱备同妻蒋氏	各施	信官文□施银贰钱施米伍斗	信官胡仲瑄	
信女朱氏男刘腾鹏	银	信士王钊施银贰钱施米贰斗	信官王彦楷	
信士叶□珪妻陆氏	壹	信士萧声远施银贰钱米贰斗	信官胡休□	银
信士高棹同妻俸氏	两	信士刘腾蛟施银贰钱米贰斗	信士王孟绪	壹
信士黄福翔妻张氏	米	信士马尚德施银伍钱米伍斗	信女王门程氏	钱
信女□氏男彭廷槐	壹	信士何□相男世通贰钱伍分	信士□仲□	
信士萧尚美妻曾氏	石	信士陆守诏施银贰钱米贰斗	信士蒋希□	米
戒僧洪□施银伍钱		道友□慧徒如净共施银贰钱	信士蒋希□	壹
信士真通施银伍钱		信僧福昌裕昌银贰钱米□斗	信士王席瑢	斗
信士□□　银伍钱		信僧真香施助旧钟一口	信士王席瑢	
信士□道远银伍钱			信士王□□	
信士张才冕银叁钱米叁斗			信士唐廷奎	
信士陈荣□银叁钱米贰斗			信士唐仲宪	
信士陆世祯银叁钱米贰斗			信士米　瑚	
举人舒应凤银伍钱米伍斗				

皇明万历十三年岁次乙酉载仲春念四日榖旦住持比丘僧永吉□立

题记2在龛内鸽子下方的外侧,与题记1相邻。整体略呈碑形,顶部线刻花形碑额。框高16、宽8厘米。真书。内容为:□僧洪□经资/造□观音菩萨/。

题记3在题记2的下方。框高24、宽24厘米。大体分为上下三行。真书。自左向右内容为:(第一行)孤峰　石匠周文仁/(第二行)明□　明香　明庆　明□　明□　明□/(第三行)□孙/(第四行)真亮　真鸾　真凤　真蓝/。

题记4在右侧龛角,宝瓶的下方。框高33、宽18厘米。真书。内容为:□□□□□清泉/山僧今日讽华岩/鉴刻观音留后记/福归众姓永长年/。

题记5在龛右壁外,与题记4相邻。框高31、宽23厘米。四周刻方形边框,内刻缠枝花卉纹。真书。内容为:清泉山之侧其山翼然中有岛屿之阿仅/可以容数椽庵之僧守一谈空之暇登高/步云临断远眺而清幽脱尘宛然有烟霞/之状因而斩石开基凌崖构阁募绿檀越/金资中琢观音妙像功成告予登吊睹之/第见诸峰层峦碧嶂卓然而□秀者山也/古洞龙潭清流湍濑悠然而映带左右者/水也山水之趣羡得之矣尚宜乎晚来焚/香静坐山头月朗岩口风清一尘不到万/籁无声当斯之时神清气爽飘飘然而虑/涤焉噫立斯阁而宜矣故援笔以记/万历乙酉仲春念四日之吉　王云鸿题/。

　　题记6在题记5的下方。框高23.5、宽23.5厘米。真书。内容为：造装善财龙女二尊/清泉庵永远供养保家/门清吉人眷安康福有/所归　信士萧文正妻/肖氏男乐四女□妹□/系吉安府庐陵县人氏/万历十七年三月十九/日吉石匠周□□徒李□□/住持比丘僧永吉/徒明庆/。

　　第2龛：

　　位置：

　　位于第1龛右上方的平台，二者相距十余米。

　　形制：

　　纵长方形单层龛。圆拱形龛楣。高205、宽120、进深15厘米。为单尊立像。

　　造像：

　　像高137厘米。原龛内的造像被破坏殆尽，近年以水泥重塑立像，制作粗陋（图版211）。

第三章
桂林摩崖造像相关遗迹

第一节　佛教瘗龛

在与桂林摩崖造像相邻的一些岩壁上,也开凿有一些方形的瘗龛,长、高多在50厘米以内,少数接近100厘米。部分瘗龛外以浅浮雕、线刻或减地表现出塔形、碑形、龛形等装饰。20世纪30年代末,陈志良[①]、罗香林等学者就已经注意到桂林西山的部分瘗龛。罗先生认为西山诸峰上开凿的方形龛穴是放置灯盏的地方,起到照明的功用,"水崖山径,不能不盛凿灯龛,以照人行"[②]。后来广西学者也多沿用"灯龛"一名,如"1988年桂林文物工作队复查摩崖造像,得知现存'灯龛'30余处"[③]。舒而勤、乐春《桂林的瘗穴——对"灯龛"的再认识》一文纠正了罗香林先生将西山、骝马山等地所开凿的长方形龛室误认为灯龛的认识,指出这应是瘗龛[④]。黄章智在《灯龛——瘗龛——塔龛——毗荼》一文中认为西山瘗龛众多,并结合对其中塔、题记的考证,推测西山西庆林寺有一焚烧尸骨的毗荼所[⑤]。

经此次重新调查,广西桂林共发现57座用于存放骨殖的瘗龛(表一)。瘗龛基本呈现出"大聚集、小分散"的特点,主要集中在桂林市区内,在此大区域内又散布于几个小区域,包括西山诸峰、骝马山、国家森林公园、七星岩等地。现将此次调查发现的瘗龛报告如下。

表一　桂林瘗龛统计表[⑥]

编　号	地　点	尺寸(厘米)	类　型
YK01	桂林西山	宽53、高20、深16,宽57、高67	下藏类龛型(B)
YK02	桂林西山	宽32.5、高39.5、深26.5	内置类龛型方形式(BⅢ)
YK03	桂林西山	宽40、高20、深12,宽43、高66	下藏类龛型(B)
YK04	桂林西山	宽42.5、高49.5、深61,宽71.5、高101.5	内置类龛型尖拱式(BⅠ)
YK05	桂林西山	宽44、高29.5、深37,宽61.5、高73.5	内置类龛型尖拱式(BⅠ)

① 陈志良:《广西古代文化遗址之一采考——桂林丽泽门外的石佛古寺及西湖遗迹考》,《建设研究》1940年第三卷第二期。

② 罗香林:《唐代桂林之摩崖佛像》,《唐代文化史研究》,上海:上海文艺出版社,1992年据商务印书馆1946年版影印。

③ 蒋廷瑜:《桂林唐代摩崖造像》,《东南文化》1992年第5期。

④ 舒而勤、乐春:《桂林的瘗穴——对"灯龛"的再认识》,《桂林文博》1996年第1期。

⑤ 黄章智:《灯龛——瘗龛——塔龛——毗荼》,《桂林文博》2011年第2期。

⑥ 分型分式请参看刘勇:《桂林唐代佛教瘗龛考古调查与初步研究》,《考古与文物》2022年第3期。

编　号	地　点	尺寸（厘米）	类　型
YK06	桂林西山	宽30、高29.4、深29.5，宽44、高47	内置类龛型圆拱式（BⅡ）
YK07	桂林西山	宽27.5、高26、深22.5	内置类龛型圆拱式（BⅡ）
YK08	桂林西山	宽29.5、高26.6、深21.8，宽36.5、高41	内置类龛型尖拱式（BⅠ）
YK09	桂林西山	宽26、高26、深20.5	内置类龛型方形式（BⅢ）
YK10	桂林西山	宽40、高68、深57，宽144、高222.5	内置类碑型（C）
YK11	桂林西山	宽40.5、高61、深61.5，宽55.5、高86	内置类龛型尖拱式（BⅠ）
YK12	桂林西山	宽37.5、高47、深126，宽49、高47	内置类龛型圆拱式（BⅡ）
YK13	桂林西山	宽29、高35.5、深28.5，宽50、高63	内置类龛型尖拱式（BⅠ）
YK14	桂林西山	宽38、高48、深51.5，宽53.5、高72	内置类龛型尖拱式（BⅠ）
YK15	桂林西山	宽28、高27、深28，宽44、高47.5	内置类龛型尖拱式（BⅠ）
YK16	桂林西山	宽23.5、高25、深19.5	内置类龛型方形式（BⅢ）
YK17	桂林西山	宽55.5、高26.5、深22.8	内置类龛型方形式（BⅢ）
YK18	桂林西山	宽46、高39、深43	内置类龛型方形式（BⅢ）
YK19	桂林西山	宽30.5、高36.8、深28.5	内置类龛型方形式（BⅢ）
YK20	桂林西山	宽34.5、高39.5、深34	内置类龛型方形式（BⅢ）
YK21	桂林西山	宽29.5、高35.5、深28	内置类龛型方形式（BⅢ）
YK22	桂林西山	宽28、高22、深20.5	内置类龛型方形式（BⅢ）
YK23	桂林西山	宽26.3、高29.8、深21，宽42、高50	内置类龛型尖拱式（BⅠ）
YK24	桂林西山	宽27.8、高31.5、深15.5	内置类龛型圆拱式（BⅡ）
YK25	桂林西山	宽82、高43、深44	内置类龛型方形式（BⅢ）
YK26	桂林西山	宽24、高26.5、深29.5	内置类龛型方形式（BⅢ）
YK27	桂林西山	宽34.5、高21.5、深21.5	内置类龛型方形式（BⅢ）
YK28	桂林西山	宽92、高38、深34	内置类龛型方形式（BⅢ）
YK29	桂林西山	宽29.5、高31.4、深44	内置类龛型方形式（BⅢ）
YK30	桂林西山	宽47.5、高62、深63.5，宽61、高103	内置类龛型尖拱式（BⅠ）
YK31	桂林西山	宽47、高60、深59，宽78、高118.5	内置类龛型尖拱式（BⅠ）

编　号	地　点	尺寸（厘米）	类　型
YK32	桂林西山	宽27、高36、深25，宽37.5、高61.5	内置类龛型尖拱式（BⅠ）
YK33	桂林西山	宽20、高22、深21.5，宽38高、59.5	内置类形制不明式（D）
YK34	桂林西山	宽29、高39、深24.5，宽43、高66	内置类龛型尖拱式（BⅠ）
YK35	桂林西山	宽103.5、高41.5、深50	内置类龛型方形式（BⅢ）
YK36	桂林西山	宽47、高40、深35	内置类龛型方形式（BⅢ）
YK37	桂林西山	宽36.5、高29.5、深22.5，宽48、高58	内置类龛型尖拱式（BⅠ）
YK38	桂林西山	宽29.5、高29、深27.5，宽47、高42	内置类龛型方形式（BⅢ）
YK39	桂林西山	宽39、高28、深30，宽53、高66	内置类龛型尖拱式（BⅠ）
YK40	桂林西山	宽28、高31、深26	内置类龛型方形式（BⅢ）
YK41	桂林西山	宽39、高28.5、深29.5，宽51、高81	内置类塔龛（AⅡ）
YK42	桂林西山	宽44.5、高32、深25.5	内置类龛型方形式（BⅢ）
YK43	桂林骝马山	宽34、高47、深41.5，宽41.5、高79.5	内置类龛型尖拱式（BⅠ）
YK44	桂林骝马山	宽85、高54.5、深59，宽91、高120	内置类龛型尖拱式（BⅠ）
YK45	桂林骝马山	宽44、高30、深32	内置类龛型方形式（BⅢ）
YK46	桂林骝马山	宽36、高29、深30	内置类龛型方形式（BⅢ）
YK47	桂林西山	宽32.5、高28、深25.5，宽40、高49	内置类龛型尖拱式（BⅠ）
YK48	桂林西山	宽34、高36、深29，宽40、高53	内置类龛型尖拱式（BⅠ）
YK49	桂林西山	宽33、高21.5、深32	内置类龛型方形式（BⅢ）
YK50	桂林西山	宽37、高50、深48，宽57、高88	内置类龛型尖拱式（BⅠ）
YK51	桂林金山	宽35、高23、深28，宽55、高52	内置类龛型尖拱式（BⅠ）
YK52	桂林金山	宽37、高22、深29，宽62、高60	内置类龛型尖拱式（BⅠ）
YK53	桂林西山	宽50、高41、深40	内置类龛型方形式（BⅢ）
YK54	桂林西山	宽44、高40、深37.5	内置类龛型方形式（BⅢ）
YK55	桂林七星岩	宽59、高44、深45，宽76、高83	内置类龛型尖拱式（BⅠ）
YK56	桂林西山（T1）	宽32、高30、高25，宽68、高214	内置类塔型（AⅠ）
YK57	桂林西山（T2）	宽26.5、高12.5、深10，宽178、高260	下藏类塔型（A）

注：表中尺寸前一个表示龛穴的宽、高和进深，第二个表示龛穴外浮雕或线刻纹饰的宽、高。

一、西山

西山诸峰共发现瘗龛共50座,占全部瘗龛总数的近90%。散布于千山、观音峰、龙头峰、罗家山、隐山等几个地点,其中相当一部分开凿于摩崖造像的近旁或不远处。依据骨殖或舍利存放空间的开凿方式的差异,可将座瘗穴分为"内置类"与"下藏类"。

(一)下藏类

即在龛内底部向下开凿出放置骨殖的横长方形坑穴,开口朝上。坑穴口部留有横置盖板的卡槽。从外侧平视看不到瘗穴,故称该型为"下藏类"。

YK01:垂直于岩壁开龛,尖拱楣龛。在龛底部向下开凿出瘗穴。瘗穴大致呈方形,顶部三面横凿一条卡槽。通高67、宽57、进深25厘米。小穴开口长53、宽20、深16厘米,口小底大略呈梯形。瘗龛外壁有损毁,盖板不存(图218,图版212)。

YK03,形制与YK01相同。通高66、宽43、进深26厘米。瘗龛长43、宽20、深12厘米,口小底大略呈袋状。外壁有残损,封板不存(图219,图版213)。

YK57,高浮雕覆钵亭阁式塔,通高260、宽178、进深20厘米。全塔分为塔基、塔身、塔檐、塔顶、塔刹五部分。塔基叠涩四层台阶,逐级收分,高30厘米。塔身高130、宽99厘米。中部开凿一尖拱形龛,龛高99、宽50厘米。龛内浮雕两尊结跏趺坐像(残)。龛底凿一上大下小的套形穴,上方较阔部分开口长26.5、宽12.5、深3厘米。其下套一个横长方形小穴,长21.5、宽11.5、高7厘米。形成上大下小相套的子母口,上方用于放置盖板,下方用于存放舍利或骨灰。塔檐三层,叠涩由下往上逐级变宽,高30、通宽135厘米。檐顶两侧各凿有一圆孔,直径5、深4厘米,应是安装山花蕉叶的地方。檐上有覆钵顶,上接塔刹,刻三重相轮(图220,图版214)。

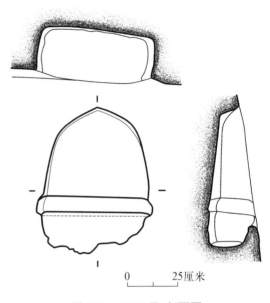

0 　　　　25厘米

图218　YK01平、剖面图

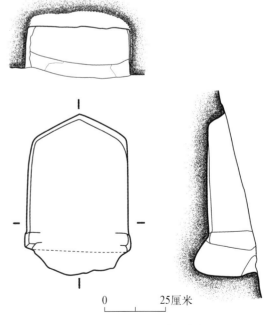

0 　　　　25厘米

图219　YK03平、剖面图

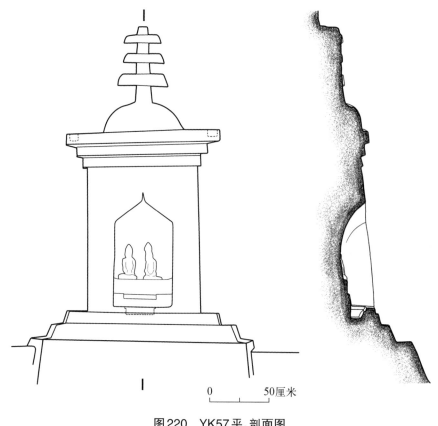

图220　YK57平、剖面图

（二）内置类

垂直于岩壁向内开凿瘗龛，开口朝外。口缘四周大都斜凿出"回"字形边框，部分开口只凿1—3条边框，这些斜凿的边框起到安置封盖板卡槽的作用。穴内每两个平面之间的交角全部倒成圆角，顶面呈弧形下接龛底，靠外侧穴口空间大，里侧空间逐渐变小。龛顶且称为"弧形顶"。内置类瘗龛根据形制不同，可分为塔型、龛型、碑型、形制不明型等几种。

1. 塔型

YK56，高浮雕六层阁楼形塔龛，通高214、座宽68、厚度21.5厘米，基座叠涩两层。基座之上的第一层正中开凿瘗龛，宽32、高30、进深25厘米。此层以上，每层的塔檐逐层缩小，每层塔檐叠涩三级，中间一级最宽。六层的檐逐层收分，通宽分别为57、52、50、48、46、42厘米；每层高度依次为30、20、17、20、20、17厘米。瘗龛以上，每层正面开圆拱形小龛。瘗穴顶弧形，框顶、右侧和框底斜凿出卡槽（图221，图版215）。

YK41：浅浮雕亭阁式塔形龛。通高81、底宽51厘米。塔分三个部分：塔基、塔身、塔顶三部分。塔基长51、高10厘米；塔身高32、宽42厘米；攒尖顶带摩尼宝珠高39、宽48厘米。塔身开瘗穴，穴高28.5、宽39、进深29.5厘米。穴顶弧形，框顶、右侧和框底斜凿出卡槽（图222，图版216）。

0 　　　25厘米

图221　YK56平、剖面图

0 　　　25厘米

图222　YK41平、剖面图

2. 龛型

以浅浮雕、阴刻、减地等手法在龛外刻龛楣，根据龛外龛楣形状，有尖拱、圆拱、方形等形式。

尖拱形龛楣，22座。龛外龛形装饰的龛楣呈尖拱形，尖拱顶部夹角略有不同。以YK05、YK13、YK31为例。

YK05：线刻龛形框，尖拱形龛楣。通高73.5、宽61.5厘米。瘗穴开口高29.5、宽44、深37厘米。弧形顶，四壁与底没有明显分界，底部呈椭圆形。龛底低于边框，边框四面开凿卡槽（图版217-1）。龛外下方有一纵长方形题记框，高24、宽17厘米，阴刻4列文字，字迹略微潦草。内容为：景龙/景龙三年（709年）八月廿四日/迁客安野郁之石室/故记/（图223，图版217-2）。

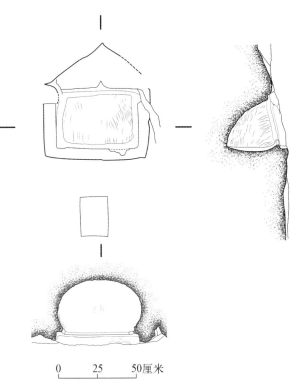

0 　　25 　　50厘米

图223　YK05平、剖面图

YK13：龛外减地凿出龛形边框，尖拱形龛楣。通高63、宽50厘米。瘗穴开口高35.5、宽29、进深28.5厘米。两侧边框分别宽8.5、11厘米。底框宽9厘米。上半部分斜凿出卡槽（图224，图版218）。

YK31：整体呈纵长方形，以减地的方法阳刻尖拱形外框，尖拱形龛楣。通高118.5、宽76厘米。瘗龛高60、宽47、进深59厘米。顶部外框稍微向内弯曲。两侧边框各宽7、7.5厘米。底座长76、高6厘米。瘗穴内顶下斜较陡。瘗龛开口四面斜凿卡槽（图225，图版219）。

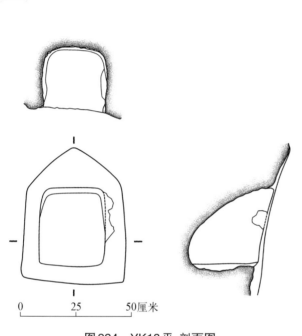

图224　YK13平、剖面图

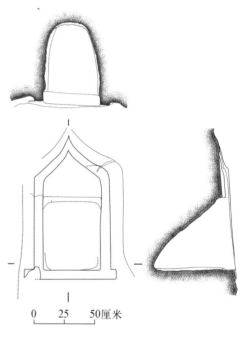

图225　YK31平、剖面图

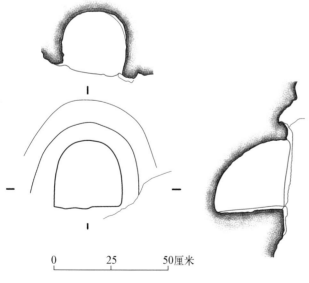

图226　YK06平、剖面图

圆拱型龛楣，4座。龛楣呈圆拱形，部分龛外有浅浮雕或线刻外龛。以YK06、YK07、YK12为例。

YK06，龛楣为圆拱形，通高47、宽46、进深29.5厘米。龛口外缘减地凿出凸起的条带形边框。浅浮雕边框宽6—9厘米。内部空间较方正，龛顶弧度较大（图226，图版220）。

YK07龛楣圆拱形，通高47、宽46、进深24厘米。外框未雕凿任何装饰（图227，图版221）。

YK12：开口外缘减地凿出圆拱形边框，瘗穴利用天然山洞，稍加修整。高47、宽37.5、进深112厘米（图228，图版222）。

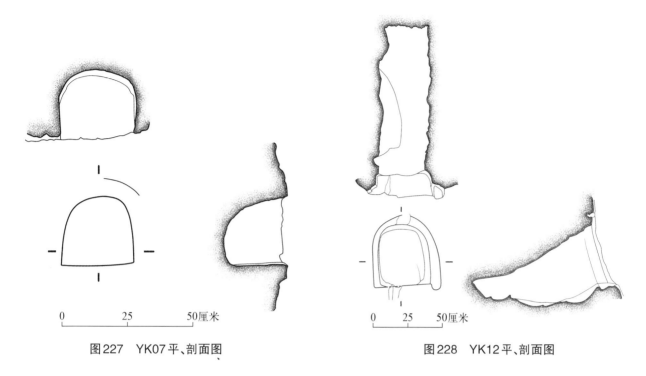

图227　YK07平、剖面图　　　　　　　图228　YK12平、剖面图

　　方形龛楣，24座。龛楣方形，龛立面呈纵长方形、横长方形、近正方形等，龛顶均为"弧形顶"。其中横长方形有部分边长较长，宽度接近1米或超过1米，长与宽的比例在2∶1以上。以YK21、YK28为例。

　　YK21：龛开口呈纵长方形，高35.5、宽29.5、深28厘米，穴顶弧度较大，穴底略低于下框边。顶部斜凿出卡槽，用于放置封板。外框无装饰（图229，图版223）。

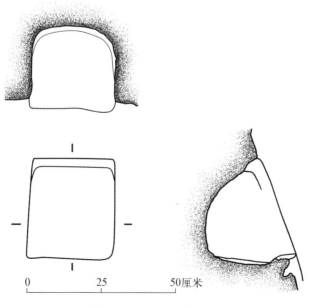

图229　YK21平、剖面图

　　YK28，平面呈横长方形，高38、宽92、进深34厘米。长宽比约为：2.4∶1，内壁转角较方。左上角及底部开卡槽（图230，图版224）。

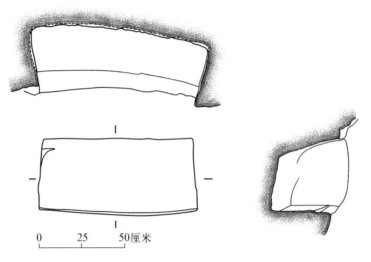

图230　YK28平、剖面图

图231　YK10平、剖面图

3.碑型

　　YK10：整体呈碑形，开凿于一块巨石的正中，分碑座、碑身、碑额三部分。通高230、宽144厘米。碑座叠涩两层，左高25、右高22、宽116厘米。碑身纵长方形，高165、宽80厘米。碑额呈半圆形。瘗龛就开凿在碑身下半部分，浅浮雕尖拱形龛，尖拱突出。通高111、宽50厘米。瘗龛为纵长方形，高66、宽40、进深57厘米。立面纵长方形，龛为弧形顶，上下边缘斜凿卡槽。碑身右上角有从左向右读的题记一方：上元三年／五月十九／日□大众／同仁来此／多□造□此山／（图231，图版225）。

4.形制不明型

　　YK33：立面纵长方形，通高59.5、宽38厘米。减地凿出外框，龛顶刻画出圆柱带珠形顶的装饰。瘗龛高22、宽20、进深16.5厘米。穴顶呈弧形，穴上缘斜凿出用于安置盖板的卡槽（图232，图版226）。

二、骝马山

该区瘗龛共4座，其中2座瘗龛就开凿在造像之间，距地面1.5米。另外2座则位于山南麓的峭壁上，距地面分别为4.8和5.2米。

YK43：内置类龛型。龛外减地刻龛型边框，龛楣尖拱式。全龛纵长方形，通高79.5、宽41.5厘米。瘗穴纵长方形，高47、宽34、进深41.5厘米。穴顶为弧形，开口处四面开卡槽（图233，图版227）。

YK44：内置类龛型。龛外减地刻龛型边框，龛楣尖拱式。全龛通高120、宽91厘米。瘗穴横长方形，高54.5、宽85、进深59厘米。穴顶为弧形，开口处四面开卡槽以安置挡板（图版228）。

YK45：内置类龛型，方形龛楣。龛开口呈横长方形，高30、宽44、深32厘米，穴顶弧形，穴底略低于下框边。

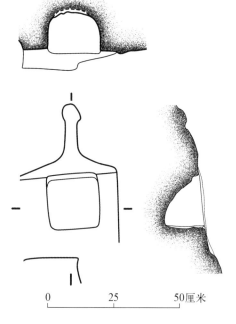

图232　YK33平、剖面图

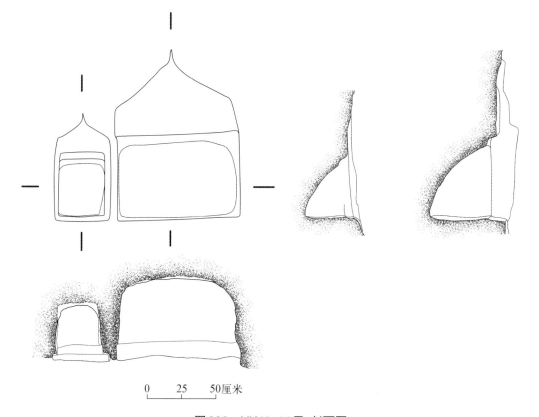

图233　YK43、44平、剖面图

上下开凿卡槽,用于放置封板。外框无装饰(图版229)。

    YK46:内置类龛形,方形龛楣。形制与YK045一致,高29、宽36、深30厘米(图版230)。

三、金山

    共2座。位于桂林市南郊森林公园内的金山。瘞龛与森林公园第3龛相距2米左右,往下十数米即是唐代龙泉寺遗址。龙泉寺以南一南北向古道,古道两侧的遗迹自唐代至明代皆有。二者形制一样,均属内置式龛型。以YK052为例。

    YK52:龛外浅浮雕龛型边框,边框宽3厘米。龛楣尖拱式。全龛通高60、宽62厘米。瘞穴横长方形,高37、宽22、进深29厘米。穴内顶下弧较陡直。瘞龛开口四面斜凿卡槽,形制规整(图234,图版231)。

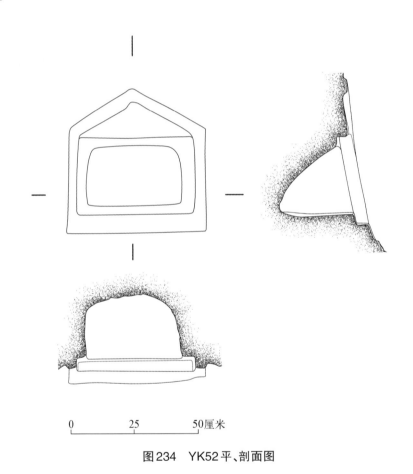

0   25   50厘米

图234 YK52平、剖面图

四、七星岩

    仅1座。现七星公园内天权峰的半山有两个天然洞穴,分别被命名为三圣上岩和三圣下岩,该区域唯一的瘞龛就位于三圣上岩内。山下不远,北面有唐代栖霞寺旧址,东南有唐代的城墙及壕沟等防御设施。

YK55：龛外减地刻龛型边框，龛楣尖拱式。全龛通高83、宽76厘米。瘗穴横长方形，高44、宽5、进深45厘米。穴顶为弧形。龛底凿一道卡槽，宽3、深3—5厘米厘米（图版232）。

以上57座瘗龛根据瘗穴开口的朝向可以分为东、南、西、北四个方位（下藏式的瘗龛按塔或龛的朝向）。朝东的有15座，所占比例为26%；朝南的有22座，比例是39%；朝西的有8座，比例为14%；朝北12座，比例为21%。由此可见，南向的瘗龛较多，其次是东向和北向，西向最少（表二）。

表二　瘗龛方向统计表

东　　向	南　　向	西　　向	北　　向
15座（26%）	22座（39%）	8座（14%）	12座（21%）

五、桂林瘗龛的分期

桂林57座瘗龛中有纪年题记的有两座，一是YK05，在罗家山，瘗龛之下有题记："景龙 景龙三年（709年）八月廿四日 迁客安野郇之石室 故记 。"YK05是内置类龛型尖拱式。从题记可看出瘗龛在唐时称为"石室"。二是YK10，在龙头峰附近，题曰："上元三年五月十九日 □大众同仁来此 多□造□此山。"这一龛属于内置类碑型龛。

全国发现类似瘗龛的地点均与石窟寺有密切关系。主要分布于山西[①]、四川[②]、重庆[③]、河南[④]、甘肃[⑤]等省份。通过与这些地区瘗龛形制的比较，桂林瘗龛采用的"弧形顶"与洛阳龙门石窟最为接近。龙门石窟发现此类瘗龛94座[⑥]，从目前已公布的材料看，是国内这类遗迹数量最多的地方。

洛阳龙门石窟瘗龛可分为唐前期和后期。前期形制以塔型穴和龛形穴为主，"这种崖墓葬俗是随着佛教文化的传入而东来我国的"。后期以拱形穴和方形穴为主，认为"瘗穴文化已逐渐形成自己独有的形制特征而进入程式化阶段"[⑦]。以此为参照，我们将桂林的这批瘗龛分为唐代前、后两期。

---

① 苏玲玲：《天龙山佛教瘗葬形式综述》，《文物世界》2015年第1期。
② 卢丁、雷玉华、〔日〕肥田路美：《中国四川唐代摩崖造像：蒲江、邛崃地区调查研究报告》，重庆：重庆出版社，2016年，第340—341页；四川省文物考古研究院：《四川散见唐宋佛道龛窟总录·自贡卷》，北京：文物出版社。2017年，第29、30、47页；程崇勋：《巴中石窟》，北京：文物出版社，2009年，第32—38、214—215、313、318、321页。
③ 李文生、杨超杰：《龙门石窟瘗葬形制的新发现——析龙门石窟的瘗穴》，《文物》1995年第9期。
④ 河南省古代建筑保护研究所：《安阳宝山灵泉寺塔林》，《文物》1992年第1期；李文生、杨超杰：《龙门石窟瘗葬形制的新发现——析龙门石窟的瘗穴》，《文物》1995年第9期。
⑤ 张掖市文物保护研究所：《祁连山北麓马蹄寺石窟群浮雕舍利塔考古调查报告》，《华夏考古》1994年第4期。
⑥ 李文生、杨超杰：《龙门石窟瘗葬形制的新发现——析龙门石窟的瘗穴》，《文物》1995年第9期。
⑦ 李文生、杨超杰：《龙门石窟瘗葬形制的新发现——析龙门石窟的瘗穴》，《文物》1995年第9期。

（一）唐代前期

下藏类的塔型、龛型，内置类的塔型、碑型，龛型中的尖拱式、圆拱式属唐代前期，形制不明型的龛形与尖拱式的相差不远，也应为唐代前期。六层楼阁式塔型龛与龙门石窟的多层楼阁式塔形制类似，而其他开口外缘多装饰攒尖顶亭阁、尖拱或圆拱的纹饰，采用这样一种更加平面化的表现形式，可能与当时的地方丧葬习俗有关。这些类型的瘗龛有纪年题记为证，属于唐代前期。

（二）唐代后期

不带任何装饰的内藏类龛型方形式龛虽然没有纪年作为佐证，然而，河南龙门石窟有大量与桂林形制基本一致的瘗龛，年代推定在唐代后期。洛阳地区的发展规律提示我们，桂林这批不带装饰、走向程式化、简单化的瘗龛应该属于唐代后期。

第二节　塔

桂林遗留有大量的石塔、砖塔，如叠彩山旁的木龙石塔、象山顶的普贤砖塔、民主路的四门过街塔等，年代自唐代至明清皆有。彭淑琳女士曾对广西各个时期的古塔做过调查和初步研究[1]。本报告对已发表过的桂林佛塔不再进行描述，仅对彭文中未有提及的古塔进行报告。桂林还发现两座浮雕塔。二塔均位于桂林市西北的芦笛岩景区内，雕凿于芳莲池畔的一块巨石上（图版233-1）。分述如下。

浮雕石塔1

纵长方形浅龛，上缘略窄。通高130、上宽50、下宽76、进深5厘米。尖拱形龛楣，四壁较陡直。塔开凿于龛内正中，通高116、通宽68、厚2—5厘米。通体由塔基、塔身、塔刹三部分组成。塔基略呈梯形，表面浮雕两层莲瓣。高20、上宽33、下宽68厘米。下层仰莲瓣共7瓣，瓣尖内凹，边缘凸起，中部略起棱。上层为4瓣覆莲纹，瓣尖内凹朝下，边缘凸起。

塔身为纵长方形，高36、宽22厘米。内开方形浅龛，进深3厘米。浅浮雕一尊坐像。头戴平顶方冠。脸部略尖，五官漫漶不清。大耳及肩。颈短。圆溜肩。似着圆领袍服，身上线刻复杂的衣纹。两侧为连续的"N"字纹。腹前多为横向平行的水波纹，弧度平缓，截面呈圆凸棱状。似盘腿而坐，腿部不清。座可分为三部分：座基、束腰和座台。座基单层，刻括号纹。束腰较高，表面纹饰不清。座台似雕莲瓣纹，较为无序。

塔刹高60、通宽36厘米。共四层伞盖，从下至上逐级缩小。中间间隔三层塔柱，逐级收分。塔顶为桃形摩尼宝珠（图235）。

---

① 彭淑琳：《广西古塔概述》，《彭淑琳论文集》，南宁：广西科学出版社，2010年，第357—364页。

塔身左侧有一方题记，尺寸与塔身相当，高32、宽20厘米。左缘紧贴龛壁。共五列，满列十余字。字迹已模糊难辨，但起首二字很可能为"大宋"（图版233-2）。

浮雕石塔2

位于塔1右侧，二者相距35厘米。纵长方形浅龛，上缘略窄。通高117、上宽45、下宽76、进深4厘米。圆拱型龛楣，龛顶、两壁较斜平。塔开凿于龛内正中，通高115、通宽68、厚2—4厘米。通体由塔基、塔身、塔刹三部分组成。塔基叠涩两层，下层高9、宽59、厘米。表面浮雕5瓣仰莲瓣纹，瓣尖内凹，边缘凸起，中部略起棱。上层高9、宽47厘米，表面浮雕5瓣覆莲纹，两端的莲瓣形制较小，其余尺寸与下层的莲瓣相当。瓣尖内凹朝下，边缘凸起。

塔身为纵长方形，高31、宽24厘米。内开尖拱形小龛，进深3厘米。内浅浮雕一尊坐像。头部似在一个方框内。肉髻窄而高。脸部瘦削，五官漫漶不清。圆肩。衣饰不明，身上线刻复杂的衣纹。似盘结跏趺坐，腿部不清。座可分为三层。座台表面浮雕仰莲瓣纹。其余部分纹饰难辨（图236）。

塔刹高59、通宽36厘米。共四层伞盖，从下至上逐级缩小。中间间隔三层塔柱，逐级收分。塔顶为桃形摩尼宝珠（图版234）。

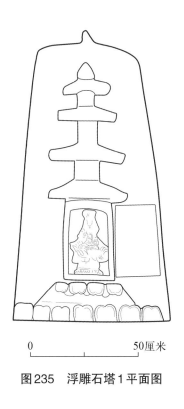

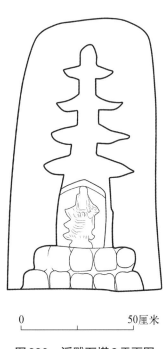

0　　　　　　　50厘米　　　　　　　0　　　　　　　50厘米

图235　浮雕石塔1平面图　　　　　图236　浮雕石塔2平面图

第四章

结　语

在进行分期之前,先将像龛形制及造像内容、题材等做必要的统计。

第一节　像龛形制

一、龛层

桂林摩崖造像有单层龛和双层龛两种,绝大多数属单层龛,双层龛仅有西山第32、66、101龛,骝马山第1龛等4龛(图237)。这类双层龛与河南龙门石窟、四川巴中石窟等地双层龛中的外层龛为方形有所不同。龛的正壁有高差不同的两层,中部主尊开凿于相较外龛稍深的小龛之内,胁侍菩萨则雕凿于小龛外两侧的大龛之内,整个外龛与单层龛的形制基本一样。另外西山第

图237　双层龛

(① 西山第32龛,② 西山第66龛,③ 西山第101龛,④ 骝马山第1龛)

67龛稍微特别,主尊与左胁侍在内重小龛,右胁侍在小龛外。这些双层龛从形制上看,并不完全相同,题材、造像风格等方面也无一致性。可以推定这类龛的制作有偶然性成分,不能据此来判断与单层龛造像的早晚关系。

二、龛楣

龛楣形制有平、尖拱形、圆拱形三种,除了3铺造像为未开龛的浅浮雕,另有20铺像龛的龛楣残损,难以辨别之外,其余194龛中,采用尖拱形龛楣的数量最多,共85座,占可辨总龛数的43.8%;采用圆拱形龛楣的像龛次之,为82座,占可辨总龛数的42.3%;采用平龛楣的数量最少,有27座,占可辨总龛数的13.9%;

三、龛形

龛形可以分为横长方形、正方形、纵长方形三种。除3铺造像未开龛,15龛损毁较甚、难以辨别外,其余可辨的199龛中,纵长方形与横长方形数量较多,横长方形龛共87座,正方形或近正方形龛12座,纵长方形龛共100座(表三)。

表三 龛形统计表

龛 形	横长方形	正方形	纵长方形	龛形不明
数 量	87龛	12龛	100龛	18龛
所占比例	40.1%	5.5%	46.1%	8.3%

四、体量大小

根据像龛的尺寸不同,将一侧边长大于200厘米的龛称为大型龛;边长在100—199厘米之间的龛称为中型龛;边长50—99厘米的龛称为小型龛;49厘米以下的龛称为微型龛。桂林摩崖造像中除4龛破损严重,难以分辨体量外,其余213龛中共有大型龛18座,中型龛79座,小型龛78座,微型龛38座(表四)。

表四 造像龛体量大小统计表

尺寸	大型龛	中型龛	小型龛	微型龛
数量	18龛	79龛	78龛	38龛
龛号	西山第24、65、85、88、90龛;骝马山第1、3龛。伏波山第1、13、14、24、25、26、30龛;	西山第2、4、6、7、9、10、12、17、18、22、28、31、32、34、38、40、50、54、56、61、64、75、81、82、83、86、87、89、98、104、108、109、110、112龛。	西山第5、8、16、19、20、21、25、26、27、29、30、33、35、41、43、48、49、51、55、58、60、62、63、66、	西山第1、3、23、36、37、39、42、44、45、46、47、52、53、57、59、69、80、96、99、

尺寸	大型龛	中型龛	小型龛	微型龛
龛号	森林公园第1龛；象山第1、3龛；全州第2龛。	叠彩山第4、8、9、10、12、13、16、18、20、23、25龛。骝马山第2、6龛；伏波山第2、3、4、6、7、8、9、10、11、12、15、23、33、34、35、38、39、40、42、46、47龛；森林公园第3、5龛；象山第2、4龛；虞山第1龛；释迦岩第1龛；七星公园第1、2龛；青秀山第1龛；全州第1龛；芙蓉山第1龛。	67、68、70、71、72、73、74、76、77、78、79、84、91、92、93、94、95、97、100、101、102、105、107、111龛；叠彩山第1、2、3、5、6、11、14、15、17、19、21、22、27龛；骝马山第4、5、7龛；伏波山第：5、16、20、21、27、36、37、43、44、48、49龛；森林公园第2、4龛；七星公园第3龛。	103、106龛；叠彩山第7、24、26龛；伏波山第17、18、19、22、28、29、31、32、41、45、50龛；七星公园第4龛；青岩咸第1龛；雉山第1龛。
所占比例	8.5%	37.1%	36.6%	17.8%

从上表可以看出，边长在50—199厘米之间的中、小型龛数量最多，二者在桂林摩崖造像总数中所占比例超过73%，微型龛占17.8%，大型龛数量最少，占总数的8.5%。

第二节　造像内容与题材

除52龛残损严重或未完工的像龛难于辨识以外，桂林其余165龛造像内容根据其身份可以分为佛类、菩萨类、圣僧类、其他造像类等4类。

一、佛类

在所有可以辨识的造像龛内，主尊为佛的像龛共有144龛，占全部可辨造像的87.3%。这类造像按照佛的数目，可以分为单佛、二佛、三佛、多佛、千佛等。

单佛中既有单尊的佛，也有与弟子、菩萨、力士等组成不同的组合，造像尊数有2尊、3尊、5尊、7尊、多尊等。这些组合的题材有一佛一菩萨、一佛二菩萨、一佛二菩萨二力士、一佛六菩萨、一佛二弟子、一佛二弟子二菩萨、一佛二弟子二菩萨二力士等。

单佛：细节相对完整的像龛53座。分布于西山、叠彩山、骝马山、伏波山、森林公园、七星公园、释迦岩、象山、雉山等地。

一佛一菩萨：1座，在西山。

一佛二菩萨：63座，分布于西山、叠彩山、骝马山、伏波山、象山、森林公园。

一佛二菩萨二力士：2座，其中西山1座、伏波山2座。

一佛六菩萨：1座，在叠彩山。

一佛二弟子：7座，全部位于叠彩山。

一佛二弟子二菩萨：共5座，分布西山、叠彩山、伏波山、森林公园。

一佛二弟子二菩萨二力士：1座，在骝马山。

二佛：2座，均在西山。

三佛：4座，其中西山3座，七星公园1座。

多佛：3座，均位于叠彩山。

千佛：2座，均在伏波山（表五）。

表五　佛类造像统计表

题　材	龛　数	龛　　号
单　佛	53	西山第3、5、6、16、36、43、44、45、48、52、53、55、57、59、62、63、71、73、74、79、80、84、87、92、93、94、96、97、99、100、102、103、105、106、107、109、112龛；叠彩山第6、19龛；骝马山第2、4、5龛；伏波山第2、4、9、11、34、48、50龛；森林公园第4龛；释迦岩第1龛；雉山第1龛；芙蓉山第1龛。
一佛一菩萨	1	西山第47龛。
一佛二菩萨	63	西　山　第1、2、7、8、17、32、33、34、35、38、40、41、42、50、54、56、60、64、65、66、68、72、75、77、78、81、82、83、85、86、88、89、91、95、98、101、104、110、111龛；叠彩山第4、9、11、16、20、21、25龛；骝马山第1、6龛；伏波山第3、6、8、16、21、26、31、36、38、42、44龛；森林公园第2、3、5龛；象山第3龛。
一佛二菩萨二力士	2	伏波山第1、30龛。
一佛六菩萨	1	叠彩山第10龛。
一佛二弟子	7	叠彩山第1、2、7、12、15、17、27龛。
一佛二弟子二菩萨	5	西山第61、108龛、叠彩山第22龛、伏波山第35龛、森林公园第1龛。
一佛二弟子二菩萨二力士	1	骝马山第3龛。
二佛并坐	2	西山第49、51龛。
三佛	4	西山第54、58、67龛，七星公园第3龛。
多佛	3	叠彩山第8、13、18龛。
千佛	2	伏波山第24、25龛。

据以上统计,一佛二菩萨三尊像的数量最多,占全部佛类造像总数的43.8%。其次是单尊佛像,占总数的36.8%。其余的题材比例相对较少。

在以上全部144尊佛像中,除残损、难辨姿势的像龛外,结跏趺坐的佛像共123铺,倚座的佛像共10铺,立姿的佛像共11铺。结跏趺坐的佛像占绝对多数。

二、菩萨类

以菩萨为主尊的造像龛数量不多,共10龛,占所有造像龛数量的4.6%,占所有可辨造像的6.1%。分为单尊菩萨和双菩萨。单尊菩萨以观音为主,共8龛,包括伏波山第13、14龛、叠彩山第23龛、虞山第1龛、清秀山第1龛、象山第1龛、七星公园第2龛、全州第1龛。双菩萨共2龛:伏波山第40龛、七星公园第1龛(题材为日光、月光菩萨)。

三、高僧、祖师类

共4龛,分别为叠彩山第24、26龛。伏波山第7龛、青岩崴第1龛。其中伏波山第7龛为2尊像,其余均为单尊像。

四、其他造像类

共7龛,分别为西山第46龛、骝马山第7龛、伏波山第43、47、49龛、象山第4龛、七星公园第4龛。造像的尊格尚难确定。

第三节　桂林摩崖造像的题记

桂林摩崖石刻中与佛教相关的题记较少,其中与造像直接相关的仅31方,包含纪年内容的造像题记更是只有14方(表六)。另外文献中也有少许对现已无存的造像题记进行过记载。石刻和文献所涉及的年代自初唐到清代康熙年间,时间跨度长达千年以上。如此长时段的造像传统在全国佛教造像史上极为罕见。从题记中可以看出,桂林摩崖造像大部分开凿于唐代至北宋时期,南宋至清代只有零星的开凿,数量较少。

表六　桂林摩崖造像题记统计表

序号	龛　号	年　代	现保存情况	备　注
1	西山瘗龛题记	676年	龛右上角	
2	西山第65龛	679年	龛底下方	
3	西山瘗龛题记	709年	龛下方	
4	西山第51龛		左壁外。起剥落严重	

序号	龛号	年代	现保存情况	备注
5	西山第53龛		左壁外。起皮、剥落严重	
6	西山第58龛		龛内下方	
7	西山观音峰题记			见于《桂林石刻》
8	西山第71龛		左壁外	
9	西山第73龛		龛底下方	
10	叠彩山第8龛	1024年		刘长久先生推测
11	叠彩山第6龛	1062年	龛顶外	刘长久先生推测
12	叠彩山第16龛	1064年	正壁	刘长久先生推测
13	叠彩山第20龛	1064年	正壁	刘长久先生推测
14	叠彩山第21龛	1064年	右壁外	
15	叠彩山第11龛		正壁	
16	叠彩山第15龛		左右壁外	
17	叠彩山第22龛		正壁	
18	叠彩山第25龛		正壁	
19	叠彩山第27龛		龛顶	
20	骝马山第7龛		造像右侧	
21	伏波山第13龛	847—856年	右壁外	
22	伏波山第14龛	852年	右壁外	
23	伏波山第7龛	1215年		
24	伏波山第50龛	1356年	两尊造像之间	元代堤岸
25	伏波山第48龛	1674年	佛座表面	
26	伏波山第48龛		佛座表面	
27	伏波山第49龛		龛底	
28	伏波山第49龛		龛底	
29	伏波山第47龛	1949年	右侧边框	
30	森林公园第5龛	672年	龛外下方	为寺院施田题记,非造像年代

序号	龛　号	年　代	现保存情况	备　注
31	森林公园第5龛		龛底外	后刻
32	森林公园第3龛	953年		
33	象山第3龛	687年	已无存	据《桂胜》记载录
34	象山第1龛	1241年	龛底下方	
35	象山第1龛	1637年	左壁外	
36	象山第1龛	1717年	右壁外	
37	象山第1龛		座腰	
38	释迦岩第1龛	946年	左侧龛外	
39	临桂青岩崴	1179年		
40	七星公园第1龛	1054年	龙隐洞顶	
41	七星公园题记	1055年	龙隐洞内	像已无存
42	七星公园第2龛	1689年	龛内像下	
43	七星公园第3龛		龛底下方	
44	七星公园第4龛		右壁外	
45	全州第1龛	1585年	左壁外	
46	全州第1龛		龛内左侧	
47	全州第1龛		左龛角	
48	全州第1龛		右龛角	
49	全州第1龛	1585年	右壁外	
50	全州第1龛	1589年	龛底右下方	

第四节　桂林摩崖造像的年代与分期

　　相对中原、四川、西北地区的石窟寺、摩崖造像来说，桂林造像的题材相对单一，经过上千年岁月的侵蚀和人为的破坏，早已不复旧貌。桂林市相关部门曾组织对叠彩山、伏波山残损的部分造像进行修补。这些修复体现出较高的艺术性，但是对于造像时代风格特征的把握是否准确，却可能存在一定的问题。更遑论西山上一些信众用水泥糊出佛、菩萨的头部及其他身体部位，毫无艺术性可言,反而愈加遮蔽了很多判断时代特征的有效信息。这些情况为准确把握桂林摩崖造像的整体风格和演变规律增加了难度。

根据各龛所在位置、相互间的打破关系、龛形、造像题材与组合、造像的显著风格特征等各种因素的异同,我们将桂林摩崖造像分为九组。然后在分组的基础上,探讨其发展演变规律并建立起时空框架。首先考虑有确切纪年题记的造像,根据某些相似性的特征,可将这些风格相似的一组造像的年代视为同时。其次,没有纪年的造像,则根据造像流行的一般规律,参考和比较国内其他区域有纪年的、风格相近的造像,特别是参考时代相近、题材丰富、纪年题记众多的洛阳龙门石窟,充分考虑造像题材流传过程中有无滞后性及合理的滞后时长,以此推断某类造像流行的时间。

一、分组

1. 第一组主要分布在西山观音峰 A 区海拔最高的区域,数量较少,仅 3 龛,龛为小、微型。这一组均为单尊佛像,结跏趺坐,身着通肩式大衣,大衣紧贴躯体。手印有无畏印和禅定印两种。佛座有仰莲座和半圆形座,表面光素无纹。该组最典型的特征是佛像上半身躯体修长,宽肩细腰,小腹平坦;通体不显衣纹。

2. 第二组分布在西山观音峰 A 区、立鱼峰,数量不多,为中、小、微型龛。题材增加了一佛二菩萨组合,数量上与单尊跏趺坐像相当,但是龛的尺寸较单尊龛稍大。佛衣有两种形式,一种是通肩式,一种是袒右式。两种佛衣均紧裹躯体,不显衣纹。佛像上身比例微偏长,显得宽肩细腰,和第一组有很多的相似性,但是上身比例相对略有缩短,腹部略宽。手印为触地印、无畏印和禅定印,另外还有双手抚膝的印相。佛座有仰莲座、半圆形座等。菩萨也呈现出宽肩细腰的体型,上身袒裸,基本不戴项圈、璎珞、臂钏、手钏之类装饰品,少数造像仅一侧胁侍菩萨带项圈。

3. 第三组分布在西山观音峰、千山、龙头峰,数量较少,但是都是中、大型龛,出现了边长大于2 米的大型龛。制作精良,艺术水准较高。大部分造像组合为一佛二菩萨。除跏趺坐佛像外,还有倚座像。佛衣为袒右式,袒露右肩,部分可见僧祇支与外衣两层。使用舟形身光。手印以降魔印为主,其次是无畏印,没有禅定印。佛座以束腰须弥座为主,新出现的因素是同茎莲座的形式,即由须弥座、仰莲座向两侧引出胁侍菩萨的座台。另外主尊部分衣角悬于佛座立面。结跏趺坐的胁侍菩萨上身袒裸,仅戴项圈,宽肩鼓腹。下裙紧裹双足,不显足形。腰带带梢垂于双腿间和座面。立姿的菩萨身材比例适中,宽肩细腰,胸部鼓凸富于肌肉感,多一手持净瓶。

4. 第四组主要分布范围扩大,西山观音峰、立鱼峰、龙头峰、千山、国家森林公园、伏波山、骝马山,数量也急剧增多。大、中、小型龛均有,微型龛数量较少。题材有一佛二菩萨、一佛二弟子二菩萨、一佛二弟子二菩萨二飞天、一佛二弟子二菩萨二武士、二佛并坐等。从造像组合来看,组合式的题材略多于单佛题材,一佛二弟子多为"西方三圣"。结跏趺坐、倚座与立姿的佛像并行。佛衣类型为袒右、覆肩衣与袒右大衣组合式两种,以后者数量为多。少量造像不显衣纹,大多数造像刻划衣纹,但衣纹较为疏朗,断面呈阶梯或圆凸棱状。身光有舟形,头光为桃形、圆形。部分圆形头光内浮雕莲瓣纹。手印以无畏印、禅定印居多,降魔印减少。须弥座较多使用方形背障的形式,两侧除出现立狮、摩羯鱼、宝瓶等的装饰外,还出现莲花化生图。六连弧纹装饰出现。佛座有半圆形座、仰莲座、束腰须弥座、方形座、圆角方形座、同茎莲座等。两侧胁侍菩萨均为立姿，出现斜披帛巾的式样。弟子的身材较为瘦削。两铺造像中出现了飞天的造型。这一组的重点特征是大部分佛没有宽肩细腰的特征，佛衣较为宽大，胸部至腹部基本等宽，不显躯干轮廓。

5. 第五组分布于西山观音峰 B 区、千山、骝马山、伏波山，以中、小型龛为主。大部分为单尊造像，少量一佛二菩萨组合。佛像多身着覆肩衣与袒右大衣组合式，袒右大衣衣边外翻较宽；僧祇支、覆肩衣与袒右大衣组合形式开始出现，衣纹密集。头光较少，但六连弧纹仍有使用。造像腰部与胸部等宽。手印为触地印、无畏印和禅定印。佛座多为变形的束腰莲座，束腰部分有鼓形、"X"字形等。胁侍菩萨出现一侧站一侧结跏趺坐的形式。该组像龛有打破第四组的现象，年代上当晚于第四组。

6. 第六组分布在西山千山、伏波山，以大、中型龛为主。除单佛题材外，佛像的组合有一佛二菩萨、一佛二菩萨二力士两种。结跏趺坐、倚座和立姿的佛均有。佛衣的显著特征是外层袒右大衣的右侧衣边自体后覆遮肩部，绕腹前再上搭左肩的做法。头光为圆形。方形背障与六连弧纹的装饰组合中，连弧的弧尖装饰圆珠纹。另一个显著特征是佛的肉髻与发顶的中央雕刻髻珠。佛的身材适中，佛衣较为宽大，不显躯体轮廓，露出部分胸部较为健实，胸廓线清晰。大衣上的衣褶有较多的表现。佛座以束腰须弥座为主，立像的座为方形薄台。菩萨均为立姿，身材比例适中。

7. 第七组分布在伏波山千佛岩。数量较少，以大中型龛为主。有单尊观音、一佛二菩萨等组合。开龛较浅，对龛型不甚讲究，造像厚度较小。佛与菩萨身材矮胖，缺少肌肉的力量感。佛座为仰莲座。

8. 第八组包括叠彩山的全部造像，另外释迦岩的弥勒像、临桂青岩崴刻于石块上的僧人像也属该组。叠彩山以中、小型龛为主，不见大型龛。部分开龛较浅，造像的厚度在 8 厘米以内，另一部分开龛的进深较大，但是造像的厚度也在 10 厘米左右，采用减地的方法在佛和菩萨的身体周围开凿类似头光和身光的一圈，近身体较深，外侧较浅。这种做法突出了造像的立体感，不见于其他区域，是该区的一个重要特征。以叠彩山第 20 龛为例：龛的进深为 38 厘米，佛座厚度仅 14 厘米，可以观察到座基之下有一层高出龛底 1—3 厘米的平台，略宽于现在的座基，但厚度远大于现在的台座。这部分应该就是原先造像的佛座残留的痕迹，原像被破坏后，将原有造像残迹清理后再在龛中重新开凿，佛座部分没有完全清理到与龛底平齐所致。正壁上方有线刻舟形或桃形头光，其下被佛像脑后减地的做法打破，这也能说明线刻的残痕为第一次造像时所刻，而新刻的造像以减地的手法来表现头光、身光，打破了原有的头光和方形背障（图 238）。

图238　叠彩山第20龛平面图

该区其他开龛进深较大的造像也有类似情况，应该是经历了二次开凿的结果。这一区域组合有一佛弟子、一佛二菩萨、一佛二弟子二菩萨、一佛六菩萨、高僧像等，另有2龛内凿刻多尊单佛，体量不一，题材不明。佛像结跏趺坐、倚座和立像皆有，佛衣基本上为外层大衣覆遮右肩的形式，左肩上通常有钩钮，另有交领式的佛衣不见于其他区。头部占身体的比例较大，肉髻和发顶的正中皆有髻珠。手印多见说法印，另有少量禅定印、九品往生印、双手合十等印相。佛座以饰莲瓣纹的仰莲座为主，束腰座台面也置仰莲座。另外同茎莲座也有使用，座台的宽度大大宽于佛两膝间的宽度。菩萨皆梳扇形高髻，额上多系有宝珠装饰的发带。弟子像体型较矮而宽，头部比例大。

9. 第九组分布于七星公园、象山、青秀山、全州。数量极少，题材大多是观音菩萨。既有高浮雕的结跏趺坐像，也有浅浮雕的半身像和头像。半身像和头像为带髭须的男相观音。

二、每组年代

第一组数量极少，位置也西山的最高处，没有发现纪年的题记。造像基本为单尊，上身修长，宽肩细腰，通体无衣纹等特征，具有明显的印度笈多时期萨尔纳特式造像的风格（图239）。西山第87龛是其中最具代表性的一龛（图240）。而这种上半身修长的风格，与国内其他地区隋代的石窟寺造像和金铜造像极为相似。如开皇四年（584年）董钦造阿弥陀佛，佛像上半身修长，身着袒右大衣，施无畏印，结跏趺坐于仰莲座之上（图241），西山第87龛的风格与之有相近的时代特征。有学者认为，这一时期长安地区的造像是隋代与印度笈多时代的萨尔纳特式佛教艺术因素混合而成的[①]。因此，第一组的年代当在隋至唐代初年。

第二组与第一组有较多的相似性，佛上半身略修长，宽肩细腰的特征明显，通体不显衣纹、佛座多为半圆形座和带莲茎的仰莲座。但是一些新的因素是第一组没有的，如佛身着覆肩衣与袒右大衣结合的佛装；一佛二菩萨题材的出现等（图242）。菩萨与佛一样，也呈现出宽肩细腰、较为健美的姿态。上身袒露，较少戴项圈，与永靖炳灵寺永隆二年（681年）年的菩萨风格相似[②]，甚至都有一侧菩萨戴项圈、另一侧不戴项圈的做法。总体体现出既继承了第一组萨尔纳特式的部分风

图239　印度博物馆藏五世纪末笈多时期萨尔纳特式造像

（采自如常：《世界佛教美术图说大辞典·雕塑2》，高雄：佛光山宗委会印行，2013年，第571页。）

---

① 冉万里：《唐代长安地区佛教造像的考古学研究》，北京：科学出版社，2017年，第7页。
② 甘肃省文物工作队、炳灵寺文物保管所：《中国石窟·永靖炳灵寺》，北京：文物出版社，1989年，第148页。

图240　西山第87龛造像

图241　"开皇四年"董钦造像

图242　桂林西山第75龛造像

格,又学习、吸收和融入了新的风格(图243)。该
期的年代的下限应该在高宗晚期,较早的可能与第
一组唐代初年的造像相衔接。

　　第三组有明确的纪年为第65龛的"调露元
年"(679年)(图244),为高宗后期。该组基本位
于西山观音峰。造像数量较少,但是龛型较大,凿
工较佳。结跏趺坐、戴项圈的胁侍菩萨占主要地
位,仍显宽肩细腰、胸部鼓凸的特点。这一期为高
宗时期。

　　第四组佛像体现出两种不同的风格,既有第
三组宽肩细腰、不显衣纹的造像,也有腹部的宽度
渐与胸等宽的体型,这类佛像内着僧祇支、右肩披
覆肩衣、外着袒右大衣,衣饰比较宽松,不紧贴身
体,有较为疏朗的衣纹。绝大多数造像双腿被佛衣
下摆裹紧,不显足形。部分衣摆悬垂于坐前,呈倒
"山"字形。佛像胸部仍然较为鼓凸。该组部分造
像主尊采用方形的背障。

　　国家森林公园第4龛题材为优填王像,在目
前全国石窟寺中仅有龙门石窟和巩县石窟有所发
现,该龛造像下方有"咸亨三年"(673年)的施田
题记。龙门石窟的优填王像年代在永徽六年(655
年)至垂拱二年(686年)。巩县石窟有纪年的优
填王像为"咸亨元年"(671年)。这些像形制较为
雷同,流行年代仅30年左右[1]。虽然"咸亨三年"并
非桂林优填王像雕凿年代,但桂林的优填王年代应
与龙门、巩县流行一铺三尊优填王像的时代相当,
约在7世纪80年代。在龙门石窟,优填王像的靠背

图243　永靖炳灵寺第44龛造像

(采自甘肃省文物工作队、炳灵寺文物保管所:《中国石
窟·永靖炳灵寺》,北京:文物出版社,1989年,第148页)

图244　桂林西山第65龛"调露元年"题记

椅式的佛座,很快在惠简洞的弥勒佛上开始使用。且在其靠背椅上方刻出六连弧纹,连弧相接处
装饰花瓣纹,惠简洞完工于673年[2]。桂林西山第83龛的靠背、六连弧纹和弧形交接处装饰花瓣纹
的做法与其较为相似(图245、246)。

　　西山、国家森林公园都出现了身着袒右大衣、施降魔印的释迦像。其采用的宝瓶、立狮、摩羯

① 李文生:《我国石窟中的优填王造像——龙门石窟优填王造像之早之多为全国石窟之最》,《中原文物》1985
　　年第12期。
② 龙门石窟研究所:《龙门565号窟(惠简洞)调查简报》,《中原文物》2001年第5期(图249采自此文)。

图245　龙门石窟惠简洞造像

图246　桂林西山第82龛造像

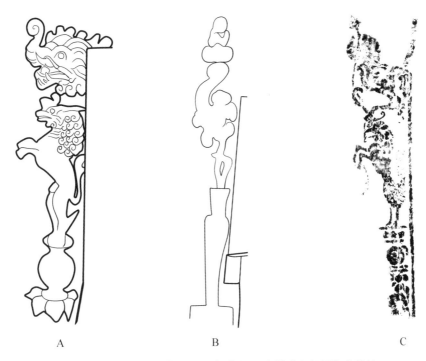

图247　桂林国家森林公园与龙门石窟的"六拏具"式装饰

（A桂森第1龛，B桂森第4龛，C龙门石窟惠简洞）

（C采自刘景龙：《龙门石窟纹饰拓片集》，北京：文物出版社，2003年，第188页）

鱼的装饰，也与龙门石窟惠简洞采用的装饰较为一致（图247）。因此，这一期的年代当晚于惠简洞的年代，大致从高宗晚期至武周时期。

第五组，有较多的一佛二菩萨组合，部分可知为阿弥陀与观音、大势至"西方三圣"。这一组方形背障、六连弧纹仍有使用，新的因素是外层袒右大衣右侧衣边覆遮右肩的这种着装形式出现。实际上，这种覆遮右肩的着装方式早在北凉到北魏时期的敦煌就大量使用，其后北魏时期的云岗、龙门石窟也非常流行。只是敦煌更多保留的是凉州样式，而云岗、龙门的则是云岗样式[1]。但是这种佛衣样式在隋、唐初的近80年间似乎不再流行，直到高宗、武周时期才又重新出现。无覆肩衣的袒右型亦有使用。还有一个特征是较多地使用降魔印，该组降魔印造像有7龛之多。久野美树考察龙门石窟降魔印造像后认为，从6世纪80年代开始，身着偏袒右肩式或通肩大衣、结降魔印的坐佛像呈压倒性的出现[2]。在陕西麟游太平寺的白石药师佛像上，外层大衣披覆右肩、部分右臂的做法出现，冉万里先生认为其年代为8世纪初[3]。报告的撰写人之一张建林先生认为是武周时期。则这一组的年代当在武则天统治时期。（图248、249）

---

① 赵声良：《敦煌石窟早期佛像样式及源流》，《佛学研究》2018年第1期。

② ［日］久野美树：《唐代龙门石窟的触地印阿弥陀像研究》，《鹿岛美术研究》2003年第20号别册，第430—439页。

③ 冉万里：《唐代长安地区佛教造像的考古学研究》，北京：科学出版社，2017年，第11页。

图248　陕西麟游太平寺白石像

（采自西北大学考古专业、日本赴陕西佛教遗迹考察团、麟游
县博物馆：《慈善寺与麟溪桥佛教造像窟龛调查研究报告》，
北京：科学出版社，2002年，第193页）

图249　桂林西山第7龛主尊

　　第六组，多为大、中型像，制作艺术水准较高。从该区的整体来看，衣饰、装饰、体态特征、佛座等与第五期相近，身材匀称，没有中晚唐时期造像较为肥胖臃肿之感。六连弧纹和方形靠背仍有使用。该组最典型的特征是佛的肉髻与发顶之间的中部，出现了髻珠的装饰。金申先生认为，髻珠在螺发上的使用最早见于东魏、北齐的造像，初唐始见多，晚唐五代后始普遍流行[①]。山西省考古研究院侯马工作站保存了一块"永徽四年"（653年）的造像碑。碑上线刻的佛头上刻有髻珠[②]，以笔者管见，这似乎是中原地区唐代出现髻珠佛像中的最早一例。但是，髻珠在高宗时期并没有流行开来。光宅寺七宝台龛像中有数座龛像就装饰了髻珠，这些龛像年代大都在长安年间（703—705年），说明直到武周晚期才开始流行。此外，在七宝台的龛像中，外层大衣披覆右肩的做法也已较为流行。因此，可以认为该组流行的时间在8世纪上半叶（图250—253）。

图250　东京博物馆藏七宝台龛像之一（于春摄）

---

① 金申：《解析数尊南朝的疑似佛像》，《佛教美术丛考》，北京：科学出版社，2004年，第28页。
② 李玉明：《三晋石刻大全·临汾市侯马卷》，太原：三晋出版社，2011年，第9页。

图251　桂林伏波山第9龛主尊

图252　桂林伏波山第2龛主尊

图253　东京国立博物馆藏七宝台龛像之一（于春摄）

　　第七组在伏波山千佛岩，数量较少。该区有两尊单观音像有纪年，一龛阴刻：桂管监军使赐绯鱼袋宋伯康/大中六年九月廿六日镌/；另一龛题记为：壹切尘中能成于忍以是/义故我常归依雕琢岩石/胜前菩萨毫光照水永福/桂人/大中□年□□□□/。均为大中年间（847—860年）所造。第38龛与观音龛一样，开龛较浅，造像中无论菩萨还是佛都显得较为臃肿肥胖，与西安碑林博物馆所藏"咸通五年"（864年）造像风格相近。因此这一组的年代为中晚唐时期（756—906年）（图254、255）。

图254　桂林伏波山第38龛造像

图255　西安博物院藏"咸通五年"造像

第八组位于叠彩山风洞两侧及释迦岩。曾在会昌二年至会昌五年（842—845年）为桂管观察使的元晦，在该处留下摩崖题刻，其中有"岩有石门，中有石像，故曰福庭"的描述，说明这里在唐中晚期仍然可以见到佛教造像（图256）。

该区造像的风格较为一致。明显的特征是头部比例较大、头发中部皆刻有髻珠、较宽的仰莲座台。新出现的流行因素有一佛二弟子的组合、减地式的头、身光、九品往生印等。洞内开龛较浅的造像中，带风帽的高僧像与江西赣州通天岩唐末五代高僧像风格一致[1]（图257、258）。

图256 唐元晦《叠彩山记》石刻

图257 桂林叠彩山第26龛造像

图258 江西赣州通天岩造像

（采自赖天兵：《汉藏瑰宝：杭州飞来峰造像研究》，北京：文物出版社，2015年，第52页）

---

[1] 赖天兵：《汉藏瑰宝：杭州飞来峰造像研究》，北京：文物出版社，2015年，第52页。

　　出现的胡跪姿供养菩萨,与重庆江津高坪北宋观音造像龛中的供养菩萨风格相近[1]（图259、260）。叠彩山第21龛有"治平元年"（1064年）、"治平二年"的题记,说明该组部分造像为北宋时开凿。该区还有少量干支纪年的像龛,其中第8龛有"甲子年",第6龛有"壬寅岁十一月",第16龛、第20龛有"甲辰岁"题记,刘长久先生认为分别是北宋天圣二年（1024年）嘉祐七年（1062年）、与治平元年（1064年）[2]。

图259　桂林叠彩山第14龛造像

图260　重庆江津高坪北宋观音造像龛

（采自刘长久:《中国石窟雕塑全集·第8卷:四川、重庆》,重庆:重庆出版社,1999年,第231页）

---

① 刘长久:《中国石窟雕塑全集·第8卷:四川、重庆》,重庆:重庆出版社,1999年,第231页。
② 刘长久:《中国石窟雕塑全集·第9卷:云南、贵州、广西、西藏》,重庆:重庆出版社,1999年,第18页。

唐人的题记记载风洞中有唐时的造像，而现存的造像题记和风格则属五代至北宋时期。造成这种现象的唯一可能是"武宗法难"所实施的行动，将该地的造像损毁。而五代、北宋时，除了新开进深较浅的新龛外，人们还在原来被破坏的龛里做了必要的表面清理以后，重新在旧龛里继续造像。所以部分像龛的龛壁留下残存的原线刻桃形背光，龛底留有原唐代造像须弥座的痕迹。因此，该组的上限当在五代时期，下限则在北宋时期。

第九组的观音像中的三龛有纪年题记，时间分别为"万历二十七年"（1599年）、"崇祯丁丑岁"（1637年）、康熙乙巳岁（1689年）。青秀山观音造像未能完成，附近虽有与宋代寺院相关的题记，但似与观音造像无关。其男相观音髭须的做法极少见于宋代，年代应与七星公园第2龛男相观音相近。故该组的年代为明代晚期至清代早期。

三、分期

从上述分组的情况看，部分组之间相似之处多于差异之处，可以并为同一期，如第二、三、四、五组。合并之后我们将桂林佛教造像分为六期。

1. 第一期，即第一组。7世纪上半叶，个别造像可能早至隋代或南朝末年。这一期的造像数量极少，以小型龛和微型龛为主，全部为单尊题材。主尊结跏趺坐，身着通肩大衣，薄衣贴体，不显衣纹。上半身较修长。宽肩细腰，胸部健实。座多为半圆形仰莲座，不显莲瓣。整体呈现出印度笈多时期萨尔纳特式造像的特征。菩萨、弟子像未见出现。由于这一时期，大量的僧人从海路往来于中印之间，这种风格造像的粉本可能来自海路。桂林地处南北陆路交通的要道，本地在此之前并无造像传统，因此对于海外传来的印度笈多时期萨尔纳特式造像基本照搬，造像薄衣贴体的"印度风格"得以保留，在服饰、造型、身体比例等各方面与印度的原型更为接近。

2. 第二期，初唐时期，即7世纪下半叶，基本上为高宗和武则天统治时期。这一期造像的数量是桂林造像中最多的。主要分布在西山、国家森林公园、象山、伏波山、森林公园等地。出现了许多边长在2米以上、制作精良的大、中型像龛，而小、微型龛的数量也有很多的增长。题材丰富，结跏趺坐、善跏趺坐和立姿的佛像均有。部分造像有较高的艺术水准。而该期前后又体现出一定的差异，故将该期分为前后两段。

前段：高宗时期（650—684年），第二、三、四组。这一时期造像存在两种并行的体系：一种是地方风格的延续，保留了部分第一期的特征，很多小龛的造像上半身较为修长、宽肩细腰，仍然采用薄衣贴体、不显衣纹的表现手法。即便当时流行的佛装已变为覆肩衣与袒右大衣的组合，工匠们也仅仅是调整了领口的形态，而不进行衣纹的刻画。另一种是接纳了来自中原地区，特别是两京地区造像的影响。服饰较为宽松，不显身体轮廓。题材、装饰纹饰等均模仿中原的做法，而不显衣纹的"印度式"造像题材仍受欢迎。如森林公园第4龛的优填王像就与洛阳地区流行的优填王像如出一辙。另外太宗末期王玄策带回的摹刻自菩提伽耶大觉寺的"菩提瑞像"，在两京地区造成了"道俗竞摸（模）"的效果[①]，这种戴有装身具、着袒右不显衣纹的大衣、施触地印的造

---

① ［唐］道世撰，周叔迦、苏晋仁校注：《法苑珠林》，北京：中华书局，2003年，第907页。

像,在桂林也有流布,西山第65龛"李宽造像"还是目前国内该题材有纪年造像中最早的一龛。此外,中原流行的六连弧纹、方形背障和宝瓶、狮、摩羯鱼等组成的"六挐具式"装饰等,也在桂林出现。同茎莲座开始使用,束腰须弥座与莲座并重。

　　菩萨像较为成熟,立姿菩萨风格由宽肩细腰、无项圈或仅有项圈,演变为身材匀称修长、上身斜披一道帛巾。开始有轻微"S"字形的表现。结跏趺坐菩萨发髻较平,颈戴项圈,宽肩鼓腹。弟子像开始出现。左侧弟子双手合十于胸前,右侧弟子左手弯曲于腹前,右手下垂于体侧。这些题材、装饰等特征表明唐代桂州与两京地区保持着密切的人员往来和文化交流。

　　后段:武周时期(685—705年),第四、五组。主要分布于西山千山、国家森林公园、伏波山、骝马山、芙蓉山。这一时期原有的"印度风格"特征完全消失,再无薄衣贴体、不显衣纹的造像,转而注重衣纹刻画。一佛二菩萨三尊像数量较多,从化佛、宝瓶等标志物,同茎莲座、题记等较明确的指示可知有相当部分是"西方三圣"题材。造像也出现了一些新的因素,如外层大衣覆遮右肩的做法。造像的技术较为娴熟,造像全身比例适中。

　　菩萨以立姿为主,其余少许结跏趺坐的菩萨。新出现一种罕见的做法:一侧菩萨立姿,而另一侧菩萨结跏趺坐。部分菩萨上身仅戴项圈,刻有珠形装饰,部分上身自左肩垂下一道帛巾,斜向右肋。胸部原有男性肌肉感消失,肩部变圆,身材高挑纤细。

　　3. 第三期,盛唐时期(705—756年),第六组。这一期造像的数量相较前期大为减少,主要分布在伏波山、芙蓉山。造像普遍体型较为丰满圆润,雕凿技法熟练。佛的肉髻与发顶之间均装饰髻珠。同茎莲座不再使用。部分菩萨像身材开始变矮,较前期丰满,"S"字形姿态明显,但不夸张。弟子像中两弟子手部姿态多为双手合十。武则天后期以后,密宗与禅宗兴起,丁明夷先生认为,正是由于禅宗和密宗的兴起,使原来作为像教的佛教,不大重视造像而注重宗教仪式与活动,人们对宗教的要求发生一定的变化,对寺院的重视超过了石窟[①]。这一期造像数量的下降可能与此有关。

　　4. 第四期,中、晚唐时期(756—906年),第七组。这一时期造像较少,主要集中在伏波山、虞山等漓江西岸。整体特征是龛形大小不一,进深较浅,不在意龛形的规整程度。造像的厚度介于高浮雕和浅浮雕之间。主要题材是一佛二菩萨、单菩萨像等。单菩萨像似乎受到印度波罗王朝风格的影响,装饰繁缛,双足外撇、脚跟相对呈"一"字形的处理少见于中原地区造像,整体造型美感略显不足。一铺三尊像呈现出身材矮胖、臃肿之状态,缺少力量感。

　　5. 第五期,五代、北宋时期(906—1127年),第八组。这一时期桂林造像集中于漓江西岸的叠彩山、雉山、释迦岩和漓江东岸的龙隐岩。据文献记载,龙隐岩原有智者大师(天台宗智顗)的石像,现已无存,仅余北宋"至和元年区氏八娘"(1054年)所镌浅浮雕的日光、月光菩萨及另外两铺造像。叠彩山风洞是桂林现存五代、北宋造像最多的地方。题材有一佛二菩萨、一佛二弟子、一佛六菩萨、高僧像等。其开凿特点主要选用唐代武宗灭佛时所破坏的旧有像龛。原龛进深较大,将被破坏的造像进行部分平整后重新在正壁上雕凿,为了保证足够的立体感,在造像身后向

---

① 丁明夷:《龙门石窟唐代造像的分期与类型》,《考古学报》1979年第4期。

龛壁巧妙地采用减地的手法,在躯体周围开凿一圈,效果如同头光、身光般,外侧浅而内侧深,使造像在视觉效果上厚度增大。主尊佛衣着法基本采用外层大衣右侧衣边覆遮右肩的做法,多数在左肩附近垂下钩钮用于系扣。佛座有束腰须弥座、束腰莲座等,初唐时期较多使用的同茎莲座,又开始流行起来,但是莲座面变宽,着重表现莲瓣,在主尊莲茎上装饰卷叶纹。束腰须弥座束腰部分开壶门。高僧像、束腰莲座与杭州飞来峰北宋造像相似(图261、262)。菩萨像着装趋于保守,上身较多的帛巾装饰或着衫,露出肌肤极少。出现胡跪姿态的供养菩萨。佛与弟子组合的数量增多,弟子像身材粗短,着交领大衣。

图261 桂林叠彩山第10龛造像

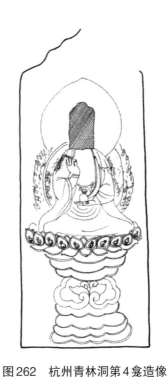

图262 杭州青林洞第4龛造像

(采自赖天兵:《汉藏瑰宝:杭州飞来峰造像研究》,
北京:文物出版社,2015年,第47页)

6. 第六期,南宋、元、明、清时期。桂林地区仍有零星造像,分布在城南象山、森林公园、青秀山、城东七星岩龙隐洞、全州等处。题材多为弥勒和观音,以观音像为多。平面化、程式化、世俗化的特征非常明显。

后　记

　　桂林摩崖造像是岭南地区年代最早、数量最多、延续时间最长的佛教遗存。虽然桂林摩崖造像早已列入全国第五批重点文物保护单位，但是除了伏波山、叠彩山、象山、七星公园等公园里的造像外，其余造像地点大都位于郊野，受条件所限，没有得到相应的重视与保护。且长期以来，桂林摩崖造像也未引起学界的足够关注，研究甚少，因此对于桂林摩崖造像所蕴含的文化内涵缺乏足够的认识。

　　为进一步摸清桂林摩崖造像的分布、数量和保存情况，以推进造像及相关遗存的研究、保护和利用工作，广西文物保护与考古研究所派员对桂林摩崖造像重新进行了调查。桂林摩崖造像的田野调查工作自2017年初开始编制计划，当年3月至10月实施。

　　陕西考古研究院张建林研究员对此次调查提出了指导性的意见，并亲自参与了调查和复核工作。西北大学文化遗产学院冉万里教授、于春副教授也对我们的工作给予了帮助和支持。桂林市文物保护与考古研究中心为这次调查提供了大量的协助。林京海、谭发盛、林汉涛、凌世君、周开保等熟知桂林历史的先生，为我们了解和掌握桂林摩崖造像的相关历史背景提供了线索及资料。参与调查的人员还有桂林文物保护与考古中心的贺战武副主任、考古部苏勇，西北大学文化遗产学院研究生王冠宇、孙旭奇同学。桂海碑林博物馆提供了数方拓片资料。汉景帝阳陵博物院的胡小玉副研究员对本报告封面、封底进行了设计，并对本报告的一些装帧形式问题提出了宝贵意见。在此向所有关心、支持、帮助这项工作的人士表示衷心的感谢！

　　本报告由刘勇*同志执笔完成。摄影由金鹏、苏勇、刘勇、贺战武、翁卫根等同志负责。部分拓片为桂林著名金石专家林半觉先生拓于新中国建立前，其清晰度和完整度都远胜现状，弥足珍贵。其余拓片由桂海碑林博物馆韦可祥同志负责采集。线图由金鹏同志绘制。

　　囿于广西佛教考古研究基础较为薄弱，调查团队在田野工作方法、绘图技术、研究视野、报告编写规范等方面存在诸多不足，报告中难免有疏漏之处。我们工作的初心是尽可能向学界全面提供桂林摩崖造像的调查资料，冀以推进对该领域的研究，探索桂林乃至广西佛教发展的历史，促进桂林摩崖造像的保护与利用，因此，希望得到研究者的批评指正，以促进和提高将来的各项工作。

执笔者谨致

2020年4月

---

* 刘勇，男，广西桂林人，博士，2020年起就职于桂林理工大学艺术学院。

桂林
摩崖造像

GUILIN
CLIFF STATUES
PLATES

西山

叠彩山

骝马山

伏波山

国家森林公园

象山

其他零散区域

虞山

西山

图版1　西山群峰

图版2　西山第1龛

图版3　西山第2龛

图版4　西山第3龛

图版5　西山第4龛

图版6　西山第5龛

图版7　西山第6龛

图版8-1　西山第7龛

图版8-2　西山第7龛左胁侍菩萨　　　　　　　图版8-3　西山第7龛右胁侍菩萨

图版9　西山第8龛

图版10　西山第9龛

图版 11　西山第 10 龛

图版12　西山第11龛

图版13　西山第12、13、14龛

图版14　西山第15龛

图版15　西山第16龛

图版16-1　西山第17龛

图版16-2　西山第17龛左胁侍菩萨　　　　　　图版16-3　西山第17龛右胁侍菩萨

图版17　西山第18龛

图版18　西山第19龛

图版19　西山第20龛

图版20　西山第21龛

图版21-1　西山第22龛

图版21-2　西山第22龛内线刻人物1

图版21-3　西山第22龛内线刻人物2

图版22　西山第23龛

图版23　西山第24龛

图版24　西山第25龛

图版25　西山第26龛

图版26　西山第27龛

图版27　西山第28龛

图版28　西山第29龛

图版29　西山第30龛

图版30　西山第31龛

图版31　西山第32龛

图版32　西山第33龛

图版33　西山第34龛

图版34　西山第35龛

图版35　西山第36龛

图版36　西山第37龛

图版37　西山第38龛

图版38　西山第39龛

图版39-1　西山第40龛

图版39-2　西山第40龛左胁侍菩萨（上左图）

图版39-3　西山第40龛右胁侍菩萨（上右图）

图版39-4　西山第40龛主尊（下图）

图版40　西山龙头峰全景图

图版41　西山第41龛

图版42　西山第42龛

图版43　西山第43、44龛

图版44　西山第45龛

图版45　西山第46龛

图版46　西山第47龛

图版47　西山第48龛

图版48　西山第49龛

图版49　西山第50龛

图版50　西山第51龛

图版51　西山第52龛

图版52-1　西山第53、54龛

图版52-2　西山第53、54龛题记

图版53　西山第55龛

图版54　西山第56龛

图版55　西山第57龛

图版56　西山第58龛

图版 57　西山第 59 龛

图版 58　西山第 60 龛

图版59-1　西山第61龛

图版59-2　西山第61龛左弟子、胁侍菩萨

图版59-3　西山第61龛右弟子、胁侍菩萨

图版60　西山第62龛

图版61　西山第63龛

图版62　西山第64龛

图版63-1　西山第65龛

图版63-2　西山第65龛左胁侍菩萨

图版63-3　西山第65龛右胁侍菩萨

图版63-4　西山第65龛题记

图版64　西山第66龛

图版65　西山第67龛

图版66　西山第68龛

图版67　西山第69龛

图版68　西山第70龛

图版69-1　西山第71、72龛

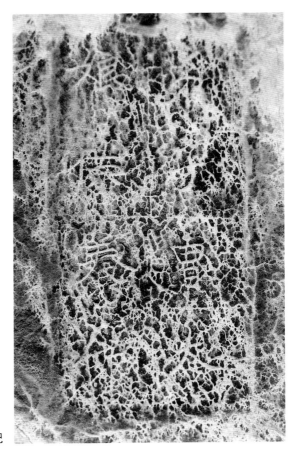

图版69-2　西山第71龛题记

图版70-1　西山第73-74龛

图版70-2　西山第73-74龛题记

图版71　西山第75龛

图版72　西山第76龛

图版73　西山第77龛

图版74　西山第78龛

图版75　西山第79-80龛

图版76　西山第81龛

图版77　西山第82龛

图版78　西山第83龛

图版79　西山第84龛

图版80　西山第85龛

图版81　西山第86龛

图版 82　西山第 87 龛

图版83-1　西山第88龛

图版83-2　西山第88龛左胁侍菩萨

图版83-3　西山第88龛供养人

图版84　西山第89龛

图版85　西山第90龛

图版86　西山第91龛

图版87　西山第92龛

图版88　西山第93龛

图版89　西山第94龛

图版90　西山第95龛

图版91　西山第96龛

图版92　西山第97龛

图版93　西山第98龛

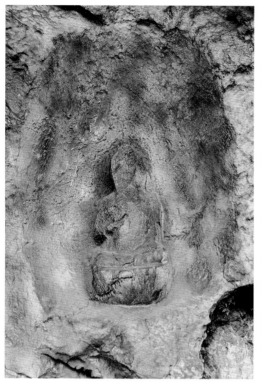
图版94　西山第99龛

图版95　西山第100龛

图版96　西山第101龛

图版97　西山第102龛

图版98　西山第103龛

图版99　西山第104龛

图版100　西山第105龛

图版101　西山第106龛

图版102　西山第107龛

图版103-1　西山第108龛

图版103-2　西山第108龛左胁侍菩萨　　　　图版103-3　西山第108龛右胁侍菩萨

图版104　西山第109龛

图版105　西山第110龛

图版106 西山第111龛

图版107 西山第112龛

叠彩山

图版108-1　叠彩山风洞

图版108-2　叠彩山风洞西壁

图版108-3　叠彩山风洞东壁

图版109　叠彩山第1龛　　　　　　　　　　　　　图版110　叠彩山第2龛

图版111　叠彩山第3、4龛

图版112-1　叠彩山第5、6龛

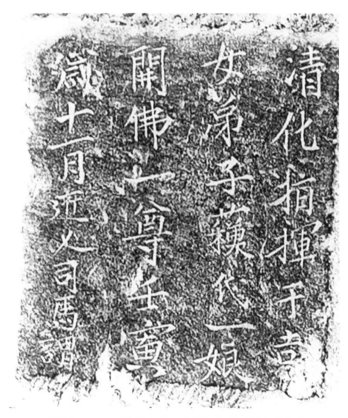

图版112-2　叠彩山第6龛题记拓片（林半觉拓）

图版113　叠彩山第7龛

图版114　叠彩山第8龛

图版115-1　叠彩山第9龛

图版115-2　叠彩山第9龛左胁侍菩萨　　　图版115-3　叠彩山第9龛右胁侍菩萨

图版116-1　叠彩山第10龛

图版116-2　叠彩山第10龛左胁侍菩萨　　　　　　　　图版116-3　叠彩山第10龛右胁侍菩萨

图版117-1　叠彩山第11龛

		4
2	3	---
		5
6		

图版117-2 叠彩山第11龛左胁侍菩萨

图版117-3 叠彩山第11龛右胁侍菩萨

图版117-4 叠彩山第11龛旁造像残痕

图版117-5 叠彩山第11龛题记

图版117-6 叠彩山第11龛左侧题记

图版 118　叠彩山第 12 龛

图版119　叠彩山第13龛

图版120 叠彩山第14龛

图版121　叠彩山第15龛

图版122-1　叠彩山第16龛

图版122-2 叠彩山第16龛左胁侍菩萨（左图）

图版122-3 叠彩山第16龛右胁侍菩萨（中图）

图版122-4 叠彩山第16龛题记（右图）

图版123　叠彩山第17龛

图版124　叠彩山第18龛

图版 125 叠彩山第 19 龛

图版126-1　叠彩山第20龛（上图）

图版126-2　叠彩山第20龛题记（下图）

图版127-1　叠彩山第21龛

图版127-2　叠彩山第21龛左胁侍菩萨（左图）

图版127-3　叠彩山第21龛右胁侍菩萨（中图）

图版127-4　叠彩山第21龛题记（右图）

图版128-1　叠彩山第22龛

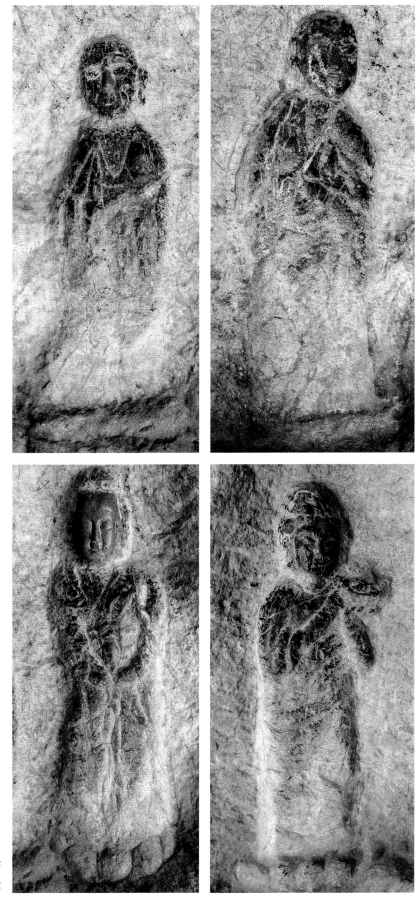

图版129　叠彩山第23龛

图版130　叠彩山第24龛

图版131-1　叠彩山第25龛

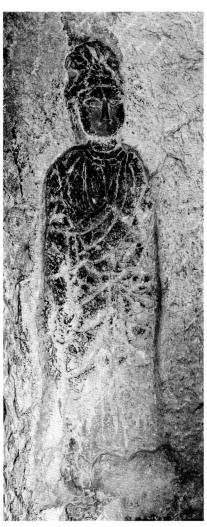

图版131-2　叠彩山第25龛左胁侍菩萨（左图）

图版131-3　叠彩山第25龛右胁侍菩萨（中图）

图版131-4　叠彩山第25龛题记（右图）

图版132　叠彩山第26龛

图版133-1　叠彩山第27龛

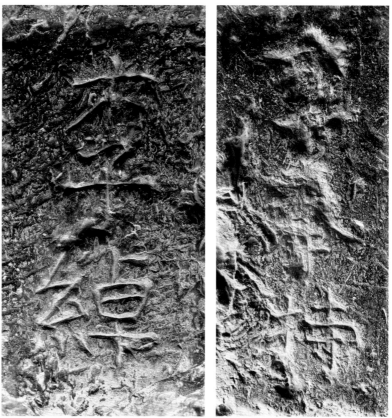

图版133-2　叠彩山第27龛题记1
　　　　　（左图）

图版133-3　叠彩山第27龛题记2
　　　　　（右图）

骝马山

图版134　骝马山造像全景图

图版135　骝马山第1龛

图版136　骟马山第2龛

图版137-1　骝马山第3龛

图版137-2　骊马山第3龛左弟子、左胁侍菩萨（左图）

图版137-3　骊马山第3龛右弟子、右胁侍菩萨（中图）

图版137-4　骊马山第3龛胡人武士（右图）

图版 138　骊马山第 4 龛

图版 139　骊马山第 5 龛

图版140　骊马山第6龛

图版141-1　骝马山第7龛

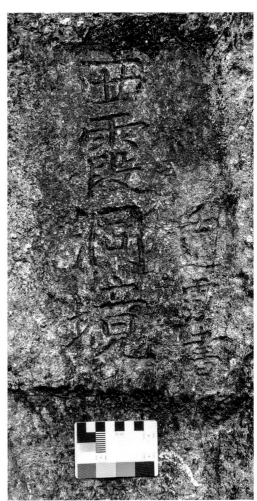

图版141-2　骝马山第7龛题记

伏波山

图版142　伏波山全景

图版143-1　伏波山第1龛

图版143-2　伏波山第1龛左胁侍菩萨　　图版143-3　伏波山第1龛右胁侍菩萨　　图版143-4　伏波山第1龛内宋代题记拓片

图版143-5　伏波山第1龛左侧题记

图版144　伏波山第2龛

图版145-1　伏波山第3龛

图版145-2　伏波山第3龛
左胁侍菩萨
（左图）

图版145-3　伏波山第3龛
右胁侍菩萨
（右图）

图版145-4　伏波山第3龛
下方题记

图版146　伏波山第4龛

图版147-1　伏波山第5龛

图版147-2　伏波山第5龛右侧题记

图版148　伏波山第6龛

图版149-1　伏波山第7龛

图版149-2　伏波山第7龛左像　　　　　　　　图版149-3　伏波山第7龛右像

图版149-4　伏波山第7龛下方题记

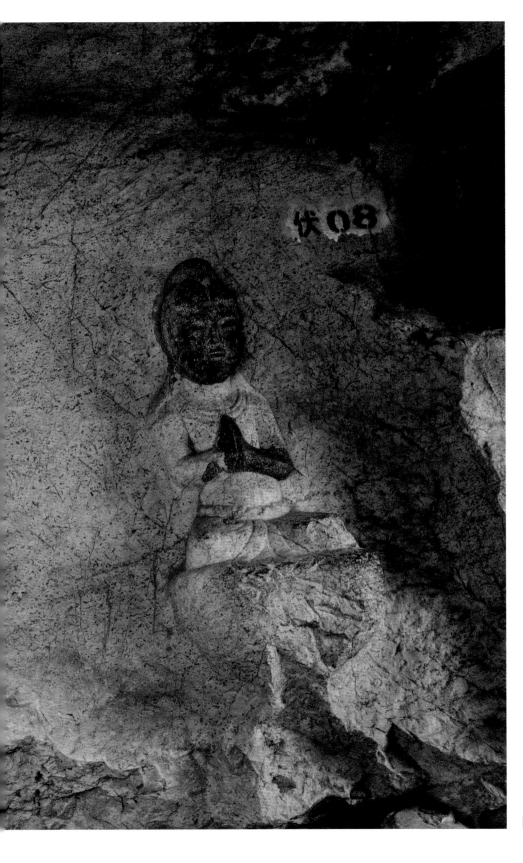

图版150　伏波山第8龛

图版151-1　伏波山第9龛

图版151-2　伏波山第9龛龛内题记

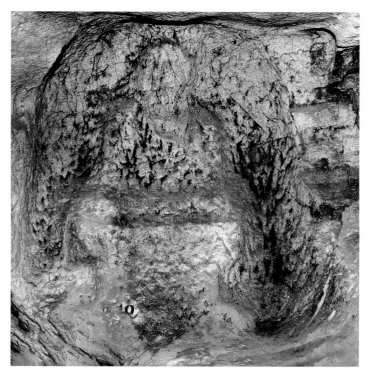

图版152　伏波山第10龛

图版153　伏波山第11龛

图版154-1　伏波山第12龛

图版154-2　伏波山第12龛下方题记

图版155　伏波山还珠洞外景

图版 156-1　伏波山第 13 龛

图版 156-2　伏波山第 13 龛题记拓片

图版157-1　伏波山第14龛

图版157-2　伏波山第14龛题记
拓片

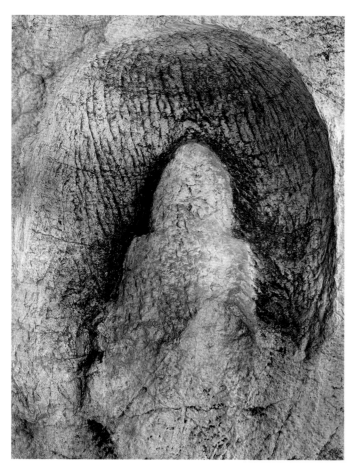

图版 158　伏波山第 15 龛

图版 159　伏波山第 16 龛

图版160　伏波山第17龛

图版161　伏波山第18龛

图版162　伏波山第21龛

图版163　伏波山第22龛（灰膜）

图版164 伏波山第23龛

图版165　伏波山第24龛

图版166 伏波山第25龛

图版167　伏波山第26龛

图版168　伏波山第27龛

图版169　伏波山第28龛

图版170　伏波山第29龛

图版171　伏波山第30龛

图版172　伏波山第31龛

图版173　伏波山第32龛

图版174　伏波山第33龛

图版175　伏波山第34龛

图版176-1　伏波山第35龛

	2	
3	4	5

图版176-2　伏波山第35龛主尊

图版176-3　伏波山第35龛左弟子

图版176-4　伏波山第35龛左胁侍
　　　　　　菩萨

图版176-5　伏波山第35龛右胁侍
　　　　　　菩萨

图版177　伏波山第36、37龛

图版178　伏波山第38龛

图版179　伏波山第39龛

图版180　伏波山第40龛

图版181　伏波山第41、42龛

图版182　伏波山第43龛

图版183　伏波山第44龛

图版184　伏波山第45龛

图版185　伏波山第46龛

图版186-1　伏波山第47龛

图版186-2　伏波山第47龛右侧题记
　　　　　拓片

（桂林市文物保护与考古研
究中心供图）

图版187　伏波山48龛

图版188-1　伏波山第49龛

图版188-2　伏波山第49龛
题记拓片（桂
林市文物保护
与考古研究中
心供图）

图版189-1 伏波山第50龛

图版189-2 伏波山第50龛左像

图版189-3 伏波山第50龛右像

国家森林公园

图版190-1　国家森林公园第1龛

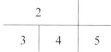

图版190-2　国家森林公园第1龛
主尊

图版190-3　国家森林公园第1龛
佛座装饰

图版190-4　国家森林公园第1龛
左胁侍菩萨

图版190-5　国家森林公园第1龛
右胁侍菩萨

图版191　国家森林公园第2龛

图版192-1　国家森林公园第3龛

图版192-2　国家森林公园第3龛龛壁线刻纹饰

图版192-3　国家森林公园第3龛左胁侍菩萨

图版192-4　国家森林公园第3龛右胁侍菩萨

图版192-5　国家森林公园第3龛题记拓片（桂林市文物
　　　　　　保护与考古研究中心供图）

2	5
3	4

图版193　国家森林公园第4龛

图版194-1　国家森林公园第5龛

图版194-2 国家森林公园第5龛主尊

图版194-3 国家森林公园第5龛左胁侍菩萨

图版194-4 国家森林公园第5龛右胁侍菩萨

图版194-6 国家森林公园第5龛"大唐咸亨三年"纪年题记拓片

图版194-5　国家森林公园第5龛赞佛题记

象
山

图版195-1　象山第1龛

图版195-2　象山第1龛题记

图版196　象山第2龛

图版197-1　象山第3龛

圖版197-2　象山第3龕題記拓片

图版198　象山第4龛

其他零散区域

图版199 虞山第1龛

图版200-1　释迦岩第1龛

图版200-2　释迦岩题记拓片（桂林碑海博物馆供图）

图版201　青岩咸第1龛

图版202　青岩咸第1龛附近题记

图版203-1　七星公园第1龛

图版203-2　七星公园第1龛题记拓片（桂林碑海博物馆供图）

图版204-1　七星公园第2龛

图版204-2　七星公园第2龛题记拓片（桂林碑海博物馆供图）

图版205　七星公园第3龛

图版206　七星公园第4龛

图版207　青秀山第1龛

图版208　雉山第1龛

图版209　芙蓉山第1龛

图版210-1　全州第1龛

图版210-2　全州第1龛题记1拓片

图版210-3　全州第1龛题记2拓片

图版210-4　全州第1龛题记3拓片

图版210-5　全州第1龛题记4拓片

图版210-6　全州第1龛题记5拓片

图版210-7　全州第1龛题记6拓片

图版211　全州第2龛

图版212 瘗龛YK01

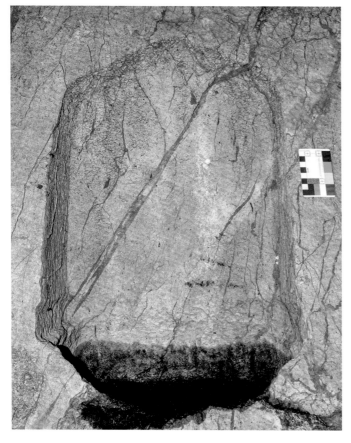

图版213 瘗龛YK03

图版214　痤龛YK57

图版215　瘞龛YK56

图版216　瘞龛YK41

图版217-1　瘗龛YK05

图版217-2　瘗龛YK05题记

图版218 瘗龛YK13

图版219 瘗龛YK31

图版220 瘗龛YK06

图版221 瘗龛 YK07

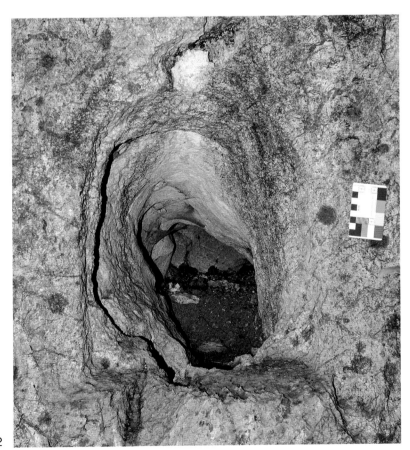

图版222 瘗龛 YK12

图版223　瘞龕YK21

图版224　瘞龕YK28

图版225　瘗龛YK10

图版226　瘗龛YK33

图版 227　瘗龛 YK43　　　　　　　　　　　　图版 228　瘗龛 YK44

图版229　瘗龛YK45

图版230　瘗龛YK46

图版231　瘗龛YK53、54

图版232　瘗龛YK55

图版233-1　浮雕石塔1　　　　　　　　　　　　　　　　图版233-2　浮雕石塔1题记拓片

图版234　浮雕石塔2